Pelajaran Tentang Kitab Ayub

MANUSIA DAGING, MANUSIA ROH(I)

Pelajaran Tentang Kitab Ayub

MANUSIA
DAGING,
MANUSIA
ROH (I)

Dr. Jaerock Lee

Pelajaran Tentang Kitab Ayub

MANUSIA DAGING, MANUSIA ROH(I)

oleh Rev. Jaerock Lee
Diterbitkan oleh Urim Books (Representatif: Kyungtae Noh)
235-3, Guro-dong 3, Guro-gu, Seoul, Korea
www.urimbooks.com

Hak Cipta © 2011 oleh Rev. Jaerock Lee
ISBN: 978-89-7557-504-4, ISBN: 978-89-7557-503-7(set)
Hak Cipta Terjemahan © 2009 oleh Dr. Esther K.Chung Digunakan dengan izin.

Sebelumnya diterbitkan pada tahun 2006 ke dalam Bahasa Korea oleh The Christian Press, Seoul, Korea.

Edisi Pertama Desember 2011
Diedit oleh Eunmi Lee
Dirancang oleh Biro Editorial Urim Books
Untuk informasi lebih lanjut hubungi urimbook@hotmail.com

Membuka Pintu Pada Kitab Ayub

Perjanjian lama sebagian besar dibagi atas Taurat, Neviim, dan Ketuvim. Taurat adalah Kelima Kitab Musa yang menuliskan tentang Hukum Taurat dan pengajaran-pengajaran lainnya. Neviim adalah tentang nabi-nabi, dan Ketuvim adalah hikmat dari Israel kuno.

Kitab Ayub masuk ke dalam Ketuvim. Kitab ini berbicara tentang penderitaan manusia, pemeliharaan Allah, dan iman Ayub. Nama "Ayub" berarti "orang yang berbalik" atau "Orang yang menangis", tetapi artinya yang tepat tidak dapat dipastikan.

Ayub tinggal di daerah yang disebut Us, Dan terletak di dekat perbatasan antara Irak dan Arab Saudi. Sebagian orang terpelajar menganggap Ayub adalah tokoh fiksi yang muncul dalam karya sastra. Namun, sesungguhnya Ayub memang benar-benar ada. Alkitab menceritakan kepada kita tentang tempat kelahirannya, jumlah anak-anaknya, dan rincian tentang kekayaannya.

Yehezkiel, Nuh, dan Daniel adalah orang-orang besar dalam sejarah, dan Alkitab menyatakan kepada kita bahwa sesungguhnya Ayub juga adalah orang besar yang nyata dalam sejarah (Yehezkiel 14:14;20). Yakobus di dalam Perjanjian Baru juga menceritakan kepada kita tentang ketabahan Ayub (Yakobus 5:11).

Kitab Ayub mengandung banyak kosakata Ibrani yang tidak dapat ditemukan dalam Kitab-Kitab lainnya dalam Perjanjian Lama. Juga, Kitab ini membahas banyak masalah secara mendalam dan dengan pengetahuan yang luas termasuk astrologi, geografi, zoologi, oseanografi, pertambangan, perjalanan, dan hukum. Sungguh merupakan sebuah mahakarya dalam dunia sastra.

Kitab Kebijaksanaan yang Memberi Anda Jawaban-Jawaban yang Jelas Terhadap Berbagai Pertanyaan Umum Dalam Kehidupan dan Membawa Anda pada Hidup yang Berhasil;

Kitab Ayub adalah salah satu Kitab yang paling sulit dalam Alkitab. Biasanya, orang memikirkan Ayub dalam konteks tentang seseorang yang jujur dan saleh; yang sedang diuji oleh Allah tanpa alasan sama sekali; ia tidak mengeluh; dan ia melewati semua pencobaan dengan sangat baik serta menerima jumlah berkat dua kali lipat dari harta yang sebelumnya ia miliki. Namun, dengan pemahaman yang dangkal seperti ini, kita tidak dapat benar-benar mendapatkan berbagai jawaban untuk berbagai pertanyaan yang muncul dalam Kitab ini.

Saya hanya rindu untuk memahami firman Allah dengan baik dan hidup menurutnya. Sejak saat saya menerima Yesus, saya mulai berdoa kepada Allah untuk menerangkan Alkitab kepada saya secara terperinci. Melalui banyak doa dan puasa selama tujuh tahun, Allah akhirnya menjawab doa saya. Oleh ilham dari Roh Kudus Ia membuat saya pertama-tama mengerti tentang ayat-ayat yang sulit dari Alkitab, dan saya jadi memahami setiap ayat yang mengandung makna rohani yang begitu dalam.

Kitab Ayub meneliti hati manusia dengan sangat mendalam dan memberi tahu kita mengenai kejahatan serta kecenderungan alami yang ada dalam lubuk hati kita, sehingga membuat kita sadar akan diri kita sendiri. Yang terutama, melalui kitab ini kita dapat mengertahui apakah kita merupakan manusia daging ataukah manusia roh, dan juga memberi kita metodoogi tentang bagaimana berubah menjadi manusia roh. 'Daging' berati sesuatu yang berubah, tidak benar, dan kegelapan, sementara 'roh' berarti kebenaran, hal-hal yang tidak berubah dan kekal, dan dunia terang.

Pada bulan Desember 1986, saya mulai mengkhotbahkan apa yang telah diajarkan Tuhan kepada saya mengenai Kitab Ayub pada kebaktian Jumat semalaman. Hal itu berlangsung selam enam tahun penuh sampai 11 Desember 1992. Sementara saya sedang mengkhotbahkan tentang Kitab Ayub, banyak anggota jemaat gereja yang menjadi sadar akan diri mereka sendiri melalui firman yang dibagikan dan mulai mencoba mematahkan ego dan keakuan mereka, dan berubah dengan kebenaran.

Kitab Ayub membahas tentang pentingnya kata-kata yang positif serta politik interaksi sosial yang baik dan berhasil. Namun, kitab itu memiliki makna rohani yang begitu dalam sehingga kita baru dapat memahami makna sepenuhnya hanya bila diintrepetasikan oleh ilham Roh Kudus. Kitab ini meliputi subjek yang luas berkenaan dengan berbagai permasalahan hidup dan secara luas menjabarkan dengan mendetil aliran tiga arah dari aturan rohani yang terjadi antara Allah, manusia dan Iblis. Kitab Ayub menguraikan cara untuk menerima berkat dan bagaimana serta mengapa Iblis dapat mendakwa manusia.

Allah membiarkan segala sesuatu dituliskan melalui Ayub tentang bagaimana Ia berkerja dalam kehidupan kita sehingga kita dapat menemukan masalah kita dan menyelesaikannya. Allah membuat percakapan antara Ayub dan sahabat-sahabatnya dituliskan dalam kitab ini, sehingga ada kebenaran dan ketidakbenaran bersama-sama di dalamnya. Kita dapat membedakannya dan menentukan apakah benar atau tidak saat kita merenungkannya dengan Firman Allah.

Jika kita memahami Kitab Ayub, kita dapat memeperoleh hikmat dan kekuatan untuk mengatasi berbagai kesulitan atau masalah dalam hidup.

Saya berterimakasih kepada Eunmi yang telah menyunting naskah untuk menerbitkan tulisan ini *Pelajaran Tentang Kitab Ayub: Manusia Daging, Manusia Roh I & II* Saya juga berterimakasih kepada Christian Press karena telah menerbitkannya. Saya memberikan segala syukur dan kemuliaan kepada Allah Bapa, yang memberkati kami untuk menerbitkan buku ini.

Semoga semua pembaca memperoleh pengharapan yang lebih besar akan kerajaan surga dari buku ini, dan segala sesuatu berjalan baik dengan mereka, jiwa mereka sejahtera dan mereka memperoleh kesehatan yang baik, dalam nama Tuhan Yesus Kristus saya berdoa!

Jaerock Lee

Mata rohani saya dibukakan
Melalui interpretasi rohani
Dan saya ditawan oleh
Sastra dan keindahan buku ini

Ayub adalah lambang dari orang-orang yang menderita. Tentu saja, penderitaannya tidak dapat disamakan dengan penderitaan Yesus. Namun sampai harus menggaruk barah pada tubuhnya dengan beling dapat mewakili contoh dari 'penderitaan manusia'

Pelajaran Tentang Kitab Ayub yang ditulis oleh Pdt.Dr. Jaerock Lee memberi saya interpretasi teologis yang sepenuhnya baru dan telah membalikkan pemahaman saya sebelumnya tentang Ayub.

Sebelumnya, saya hanya tahu Ayub adalah seorang yang benar yang menghardik istrinya ketika ia berkata kepada Ayub, "Kutukilah Allahmu dan matilah" (Ayub 2:9-10). Ia tidak mengutuk Allah namun mengatasi sakitnya kematian dan menerima berkat dua kali lipat dari harta yang dimilikinya sebelumnya. Sahabat-sahabatnya justru menjadi orang yang menyulitkannya tanpa alasan.

Saat saya masih muda, saya pernah menuliskan sebuah drama Alkitab tentang Ayub, di gereja saya. Saya hanya menulis tentang

Ayub dan ketiga temannya. Tetapi *Pelajaran Tentang Kitab Ayub* dari Dr. Jaerock Lee membuat saya tersadarkan. Buku ini membuka mata rohani saya dengan mengutip dari berbagai Kitab baik dalam Perjanjian Lama maupun Perjanjian Baru, dan membuat perbandingan-perbandingan yang mudah dengan situasi dalam kehidupan yang sebenarnya.

Saya merasa kasihan karena Ayub hanya bisa diam saja saat teman-temannya mencoba memberinya pelajaran, dan menerima begtu saja kesalahan dan kekurangannya. Siapa yang dapat menyangka bahwa Ayub akan mencapai tingkatan memberi alasan-alasan yang sangat tidak masuk akal dan mengeluh terhadap Allah?

Tetapi karena Kitab Ayub dan Kitab Wahyu adalah Kitab-Kitab yang paing sulit dalam Alkitab, masing-masing orang dapat saja memiliki interpretasi yang berbeda-beda. Dan saat Pdt. Dr. Jaerock Lee berkata, "Kitab Ayub dituliskan dari sudut pandang iman Ayub sehingga tidak semua yang dituliskan dalm kitab ini adalah kebenaran. Pemikiran-pemikiran Ayub yang salah juga diungkapakan saat ia berbicara," ini sangat benar.

Maka, saya memiliki satu pertanyaan. Apakah penderitaan datang saat manusia berdosa? Apakah itu merupakan hajaran dari Allah?

Dengan mempetimbangkan saran dari Elifas, kita dapat berpikir bahwa penyakit dan penderitaan diakibatkan oleh dosa manusia. Dan Dr. Jaerock Lee memberikan sebuah jawaban yang sangat jelas terhadap pertanyaan ini. Keangkuhan Elifas lah yang membuatnya menghukum Ayub.

Bahkan saat kita mengatakan sesuatu yang benar, kita harus mengucapkannya dengan cara yang tepat menurut firman Allah yang merupakan kebenaran. Saya sepenuhnya menyadari bahwa kita tidak boleh mengucapkan kata-kata yang benar hanya dengan pengetahuan kita saja.

Juga, sekali lagi saya disadarkan dari kitab ini bahwa tidak ada seorang pun yang dapat menghakimi kita para orang percaya di dunia ini, melainkan hanya Yesus, yang dapat memberi kita hidup dan juga penghakiman.

Saya mencoba untuk memahami subjek yang sungguh-sungguh dimaksudkan dalam pelajaran mengenai Kitab Ayub ini, dan membandingkannya dengan Alkitab. Berkat penjelasan yang terinci dan tepat pada masing-masing ayat, saya dapat memahami bahkan sampai ayat yang sulit sekalipun, dan langsung menerapkannya dalam kehidupan nyata saya melalui buku ini. Sekali lagi saya tertawan oleh sastra dan keindahan dari Kitab Ayub. Saya jadi menyadari mengapa Alkitab menjadi buku laris di dunia.

Saya ingin merekomendasikan buku ini kepada semua orang Kristen yang hidup di masa ini, kepada setiap orang yang percaya bahwa penderitaan adalah berkat dan tidak pernah mengeluh kepada Allah saat ia mengalami kesulitan.

Maret 2007
Yoorim Han (Penulis pada siaran TV Korea)

Salah satu dari mahakarya akhir
Pada Pelajaran Tentang Kitab Ayub

Dr. Jaerock Lee, Pendeta Senior dari Gereja Manmin Pusat kelihatannya adalah salah satu orang yang paling bahagia di dunia. Itu karena ia tidak hanya membangun gerejanya sebagai salah satu dari gereja terbesar di dunia, tetapi juga memperoleh pengakuan mutlak dan disukai oleh para anggota jemaat gerejanya.

Dan lagi, ia telah menyembuhkan banyak sekali orang sakit di rumah maupun di lapangan oleh kuasa Allah yang ia terima dari Allah dan membimbing mereka kepada Allah. Tidak terhitung banyaknya orang yang menderita sakit dan penyakit yang masih mengharap untuk menerima doanya.

Tetapi ada satu hal yang jangan kita lupakan. Penyembuhan melalui doa bukanlah tujuan utama dari pelayanannya. Tujuan utama yang ia cari dalam pelayannya adalah untuk membuat orang-orang yang telah disembuhkan melalui doanya agar menerima keselamatan bagi jiwa mereka dan memiliki pengharapan akan surga. Pelayanan penyembuhan adalah salah satu dampak dari tujuan akhir tersebut.

Tuhan kita Yesus melakukan banyak dari pelayanannya, yang dianggap sama berharganya seperti emas oleh Dia, pada pelayanan penyembuhan bagi orang sakit. Kemudian, apakah tujuan utama dari pelayanan Tuhan adalah untuk menyembuhkan kesehatan orang-orang saja? Tidak sama sekali! Alasannya Ia melakukan berbagai pekerjaan kuasa Allah adalah agar mereka mengenal Allah, memuji kemahakuasaan-Nya, dan meraih keselamatan. Dengan cara yang sama, pelayanan penyembuhan Dr. Jaerock Lee adalah bagi banyak orang untuk meraih kerajaan surga yang mulia.

Pelajaran Tentang Kitab Ayub meneliti keseluruhan hidup Ayub termasuk penyakit jasmaninya, penderitaan, dan pemulihannya serta memberikan kepada kita pandangan yang baru dan rohani terhadap Ayub yang menemukan kembali Allah dan membuka matanya bagi pengharapan akan surga.

Pengertian yang biasanya dimiliki banyak orang terhadap Ayub adalah seperti berikut. Ayub adalah seorang yang saleh dari timur dan melayani Allah dengan setia. Pada suatu hari ia mengalami pencobaan yang berat dan penyakit karena dakwaan yang tidak masuk akal dari Iblis, tetapi ia bersabar sampai akhir tanpa mengeluh terhadap Allah, kemudian Allah memulihkan segalanya bagi Ayub dan ia menerima berkat dua kali lipat. Kesimpulannya, Ayub masih saja saleh di tengah penderitaan yang sedemikian, tetapi teman-temannya ternyata tidak benar karena terus-menerus menghakimi dan menghukum dia.

Melalui buku ini, *Manusia Daging, Manusia Roh I & II,* Dr. Jaerock Lee telah membongkar pengertian palsu tentang

Kitab Ayub dari permulaan. Ayub dinyatakan sebagai orang yang saleh dan jujur, tetapi pada kenyataannya ia tidak memiliki pemahaman yang benar akan surga sama seperti ia tidak yakin akan keadilan Allah karena yang miliki hanyalah iman daging. Memang benar bahwa ia melakukan yang terbaik untuk memenuhi perbuatan yang sempurna, tetapi kemudian akan ditemukan secara terinci bahwa ia gagal menyunat hatinya. Ayat-ayat juga mengatakan bahwa ia takut kehilangan kepunyaan dan kekayaan serta kekayaannya di bumi yang membuktikan bahwa ia kurang beriman dan kurang percaya kepada Allah.

Saat imannya runtuh melalui pencobaan dan kesusahan yang berat, ia akhirnya meluap dalam kemarahan dan keluhan serta kejahatannya yang tersembunyi dalam di hatinya disingkapkan. Melalui periode proses pencobaan dan penderitaan, ia menjadi seseorang dengan iman rohani.

Lewat drama luar biasa tentang Kitab Ayub, saya menjadi mengerti bahwa tujuan utama dari pelayanan Pdt. Dr. Jaerock Lee adalah untuk membawa sebanyak mungkin orang ke dalam kerajaan surga.

Pelajaran Tentang Kitab Ayub: Manusia Daging, Manusia Roh (I) tidak dapat dipisahkan dari karya-karya lainnya, *"Ukuran Iman"*, *"Pesan Salib"*, *"Surga"*, dan *"Neraka"*. Hal ini karena sejarah agung penebusan Allah atas umat manusia terbit seperti pelangi di balik penyakit, pencobaan, penyembuhan, dan pemulihan Ayub. Di sini ditekankan titik inti dari Dr. Jaerock Lee, Pendeta Senior di Gereja Manmin Pusat. Ia telah tidak henti-hentinya menyingkapkan berbagai rahasia tentang kerajaan surga dan mendesak sebanyak mungkin orang untuk mengambil kerajaan surga dengan paksa. Ia tidak bertujuan untuk membuang orang yang lumpuh membuang kruknya tetapi dengan keras mendesak mereka untuk berlari menuju kerajaan surga dengan kaki mereka yang kuat.

Saya mendengar bahwa penulis Dr. Jaerock Lee dulu menderita berbagai macam penyakit dan dijuluki "Toko Penyakit Serba Ada" di masa mudanya. Pada suatu waktu ia bertemu dengan Allah yang hidup dan disembuhkan sepenuhnya dari penyakit-penyakitnya dan sejak itu ia telah mengabdikan dirinya bagi kerajaan Tuhan dengan hati membara. Karena ia telah menderita rasa sakit yang sangat di tubuhnya dan mengerang dengan hebat karena sakit jasmani, ia menjabarkan penderitaan Ayub dengan lebih hidup melalui tulisannya, *"Pelajaran Tentang Kitab Ayub"*. Kemuliaan surga yang Ayub lihat setelah penyakitnya sembuh terlihat lebih agung di dalam buku ini.

Pesan yang mengalir dalam buku-buku Dr. Jaerock Lee sesederhana namun kuat seperti khotbah-khotbahnya. Dan karena bukunya berdasarkan kesaksian-kesaksian yang dialaminya, emosi dan kesannya bertahan lama. Khotbahnya kelihatan sangat berwibawa tetapi ia sangat lemah lembut bila bertemu secara pribadi. Kehidupannya menunjukkan kerendahan hati dan kasih yang tidak memperlakukan siapa pun bahkan anak-anaknya sendiri dengan sembarangan.

Saya percaya ada alasan mengapa para anggota jemaat Gereja Pusat Manmi sangat mengasihinya.

Saya sangat senang buku penuh kuasa ini dapat

membangungkan banyak orang dari tidur rohaninya, dan berharap dapat berbagi sukacita mereka yang besar dengan sebanyak mungkin orang Kristen di rumah dan di luar.

Dr. Byung Jong Kim
(Doktor dan Dosen di Universitas Nasional Seoul)

Bab 1

Ayub Adalah Orang yang Saleh dan Jujur

1. Ayub Adalah Orang yang Saleh Dalam Segala Perbuatannya

2. Asal Mula Iblis

3. Iblis Mendakwa Menurut Hukum Alam Rohani

4. Ayub melewati Pencobaan Pertama dari Iblis

"Ada seorang laki-laki di tanah Us bernama Ayub; orang itu saleh dan jujur; ia takut akan Allah dan menjauhi kejahatan." (Ayub 1:1)

1. Ayub Adalah Orang yang Saleh Dalam Segala Perbuatannya

"Ada seorang laki-laki di tanah Us bernama Ayub; orang itu saleh dan jujur; ia takut akan Allah dan menjauhi kejahatan" (Ayub 1:1).

Manusia menilai oleh penampilan luar, tetapi Allah memandang ke dalam hati, dan dengan demikian, Ia tahu persis siapa yang jujur. Saat Allah melihat hati Ayub, ia jujur dan saleh. Kamus Lengkap Revisi Webster mendefinisikan kata *blameles'* (saleh) sebagai 'Bebas dari kesalahan; tidak memiliki salah; murni; tanpa kesalahan.' Kata 'saleh' secara rohani berarti 'menunjukkan kelembutan dengan perbuatan.' Orang yang lembut memiliki karakter yang lemah lembut, halus, ringan dan hangat disertai dengan keluhuran dan kemampuan untuk merangkul orang lain. Seberapa pun lembutnya seseorang tampak dari luar, jika ia menjadi marah dalam situasi yang ekstrem, seperti ditampar oleh seseorang tanpa alasan, kita tidak dapat mengatakan bahwa ia adalah seorang yang lembut.

Berikutnya, kamus yang sama merujuk pada kata *upright* (jujur) sebagai 'bermoral tegak; memiliki kehormatan,; jujur; adil; seperti orang yang lurus dalam segala jalannya.' Tetapi makna rohaninya, bukan hanya bersikap jujur dengan orang lain, tetapi juga jujur dan tulus dengan diri sendiri. Allah dapat mengenali siapapun sebagai orang yang jujur ketika ia menepati janji yang dibuatnya kepada orang lain dan yang dibuatnya kepada diri sendirinya juga. Mereka yang tidak menipu pikirannya sendiri tidak akan pernah menyakiti atau mealakukan hal buruk terhadap orang lain.

Dalam ayat bacaan tersebut, Ayub adalah orang yang saleh dan jujur, serta ia takut akan Allah. 'Takut' disini berarti menghormati dan memuja. Mereka yang takut akan Allah, percaya terhadap Allah, sehingga mereka memuja Dia. Mereka membuang segala bentuk kejahatan (1 Tesalonika 5:22).

Yesus adalah Firman yang menjadi manusia dan datang ke dunia ini. Ia takut akan Allah. Ia setia dalam segala sesuatu dan merespons kepada Allah hanya dengan 'Ya' dan 'Amin' (Wahyu 3:14). Para bapa iman di dalam Alkitab juga takut akan Allah, dan mereka dapat merendahkan diri mereka dan mengabdikan hidupnya sepenuhnya. Jika Anda hidup menurut firman Allah tanpa bertentangan dengan kebenaran kita dapat mengatakan bahwa Anda sungguh-sungguh takut akan Allah.

Saat Anda pertama memulai kehidupan dalam Kristus dan iman Anda belum begitu kuat, Anda dapat berkata bahwa Anda takut akan Allah, tetapi sesungguhnya Anda belum sungguh-sungguh takut akan Dia. Tetapi seiring dengan tumbuhnya iman, Anda belajar untuk takut akan Allah. Seiring dengan tumbuhnya iman, Anda menjadi lebih tahu tentang Dia dan Anda tidak lagi berbuat dosa. Kemudian, Anda tidak akan takut kepada-Nya melainkan akan mengasihi Dia dari dalam hati.

Ayub takut akan Allah, sehingga ia memegang firman Allah dan berbalik dari kejahatan. Ayub tidak berbuat dosa karena takut akan Allah sebab ia tahu bahwa Allah yang hidup membenci dosa. Kita kini dapat memahami bahwa Ayub tidak melayani Allah dari kasih sejatinya dan takut yang merupakan kekaguman dan pemujaan, melainkan karena takut oleh pengertiannya.

"Ia mendapat tujuh anak laki-laki dan tiga anak perempuan. Ia memiliki tujuh ribu ekor kambing domba, tiga ribu ekor unta, lima ratus pasang lembu, lima ratus keledai betina dan budak-budak dalam jumlah yang sangat besar, sehingga orang itu adalah yang terkaya dari semua orang di sebelah timur. Anak-anaknya yang lelaki biasa mengadakan pesta di rumah mereka masing-masing menurut giliran dan ketiga saudara perempuan mereka diundang untuk makan dan minum bersama-sama mereka. Setiap kali, apabila hari-hari pesta telah berlalu, Ayub memanggil mereka, dan menguduskan mereka; keesokan harinya, pagi-pagi, bangunlah Ayub, lalu mempersembahkan korban bakaran sebanyak jumlah mereka sekalian, sebab pikirnya: 'Mungkin anak-anakku sudah berbuat dosa dan telah mengutuki Allah di dalam hati.' Demikianlah dilakukan Ayub senantiasa" (Ayub 1:2-5).

Bacaan tersebut memberi tahu kita tentang berkat-berkat yang diberikan kepada orang-orang yang takut akan Allah dan berbalik dari kejahatan. Ayub disebut sebagai yang terkaya dari semua orang di sebelah timur karena ia dianggap takut akan Allah dan menjauh dari kejahatan. Sama halnya dengan sekarang. Orang-orang yang diakui oleh Allah akan dapat menikmati berkat kekayaan, anak-anak, dan kesehatan di antara banyak berkat lainnya.

Di dalam ayat ini, jumlah 3.000 atau 7.000 tidak memiliki makna yang khusus. Di dalam Alkitab, angka 3 adalah angka kebenaran dan angka 7 adalah angka kesempurnaan. Alasan kenapa angka 3 dan 7 sering muncul adalah untuk menunjukkan bahwa Allah Sendiri yang bekerja bagi Ayub karena ia adalah orang yang takut akan Allah dan menjauhi kejahatan. Demikianlah, ayat itu memberi tahu kita bahwa Ayub adalah seorang yang diberkati.

Karena Ayub saleh dan jujur, anak-anaknya juga saling mengasihi dan hubungan di antara mereka sangat baik. Jika kepala keluarga memberikan contoh yang baik, maka anak-anak akan tumbuh baik dalam damai dengan satu sama lain. Anak-anak Ayub mengadakan perjamuan dan pesta di rumah masing-masing dan ketika mereka berulang tahun anak-anak lelaki mengundang saudari-saudari mereka untuk menikmati perayaan itu bersama mereka.

Tetapi damai sejahtera yang mereka miliki bukanlah damai rohani dan sejati melainkan hanya damai dalam daging. Tentu saja, di dunia sekarang, di mana kasih telah menjadi dingin, banyak keluarga bahkan tidak memiliki sukacita dan damai sejahtera dalam daging sekalipun. Ayub adalah orang yang kaya, tetapi karena anak-anaknya, ia selalu kuatir.

Itu karena anak-anaknya tidak takut akan Allah. Ayub kuatir bahwa anak-anaknya mungkin melakukan sesuatu melawan Allah, sehingga ia selalu memberikan persembahan korban penebusan dosa bagi anak-anaknya. Perbuatannya yang seperti ini tidak pernah berubah, sehingga kita dapat memahami bahwa ia sungguh takut akan Allah dan menjauhi kejahatan.

Sepanjang masa Perjanjian Lama, orang-orang harus diampuni dosanya lewat persembahan korban penebusan dosa kapan pun mereka berbuat dosa. Dosa di dalam Perjanjian Lama hanyalah perbuatan yang tidak sesuai dengan hukum Taurat. Maka, Ayub dapat menjadi kudus dalam perbuatan dengan memberikan persembahan. Tetapi Allah melihat ke dalam hati, dan apa yang sungguh Ia inginkan bukan hanya penyunatan di bagian luar, tetapi penyunatan hati.

Pada masa Perjanjian Baru, Roh Kudus telah datang kepada kita, dan setiap kita yang percaya di dalam darah Yesus dapat menyunat hati kita oleh kuasa Roh Kudus. Melalui kuasa Roh Kudus, kita dapat membuang kecenderungan dosa dan hal-hal kotor dari hati, dan mengubah bahkan kepribadian yang tidak menyenangkan menjadi kebenaran. Alasan mendasar kenapa Allah mengizinkan Ayub mengalami pencobaan-pencobaan itu adalah karena Ia ingin Ayub memiliki hati yang kudus dan disucikan dengan menyunat hatinya, bukan hanya sekedar penyunatan palsu di bagian luar oleh perbuatan.

2. Asal Mula Iblis

"Pada suatu hari datanglah anak-anak Allah menghadap TUHAN dan di antara mereka datanglah juga Iblis. Maka bertanyalah TUHAN kepada Iblis: 'Dari mana engkau?' Lalu jawab Iblis kepada TUHAN: 'Dari perjalanan mengelilingi dan menjelajah bumi.' Lalu bertanyalah TUHAN kepada Iblis: 'Apakah engkau memperhatikan hamba-Ku Ayub? Sebab tiada seorangpun di bumi seperti dia, yang demikian saleh dan jujur, yang takut akan Allah dan menjauhi kejahatan" (Ayub 1:6-8).

Tentang "anak-anak Allah" di ayat ini, beberapa penyelidik Alkitab mengatakan bahwa yang di maksud adalah para malaikat. Tetapi Ibrani 1:5 berkata, *"Karena kepada siapakah di antara malaikat-malaikat itu pernah Ia katakan: 'Anak-*

Ku Engkau! Engkau telah Kuperanakkan pada hari ini?' Dan juga, 'Aku akan menjadi Bapa-Nya, dan Ia akan menjadi Anak-Ku?'"

Allah tidak pernah memanggil malaikat atau makhluk roh lainnya sebagai anak-anak-Nya. Di dalam Kejadian pasal 1 dicatat tentang Penciptaan oleh Allah. Kejadian 1:26 berkata, *"Mari kita buat manusia dalam gambaran Kita, menurut rupa Kita,"* dan kita dapat memahami bahwa Allah Bapa, Putra, dan Roh Kudus juga ambil bagian dalam penciptaan.

Juga, Ayub 38:6-7 berkata, *"Atas apakah sendi-sendinya dilantak? Dan siapakah yang memasang batu penjurunya, pada waktu bintang-bintang fajar bersorak-sorak bersama-sama, dan semua anak Allah bersorak-sorai?"* Ayat itu juga menyebutkan tentang "anak-anak Allah". Saat Allah meletakkan dasar bumi dan selama proses penciptaan, anak-anak Allah bersukacita.

Demikianlah, disini 'anak-anak Allah' merujuk kepada Yesus Kristus, Anak Allah yang Tunggal, dan Roh Kudus yang bekerja bersama kita sebagai penolong. Karenanya, 'anak-anak Allah' di dalam Ayub 1 merujuk kepada 'Allah Anak Yesus Kristus' dan 'Allah Roh Kudus', kedua Entitas.

Sebagian mungkin berpikir, "Allah sungguh suatu Makhluk yang kudus, bagaimana bisa Dia melakukan percakapan ini dengan Iblis?" Itu karena mereka berpikir bahwa Iblis dapat pergi ke tempat di mana Allah berada dan berbicara kepada-Nya. Tetapi Iblis tidak dapat masuk walau hanya ke taman Eden, apalagi kerajaan surgawi atau di hadapan tahta Allah. Allah melihat segala sesuatu di alam semesta. Tahta-Nya terletak di kerajaan surga, tetapi Ia dapat bergerak kemana pun yang Ia inginkan. Di alam roh, jika Allah ingin, Ia dapat berbicara kepada Iblis kapan saja.

Lalu, makhluk seperti apakah iblis itu? Alkitab menulis tentang asal mula Iblis.

"Wah, engkau sudah jatuh dari langit, hai Bintang Timur, putera Fajar! Engkau sudah dipecahkan dan jatuh ke bumi, hai yang mengalahkan bangsa-bangsa! Engkau yang tadinya berkata dalam hatimu: Aku hendak naik ke langit, aku hendak mendirikan takhtaku mengatasi bintang-bintang Allah, dan aku hendak duduk di atas bukit pertemuan, jauh di sebelah utara. Aku hendak naik mengatasi ketinggian awan-awan, hendak menyamai Yang Mahatinggi!" (Yesaya 14:12-14).

Alkitab versi King James menggunakan kata 'Lucifer' untuk bintang fajar. Lucifer adalah malaikat besar yang memiliki kewajiban untuk memuji Allah, sebelum Allah menciptakan manusia. Lucifer sangat dikasihi oeh Allah untuk waktu yang lama, tetapi ia membangun keangkuhan didalam dirinya dengan berpikir bahwa ia juga dapat menjadi seperti Allah.

Pada akhirnya, Lucifer menggoda malaikat-malaikat yang berada di bawah kendalinya, naga-naga, yang berada dalam posisi sebagai pemimpin di antara para kerubim, dan juga makhluk-makhluk buas lainnya yang berada di bawah kendali para naga, dan bersama-sama dengan mereka, ia merencanakan pemberontakan terhadap Allah. Wahyu 12:9 berkata, *"Dan naga besar itu, si ular tua, yang disebut Iblis atau Satan, yang menyesatkan seluruh dunia, dilemparkan ke bawah; ia dilemparkan ke bumi, bersama-sama dengan malaikat-malaikatnya."*

Alasan mengapa Alkitab menyebutkan hewan-hewan yang menjijikkan adalah karena mereka merupakan jenis makhluk yang turut serta dalam pemberontakan melawan Allah bersama-sama dengan Lucifer (Imamat 11). Tetapi Lucifer kalah melawan tentara Allah dan diusir dari posisinya mengawal tahta Allah ke angkasa. Setelah Lucifer diusir, ia membentuk organisasi dunia roh jahat. Ia mulai mengendalikan roh-roh jahat seperti naga dan malaikat-malaikatnya, Setan, dan Iblis untuk melawan Allah.

Iblis Mendakwa Siang dan Malam

Ketika manusia berdosa atau melakukan sesuatu yang tidak benar dalam pandangan Allah, Iblis mendakwa mereka di hadapan Allah siang dan malam (Wahyu 12:10). Allah Yang Mahaadil memerintah segala sesuatu menurut hukum alam rohani, sehinga jika kita melakukan ketidakbenaran dalam pandangan Allah, maka Allah harus membiarkan pencobaan terjadi atas kita lewat Iblis dan Setan.

Tetapi Allah tidak mengizinkan Iblis untuk mendakwa kita dan memberikan ujian serta cobaan tanpa alasan yang tepat. Adam melanggar hukum alam rohani dengan memakan buah terlarang. Allah melarangnya memakan buah dari pohon pengetahuan tentang yang baik dan yang jahat, tetapi ia melanggar firman Allah, sehingga ia harus menyerahkan autoritas sebagai penguasa segala ciptaan kepada Iblis.

Allah memberikan kutukan kepada ular yang membuatnya memakan debu tanah sepanjang hidupnya (Kejadian 3:14), dan debu tanah disini artinya adalah manusia yang terbuat dari tanah, dan ular itu adalah Iblis dan Setan. Demikianlah, itu berarti bahwa orang yang hidup dalam kegelapan dan ketidakbenaran dengan berbuat dosa akan menjadi mangsa Iblis dan Setan.

Iblis mendakwa manusia di hadapan Allah selama mereka melakukan dosa dan membawa mereka pada pencobaan dan ujian serta mengendalikan mereka sesuai dengan keinginannya. Tetapi Setan tidak dapat menyentuh orang-orang yang telah membuang segala bentuk kejahatan, berjalan dalam terang dan hidup sesuai dengan firman Allah.

3. Iblis Mendakwa Menurut Hukum Alam Rohani

Kitab Ayub memberitahu kita tentang hukum alam rohani melalui hubungan segitiga antara Allah, manusia, dan Iblis. Dalam pasal 1 ayat tujuh, Allah bertanya pada Iblis dari mana ia datang. Itu bukan karena Allah Yang Mahakuasa tidak tahu darimana Iblis datang, tetapi Alkitab menuliskan percakapan ini secara terinci, hanya untuk membuat kita tahu bagaimana dakwaaan Iblis terhadap manusia berlangsung.

Karena Allah memerintahkan Iblis untuk memakan debu tanah, Iblis memangsa orang-orang yang pergi dari firman Allah dan melakukan dosa. Tetapi walaupun mereka adalah pendosa, Iblis hanya dapat memangsa manusia setelah mendapatkan izin dari Allah, yaitu Allah yang adil dan pengasih.

Karena itulah Iblis berjalan keliling sama seperti singa yang mengaum-aum dan mencari orang yang dapat ditelannya dan datang ke hadapan Allah untuk membuat dakwaan (1Petrus 5:8). Allah yang adil harus mengizinkan dakwaan Iblis apabila sesuai dengan hukum alam rohani. Iblis mengamati Ayub dengan sangat teliti karena ia begitu dikasihi oleh Allah dan Iblis ingin menjatuhkannya.

Maka, Allah Yang Mahatahu bertanya kepada Iblis, "Sudahkah kaulihat hamba-Ku Ayub?" Iblis tidak perlu memperhatikan dengan teliti orang-orang yang tidak percaya kepada Allah, karena mereka hanya melakukan dosa dan pergi ke jalan maut karena Iblis sudah sudah mengendalikan mereka. Tetapi Iblis sangat memperhatikan orang-orang yang bertindak menurut kebenaran untuk menemukan sesuatu untuk mendakwa mereka. Demikianlah, Iblis dapat bekerja hanya pada orang-orang yang bertindak dalam ketidakbenaran.

Tetapi tidak ada yang dapat dilakukanya terhadap orang yang percaya kepada Allah dan berjalan dalam terang.

> **"Lalu jawab Iblis kepada TUHAN: 'Apakah dengan tidak mendapat apa-apa Ayub takut akan Allah? Bukankah Engkau yang membuat pagar sekeliling dia dan rumahnya serta segala yang dimilikinya? Apa yang dikerjakannya telah Kauberkati dan apa yang dimilikinya makin bertambah di negeri itu. Tetapi ulurkanlah tangan-Mu dan jamahlah segala yang dipunyainya, ia pasti mengutuki Engkau di hadapan-Mu'"** (Ayub 1:9-11).

Iblis mengetahui jahatnya hati manusia yang bersyukur kepada Allah hanya ketika mereka menerima berkat kekayaan, berkat kesehatan, dan ketenaran. Itulah sebabnya Iblis membawa dakwaan bahwa Ayub menyembah Allah hanya karena Allah memberikan banyak berkat kepadanya.

Ada orang-orang yang bersyukur kepada Allah saat mereka mendapatkan jawaban dari-Nya, tetapi ketika mereka menghadapi pencobaan, mereka melupakan kasih karunia Allah, jatuh ke dalam pencobaan dan mengeluh kepada Allah. Alasan terbesar mengapa anak-anak Allah harus menyembah-Nya adalah karena Allah telah menyelamatkan kita dan membimbing kita ke jalan hidup yang kekal. Karena itu, tidaklah benar untuk memuja dan takut akan Allah hanya saat kita diberkati.

Berikutnya, 'Allah memagari ia dan seisi rumahnya serta segala kepunyaannya disetiap sisi' berarti Allah melindungi segala sesuatu yang dilakukannya dan memberinya kelimpahan. Tetapi, Iblis tahu cerdiknya hati manusia dan mulai menguji hati Ayub melalui dakwaaan ini.

"Maka firman TUHAN kepada Iblis: 'Nah, segala yang dipunyainya ada dalam kuasamu; hanya janganlah engkau mengulurkan tanganmu terhadap dirinya.' Kemudian pergilah Iblis dari hadapan TUHAN" (Ayub 1:12).

Iblis tahu bahwa autoritas untuk memberkati atau mengutuk adalah milik Allah, maka ia meminta Allah untuk menyingkirkan semua milik Ayub. Lalu, Allah mengizinkan harta Ayub diambil, tetapi Ia tidak membiarkan Iblis menyentuh tubuhnya. Itu karena Allah sudah terlebih dulu tahu bahwa berikutnya Iblis akan meminta nyawa Ayub, sehingga Ia tidak mengizinkannya.

Karena autoritas atas kehidupan dan kematian juga milik Allah, bahkan Iblis tidak dapat mengambil nyawa seseorang, kecuali atas izin Allah. Demikianlah saat Allah mengizinkan dakwaan Iblis, ujian atau pencobaan dapat terjadi atas manusia. Tetapi hal yang terpenting adalah dakwaan Iblis disini bukan hanya sekedar dakwaan. Bahkan saat Iblis mengambil semua harta Ayub sampai juga nyawa anak-anaknya, Ayub hanya memuji Allah dan bukannya mengeluh terhadap Allah.

Lalu mengapa Allah Yang Mahakuasa mengizinkan dakwaan Iblis terhadap Ayub? Allah memuji hanya hal-hal baik dari

Ayub, yang mana ia adalah seorang yang saleh dan jujur. Allah tidak menyebutkan kelemahan-kelemahan Ayub. Sehingga, Iblis memiliki alasan dan beberapa hal yang dapat digunakannya utnuk mendakwa Ayub dihadapan Allah. Karena itulah Iblis dapat mendakwa Ayub dan Allah harus membiarkannya.

Jika Ayub tidak memiliki kejahatan apa pun di dalam dirinya, Allah tidak akan mengizinkan dakwaan Iblis sama sekali seberapapun Iblis mendakwanya.

4. Ayub melewati Pencobaan Pertama dari Iblis

"Pada suatu hari, ketika anak-anaknya yang lelaki dan yang perempuan makan-makan dan minum anggur di rumah saudara mereka yang sulung, datanglah seorang pesuruh kepada Ayub dan berkata: 'Sedang lembu sapi membajak dan keledai-keledai betina makan rumput di sebelahnya datanglah orang-orang Syeba menyerang dan merampasnya serta memukul penjaganya dengan mata pedang. Hanya aku sendiri yang luput, sehingga dapat memberitahukan hal itu kepada tuan.'" (Ayub 1:13-15)

Karena Allah membiarkan dakwaan Iblis untuk berlangsung, Iblis mulai mencobai Ayub. Allah hanya membiarkan harta Ayub yang diambil. 'Harta' disini berarti segala kepunyaannya termasuk anak-anaknya. Ketika anak-anak Ayub sedang makan dan minum di sebuah pesta di rumah anak sulungnya, seorang pelayan yang bekerja di ladang datang dengan kabar buruk. Orang-orang Syeba menyerang dan merampas lembu sapi dan keledai mereka, serta membunuh para pelayan.

Cobaan datang kepada baik orang percaya maupun orang

tidak percaya. Orang percaya dapat menemukan masalah mereka dengan firman Allah dan bertobat dari dosa-dosanya sehingga mereka dapat menerima kasih karunia Allah untuk pulih kembali atau menerima berkat yang lebih besar dari yang sebelumnya.

Tetapi orang yang tidak percaya tidak memiliki siapa-siapa selain diri mereka sendiri untuk diandalkan. Beberapa kali, mereka mungkin dapat menyelesaikan masalahnya dengan mudah, tetapi mereka juga dapat masuk ke dalam situasi yang bahkan lebih sulit.

Iblis membuat bangsa asing merampas harta kepunyaan Ayub. Sampai hari ini, di sekitar kita, kita dapat melihat orang-orang yang mengaku sebagai orang percaya tetapi tidak diindungi dari bencana, dan ditipu uangnya, serta menderita kerugian besar yang lain.

Dalam peristiwa-peristiwa ini, mereka tidak boleh mengeluh kepada Allah dengan berkata, "Mengapa Allah tidak melindungi saya?" Sebaliknya, mereka harus menemukan penyebab dari diri mereka, mengapa mereka harus menghadapi masalah yang sedemikian. Kemudian mereka harus bertobat dari perbuatan salahnya dan berbalik, maka masalah itu akan terselesaikan.

> "Sementara orang itu berbicara, datanglah orang lain dan berkata: 'Api telah menyambar dari langit dan membakar serta memakan habis kambing domba dan penjaga-penjaga. Hanya aku sendiri yang luput, sehingga dapat memberitahukan hal itu kepada tuan.'"
> (Ayub 1:16)

Sebelum pelayan itu menyelesaikan ucapannya, pelayan lainnya datang dan mengatakan kepadanya bahwa api dari langit turun dan membakar semua harta kekayaan Ayub.

Di dalam Perjanjian Lama, ada hukuman api, dan Elia yang menerima jawaban api. Pada masa Perjanjian Lama, yang merupakan bayangan dari Perjanjian Baru, orang-orang diselamatkan oleh perbuatan mereka. Maka, Allah kadang-kadang menunjukkan api sungguhan. Tetapi dalam Perjanjian Baru, Yesus Sendiri turun ke dunia ini dan menunjukkan banyak bukti yang dapat kita percaya, sehingga Allah tidak perlu menunjukkan api.

Bencana yang dialami Ayub dapat dibandingkan dengan rumah atau pabrik milik orang-orang yang terbakar hangus oleh api besar atau mengalami kerusakan panen yang hebat karena topan, atau bencana alam lainnya.

Tentu saja, Anda mungkin berpikir bahwa bencana alam mengakibatkan kerusakan yang sama terhadap setiap orang, tetapi para orang percaya yang berjalan dalam firman Allah dapat dilindugi. Karena Roh Kudus meggerakkan hati mereka, mereka juga dapat menanam tanaman yang tidak akan rusak oleh bencana alam tertentu itu.

"Sementara orang itu berbicara, datanglah orang lain dan berkata: 'Orang-orang Kasdim membentuk tiga pasukan, lalu menyerbu unta-unta dan merampasnya serta memukul penjaganya dengan mata pedang. Hanya aku sendiri yang luput, sehingga dapat memberitahukan hal itu kepada tuan.'" (Ayub 1:17)

Iblis membawa kerusakan ketiga terhadap harta kepunyaan Ayub. Di sini, seandainya Ayub telah mengetahui tentang hukum alam rohani, ia pasti akan merenungkan dirinya sendiri dan bertobat dari kekurangan-kekurangannya. Jika kita bertobat dan berbalik, kita tidak akan menghadapi kerusakan lagi, tetapi jika kita tidak berbalik, maka masalah yang lebih besar akan datang.

Dengan perencanaan yang terperinci, Iblis mengambil harta kepunyaan Ayub melalui bangsa asing. Di zaman sekarang, hal itu dapat dibandingkan degan keadaan dimana seseorang ditipu uangnya oleh rencana yang sangat licik dari seorang penipu.

> "Sementara orang itu berbicara, datanglah orang lain dan berkata: 'Anak-anak tuan yang lelaki dan yang perempuan sedang makan-makan dan minum anggur di rumah saudara mereka yang sulung, maka tiba-tiba angin ribut bertiup dari seberang padang gurun; rumah itu dilandanya pada empat penjurunya dan roboh menimpa orang-orang muda itu, sehingga mereka mati. Hanya aku sendiri yang luput, sehingga dapat memberitahukan hal itu kepada tuan.'" (Ayub 1:18-19)

Dalam tiga peristiwa, Iblis mengambil semua milik Ayub, yang merupakan orang terkaya di daerah bagian timur, dan terakhir, Iblis menyentuh rumah dan anak-anaknya. Saat tujuh anak laki-laki dan tiga anak perempuan Ayub sedang makan dan minum di sebuah pesta, datanglah angin yang sangat besar, sehinga rumah itu rubuh dan mereka semua mati.

'Empat penjuru rumah' disini berarti posisi-posisi penting. Menghantam keempat penjuru rumah berarti Iblis menghantam anak-anaknya yang seperti pilar bagi keluarganya. Ayub merasa patah hati karena kehilangan semua miliknya dan bahkan anak-anaknya. Dalam situasi yang demikian, kebanyakan orang pasti akan mengeluh dan menangis kepada Allah. Tetapi Ayub, yang merupakan orang saleh dan jujur, hanya memuji Allah dan bersyukur kepada Allah tanpa mengeluh.

> "Maka berdirilah Ayub, lalu mengoyak jubahnya,

dan mencukur kepalanya, kemudian sujudlah ia dan menyembah Katanya: 'Dengan telanjang aku keluar dari kandungan ibuku, dengan telanjang juga aku akan kembali ke dalamnya. TUHAN yang memberi, TUHAN yang mengambil, terpujilah nama TUHAN! TUHAN yang memberi, TUHAN yang mengambil, terpujilah nama TUHAN!' Dalam kesemuanya itu Ayub tidak berbuat dosa dan tidak menuduh Allah berbuat yang kurang patut." (Ayub 1:20-22)

Mengoyak jubahnya berarti Ayub merendahkan dirinya sendiri. Dia mengungkapkan berbagai kekurangan dan kelemahannya. Tindakannya berarti ia tidak dapat melakukan apapun tanpa pertolongan Allah. Dia merendahkan diri sepenuhnya, yang berarti, "Bukan karena kemampuanku aku memperoleh anak-anakku ataupun kekayaanku. Semua ini adalah dari Allah dan aku bukan apa-apa".

Ia juga mengungkapkan kurangnya hikmat dan kebijaksanaannya. Saat ia mengoyak jubahnya ia bermaksud mengungkapkan kesedihannya karena ketidakmampuannya membesarkan anak-anaknya dengan baik.

Jika kita meninggalkan kejahatan sepenuhnya dan hidup hanya oleh kebenaran, maka keangkuhan kita, keakuan kita, dan ego kita akan mati. Hanya Yesus Kristus yang ada di dalam kita yang akan hidup dan bekerja. Jika kita mengakui bahwa kita tidak dapat melakukan apapun tetapi segala sesuatu adalah mungkin dalam Tuhan, dan sepenuhnya mengandalkan Allah, kita tidak akan mengeluh terhadap Allah, bahkan walaupun Allah mengambil segala milik kita.

Berikutnya, dengan mencukur kepalanya berarti segala miliknya sudah hilang.

Kepala dari umat manusia adalah Kristus (1 Korintus 11:3), dan dengan mencukur kepalanya, ia mengungkapkan bahwa semua miliknya adalah pemberian Allah dan Allah yang mengambilnya kembali, sehingga ia kini tidak memiliki apa-apa.

Di dalam Perjanjian Lama, orang-orang menunjukkan iman mereka kepada Allah dengan perbuatan. Maka, Ayub mencukur kepalanya dan tersungkur ke tanah serta menyembah dengan berkata, *"Dengan telanjang aku Dengan telanjang aku keluar dari kandungan ibuku, dengan telanjang juga aku akan kembali ke dalamnya TUHAN yang memberi, TUHAN yang mengambil, terpujilah nama TUHAN! Terpujilah anma TUHAN"* (Ayat 21). Ia hanya mengucap syukur kepada Allah, tidak mengeluh terhadap-Nya. Lewat hal ini, dakwaan Iblis, dimana ia mengatakan bahwa Ayub takut akan Allah hanya karena Allah sangat memberkatinya, terbukti salah.

Dimulai di bab 2, akan diterangkan tentang alasan-alasan mengapa Iblis mendakwa Ayub, serta mengapa Allah harus mengizinkan dakwaan itu.

*Bab*2
Ayub Mengeluh Terhadap Allah

1. Cobaan Iblis yang Kedua
2. Ayub Salah Paham Menganggap Allah Memberkati dan Mengutuk Tanpa Alasan
3. Munculnya Tiga Sahabat Ayub

"Lalu Ayub mengambil sekeping beling untuk menggaruk-garuk badannya, sambil duduk di tengah-tengah abu. Maka berkatalah istrinya kepadanya: 'Masih bertekunkah engkau dalam kesalehanmu? Kutukilah Allahmu dan matilah!' Tetapi jawab Ayub kepadanya: 'Engkau berbicara seperti perempuan gila! Apakah kita mau menerima yang baik dari Allah, tetapi tidak mau menerima yang buruk?' Dalam kesemuanya itu Ayub tidak berbuat dosa dengan bibirnya." (Ayub 2:8-10)

1. Cobaan Iblis yang Kedua

"Pada suatu hari datanglah anak-anak Allah menghadap TUHAN dan di antara mereka datang juga Iblis untuk menghadap TUHAN. Maka bertanyalah TUHAN kepada Iblis: 'Dari mana engkau?' Lalu jawab Iblis kepada TUHAN: 'Dari perjalanan mengelilingi dan menjelajah bumi.' Firman TUHAN kepada Iblis: 'Apakah engkau memperhatikan hamba-Ku Ayub? Sebab tiada seorangpun di bumi seperti dia, yang demikian saleh dan jujur, yang takut akan Allah dan menjauhi kejahatan. Ia tetap tekun dalam kesalehannya, meskipun engkau telah membujuk Aku melawan dia untuk mencelakakannya tanpa alasan'" (Ayub 2:1-3).

Bahkan lewat penderitaan itu, iman Ayub tidak goncang karena ia adalah orang yang saleh dan jujur, seperti yang diakui Allah. Maka, Iblis seharusnya sudah pergi darinya. Lalu mengapa Iblis masih mendakwanya lagi?

Biasanya, saat seseorang ingin mendiskusikan sesuatu yang sulit, ia tidak akan langsung berterus-terang tapi mulai dengan berbicara tentang hal-hal yang lebih ringan, baru kemudian ia masuk ke titik sasaran dan berbicara tentang hal yang sesungguhnya. Dengan cara yang sama, Iblis sudah tahu bahwa cobaan tentang kekayaan itu tidak akan menjadi masalah bagi Ayub, tetapi Iblis masih di sana dan mendakwa Ayub sampai tidak ada lagi dakwaan yang bisa diajukan terhadapnya.

Jika kita tidak berdiri teguh dalam kebenaran, kita akan terus menderita ujian dan pencobaan. Karena Allah sungguh sangat mengasihi anak-anakNya, maka jika mereka pergi ke jalan maut karena dosa mereka, atau mereka tidak berada dalam kebenaran, Allah memalingkan wajahnya sehingga mereka dapat berbalik, bertobat, dan menjadi lebih sempurna. Itulah mengapa dalam Ibrani 12:5-6 dikatakan, *"Dan sudah lupakah kamu akan nasihat yang berbicara kepada kamu seperti kepada anak-anak: 'Hai anakku, janganlah anggap enteng didikan Tuhan, dan janganlah putus asa apabila engkau diperingatkan-Nya; karena Tuhan menghajar orang yang dikasihi-Nya, dan Ia menyesah orang yang diakui-Nya sebagai anak.'"*

Jika anak-anak Allah dapat bersukacita dan bersyukur dalam segala keadaan, mereka dapat melalui setiap pencobaan dan menerima berkat yang besar. Karena Ayub saleh dan jujur, dia melewati cobaan pertama. Tetapi ia masih memiliki beberapa kejahatan dalam dirinya yang tidak dapat lolos dari dakwaan.

Iblis mengetahui kedalaman hati Ayub, dan maksud Iblis yang sebenarnya bukanlah untuk mengambil kekayaan Ayub. Karena itulah Iblis tidak berhenti disitu, melainkan melanjutkan dakwaannya. Allah yang Mahaadil harus mengizinkan dakwaan terhadap Ayub.

"Lalu jawab Iblis kepada TUHAN: 'Kulit ganti kulit! Orang akan memberikan segala yang dipunyainya ganti nyawanya. Tetapi ulurkanlah tangan-Mu dan jamahlah tulang dan dagingnya, ia pasti mengutuki Engkau di hadapan-Mu.' Maka firman TUHAN kepada Iblis: 'Nah, ia dalam kuasamu; hanya sayangkan nyawanya.' Kemudian Iblis pergi dari hadapan TUHAN, lalu

ditimpanya Ayub dengan barah yang busuk dari telapak kakinya sampai ke batu kepalanya" (Ayub 2:4-7).

Iblis mendakwa Ayub dengan berkata, "Kulit ganti kulit!" Yaitu, jika nyawanya terancam, Ayub akan mengeluh terhadap Allah. Iblis kemudian meminta izin dari Allah untuk menyentuh tulang dan dagingnya. Kita memiliki kehidupan, kematian, keberuntungan, kemalangan dalam Allah, tetapi jika kita memiiki hal yang dapat didakwakan, Iblis akan mendakwa kita di hadapan Allah.

Karena Allah itu adil, jika dakwaan Iblis itu benar, maka Ia harus membiarkannya terjadi. Hanya dengan izin Allah, maka Iblis dapat melakukan pencobaan ini terhadap manusia. Dalam segala kekuasaannya, Allah saja tidak menyentuh manusia, apalagi Iblis yang tidak dapat menyentuh manusia tanpa izin dari Allah.

Berikutnya, 'untuk menyentuh tulang dan dagingnya' maksudnya adalah jika tulang-tulangnya tidak berada di tempat yang seharusnya, maka bentuk tubuh manusia akan berubah dan hal ini dapat mengakibatkan situasi yang mengancam jiwa. Iblis mengatakan bahwa Ayub masih menyembah Allah karena hidupnya sendiri tidak terancam, Dan jika hidupnya sungguh-sungguh terancam, maka ia akan mengeluh kepada Allah.

Tulang adalah seperti pilar penyangga dan daging membentuk tubuh manusia. Jika tulang dan daging disakiti, struktur dasarnya menjadi menyimpang dan struktur manusia menjadi berubah dan mengalami gangguan. Sehingga, hal ini merujuk kepada cobaan atau tantangan yang dapat mengancam jiwa manusia.

Iblis mengakui bahwa Allah memiliki segala autoritas atas hidup dan mati serta berkat dan kutuk, dan ia mengatakan sesuatu seperti, "Biarkan aku menyentuh tulang dan daging Ayub. Mari kita liat apakah Ayub sungguh-sungguh orang yang sepert Kau katakan kepadaku." Jika seseorang sempurna benar dalam pandangan Allah, maka Alah akan selalu melindunginya dan Iblis tidak dapat membawa dakwaan apa pun terhadapnya.

Hanya oleh izin Allah saja maka Iblis dapat membawa ujian dan pencobaan kepada manusia, dan karenanya, jika kita mengalami pencobaan, kita harus cepat-cepat bertobat dari perbuatan salah kita dan berbalik dari dosa, sehingga kita dapat dilindungi oelh Allah.

Setelah Allah mengizinkan dakwaan dilakukan oleh Iblis, maka Iblis melanda tubuh Ayub dengan barah di sekujur tubuhnya. Barah yang menimpa Ayub bernanah dari sendi-sendi tulang sampai ke permukaan kulit, dan kemudian kembali mengeluarkan nanah di kulit dan menyebabkan rasa gatal yang amat sangat parah. Pada awalnya, barah itu hanya satu borok kecil, tetapi semakin digaruk barah itu menyebar dengan sangat cepat sampai ke seluruh tubuhnya, dari ujung kaki sampai ke puncak kepala.

2. Ayub Salah Paham Menganggap Allah Memberkati dan Mengutuk Tanpa Alasan

"Lalu Ayub mengambil sekeping beling untuk menggaruk-garuk badannya, sambil duduk di tengah-tengah abu. Maka berkatalah istrinya kepadanya: 'Masih bertekunkah engkau dalam kesalehanmu? Kutukilah Allahmu dan matilah!' Tetapi jawab Ayub kepadanya: 'Engkau berbicara seperti perempuan gila! Apakah kita mau menerima yang baik dari Allah, tetapi tidak mau menerima yang buruk?' Dalam kesemuanya itu Ayub tidak berbuat dosa dengan bibirnya" (Ayub 2:8-10).

Ayub sedang duduk di atas abu dan menggaruk dirinya dengan tangan, tetapi saat barahnya menjadi semakin parah, Ia mengambil beling untuk menggaruk tubuhnya. Di dalam Perjanjian Lama, duduk di atas abu artinya adalah merendahkan diri sendiri di hadapan Allah sampai ke tingkat yang paling rendah dengan disertai pertobatan.

Bahkan dalam situasi seperti ini, Ayub tidak mengutuki Allah, tetapi istrinya mengutuk suaminya yang sedang dalam rasa sakit, "Apakah kau masih percaya kepada Allah yang telah membuatmu menjadi seperti ini? Kutukilah Allahmu dan matilah! Matilah!"

Sebenarnya, berbeda dengan karakter lembut Ayub, istrinya tidak takut akan Allah. Karena itulah Ayub selalu khawatir anak-anaknya mungkin mengikuti ibu mereka dan melakukan dosa, itu sebabnya ia sealu memberikan persembahan untuk mereka. Istrinya, bukannya mencoba menghibur Ayub, malah menyuruhnya mengutuki Allah dan mati, dan mengutuknya untuk masuk neraka. Jika Anda mengutuk Allah dan mati, kemanakah Anda akan pergi kalau bukan ke neraka?

Ayub berkata kepada istrinya, "Engkau sungguh bodoh. Kita menerima berkat dari Allah dan kita juga menerima kutuk bersama dengan berkat itu." Ayub memang tidak mengeluh terhadap Allah dengan bibirnya. Tetapi Ayub salah paham terhadap Allah. Allah bukanlah yang memberikan berkat atau kutuk tanpa sebab.

Jika kamu sungguh-sungguh mendengarkan suara TUHAN, Allahmu, dan melakukan apa yang benar di mata-Nya, dan memasang telingamu kepada perintah-

*perintah-Nya dan tetap mengikuti segala ketetapan-Nya,
maka Aku tidak akan menimpakan kepadamu penyakit
manapun, yang telah Kutimpakan kepada orang Mesir;
sebab Aku TUHAN-lah yang menyembuhkan engkau
(Keluaran 15 :26).*

*"Jika engkau baik-baik mendengarkan suara
TUHAN, Allahmu, dan melakukan dengan setia segala
perintah-Nya yang kusampaikan kepadamu pada
hari ini, maka TUHAN, Allahmu, akan mengangkat
engkau di atas segala bangsa di bumi. Segala berkat
ini akan datang kepadamu dan menjadi bagianmu,
jika engkau mendengarkan suara TUHAN Allahmu.
Diberkatilah engkau di kota dan diberkatilah engkau
di ladang. Diberkatilah buah kandunganmu, hasil
bumimu dan hasil ternakmu, yakni anak lembu sapimu
dan kandungan kambing dombamu. Diberkatilah
bakulmu dan tempat adonanmu. Diberkatilah engkau
pada waktu masuk dan diberkatilah engkau pada waktu
keluar (Ulangan 28:1-6).*

Karena Kitab Ayub dituliskan dari sudut pandang Ayub,
maka kita jangan berpikir bahwa segala sesuatu yang diucapkan
Ayub adalah benar. Kesalahpahaman dan pengertian yang
salah yang dimiliki Ayub tentang iman juga diungkapkan. Agar
kita dapat menginterpretasikan Kitab ini dengan benar, maka
menjadi suatu keharusan bagi kita untuk memahami bahwa
banyak hal yang diucapkannya tidak dimengerti dengan benar
oleh Ayub bila dibandingkan pada kebenaran.

Lalu bagaimana kita bisa menerima berkat, dan bagaimana
kita didakwa oleh Iblis untuk menghadapi kesulitan? Allah

tidak memberika bencana kepada manusia tanpa alasan.

Ada alasan tertentu ketika ia memberikan hukuman. Jika kita hidup sesuai dengan firman-Nya dan taat kepada-Nya, kita akan menerema berkat, tetapi jika kita tidak taat dan tidak memegang semuan perintah dan ketetapannya, maka kutuk akan turun atas kita.(Ulangan 28:15-19).

Seperti yang dikatakan Yesus dalam Yohanes 8:32, *"dan kamu akan mengetahui kebenaran, dan kebenaran itu akan memerdekakan kamu,"* jika kita tidak mengetahui kebenaran kita akan memiliki sesuatu untuk didakwakan oleh Iblis, karena kita tidak memiliki kemerdekaan yang datang dari kebenaran.

Ayub tahu dengan baik fakta bahwa Allah memberikan berkat, tetapi ia salah mengerti tentang Allah juga memberikan bencana tanpa alasan, dan demikianlah, ia sebenarnya membuat Iblis bekerja atasnya. Ia merendahkan diri dengan duduk diatas abu dan mencukut kepalanya, tetapi ia salah paham ketika ia percaya bahwa Allah memberikan penyakit atau bencana tanpa sebab. Sehingga, ia tidak dapat menemukan dirinya sendiri dan ia tidak mampu menemukan hal-hal untuk ia bertobat. Ayub tidak benar-benar memahami firman Alah, dan ia percaya bahwa Allah seperti diktator yang dapat melakukan apa saja yang disukainya.

Karenanya, oleh kepercayaan Ayub yang salah, ia tidak dapat dilindungi, dan ia harus menghadapi dakwaan Iblis untuk mengalami bencana. Seandainya Ayub mengerti mengapa ia menderita, tentu ia telah bertobat dan berbalik, teteapi karena ia tidak dapat menemukannya sendiri, maka ia tidak dapat memahami alasannya. Itulah sebabnya ia harus menderita cobaan.

3. Munculnya Tiga Sahabat Ayub

"Ketika ketiga sahabat Ayub mendengar kabar tentang segala malapetaka yang menimpa dia, maka datanglah mereka dari tempatnya masing-masing, yakni: Elifas, orang Teman, dan Bildad, orang Suah, serta Zofar, orang Naama. Mereka bersepakat untuk mengucapkan belasungkawa kepadanya dan menghibur dia. Ketika mereka memandang dari jauh, mereka tidak mengenalnya lagi. Lalu menangislah mereka dengan suara nyaring. Mereka mengoyak jubahnya, dan menaburkan debu di kepala terhadap langit. Lalu mereka duduk bersama-sama dia di tanah selama tujuh hari tujuh malam. Seorangpun tidak mengucapkan sepatah kata kepadanya, karena mereka melihat, bahwa sangat berat penderitaannya" (Ayub 2:11-13).

Biasanya, Ayub adalah orang yang sangat murah hati dan bijak, sehingga ia memiliki banyak sahabat. Sahabat-sahabat Ayub mendengar berita bahwa Ayub telah kehilangan seluruh harta dan anak-anaknya, dan ia sendiri telah diserang oleh suatu penyakit. Mereka meragukan berita itu namun tetap datang untuk menghibur Ayub. Mereka bertiga adalah Elifas orang Teman, Bildad orang Suah, dan Zofar orang Naama.

Bahkan dari kejauhan mereka dapat melihat bahwa kondisi Ayub persis seperti yang mereka dengar, dan mereka tercekat oleh emosi. Mereka meninggikan suaranya dan menangis. Dan masing-masing dari mereka mengoyak jubahnya serta melaburi kepalanya dengan abu. Kemudian mereka duduk di tanah dengan Ayub selama tujuh hari dan tujuh malam, tanpa berbicara sepatah kata pun kepadanya.

Lalu, apa yang terjadi? Ayub, yang selama ini selalu takut

akan Allah dan tidak pernah mengutukinya, membuka mulutnya dan mulai mengutuki hari kelahirannya.

Bab **3**

Kemarahan dan Ratapan Ayub

1. Ayub Mengutuki Hari Kelahirannya

2. Ayub Mempersembahkan Korban Dengan Kedagingan

"Mengapa aku tidak mati waktu aku lahir, atau binasa waktu aku keluar dari kandungan? Mengapa pangkuan menerima aku; mengapa ada buah dada, sehingga aku dapat menyusu?" (Ayub 3:11-12)

1. Ayub Mengutuki Hari Kelahirannya

"Sesudah itu Ayub membuka mulutnya dan mengutuki hari kelahirannya. Maka berbicaralah Ayub: Biarlah hilang lenyap hari kelahiranku dan malam yang mengatakan: Seorang anak laki-laki telah ada dalam kandungan. Biarlah hari itu menjadi kegelapan, janganlah kiranya Allah yang di atas menghiraukannya, dan janganlah cahaya terang menyinarinya" (Ayub 3:1-4).

Dari Alkitab, kita dapat memahami bahwa tubuh kita adalah pemberian Allah dan karenanya kita tidak boleh memperlakukannya dengan seenaknya. Tetapi Ayub mengutuki hari kelahirannya sendiri, dan kita dapat melihat rasa sakit yang ia derita dari barah itu sangat besar.

Pada zaman dulu, orang-orang menganggap benih untuk melanjutkan keluarga mereka jauh lebih penting daripada bagi kita sekarang, sehingga mereka lebih gembira memiliki anak laki-laki daripada anak perempuan. Orangtua Ayub pastilah sangat gembira akan kelahirannya juga. Tetapi karena Ayub menjadi sakit dan kehilangan semua hartanya, ia menyadari bahwa dilahirkan sebagai seorang laki-laki juga tidak berguna dan segala sesuatu tidak berarti.

Maka Ayub mengutuki hari kelahirannya dan meratap. 'Kegelapan' yang dibicarakan oleh Ayub merujuk pada kegelapan total dan juga Alam Maut/Sheol (bahasa Ibrani yang berarti Dunia Orang Mati). Hal itu merujuk pada keadaan makhluk tak berguna yang tidak memiliki kehidupan dan tidak dapat melakukan apa pun. Ia memaksudkan dirinya sendiri yang dianggapnya sangat tidak berharga.

Ayub mengutuki kehidupannya. Ia mengutuki orangtuanya dan meratap. "Seandainya saja malam itu gelap dan aku tidak dilahirkan!" "Seandainya saja aku tidak diberikan kehidupan!" Ia mengeluh tentang kelahirannya.

Karena ia mengaku bahwa Allah adalah yang memiliki kendali atas semua jiwa, maka ia mengeluh terhadap Allah yang telah memelihara jiwanya. Seandainya Allah tidak menerima jiwanya maka tidak akan ada kehidupan di dalam dirinya, dan jika tidak ada cahaya kehidupan, bahkan saat seorang bayi dilahirkan, maka sel-selnya tidak akan tumbuh dan dia tidak mungkin bisa bertahan hidup. Tetapi karena Allah memberikan terang, maka ia dapat hidup. Ia mengeluh tentang hal-hal yang telah terjadi.

> **"Biarlah kegelapan dan kekelaman menuntut hari itu, awan-gemawan menudunginya, dan gerhana matahari mengejutkannya. Malam itu--biarlah dia dicekam oleh kegelapan; janganlah ia bersukaria pada hari-hari dalam setahun; janganlah ia termasuk bilangan bulan-bulan"** (Ayub 3:5-6).

Jika kegelapan dan kekelaman mengambil hari kelahiran Ayub, ia tidak dapat menyakiti Ayub, sehingga ia tidak akan dilahirkan. Juga, 'awan-gemawan menudunginya' berarti hari akan hujan. Maka, orangtua Ayub pasti sibuk merawat panen dan ternak, sehingga tidak memiliki waktu untuk bercinta dan ia tidak akan dilahirkan.

Ayub terus menggunakan perbandingan bahkan dengan gerhana matahari. Ketika gerhana matahari terjadi, tidak seorangpun dapat melihat matahari, sehingga suasana akan menjadi gelap bahkan pada waktu siang hari. Kita yang hidup dalam zaman modern mengetahui hal ini, sehingga kita tidak merasa takut, tetapi orang-orang yang hidup di zaman dulu, gemetar dengan rasa takut ketika mereka melihat gerhana matahari terjadi.

Karena siang menjadi gelap, orang-orang yang ketakutan tidak akan bercinta dan bahkan ketika malam dirangkul oleh kegelapan, akan terjadi hal yang sama. Karenanya, ia memaksudkan bahwa ia tidak akan terlahir, jika terjadi peristiwa-peristiwa tersebut. "Janganlah ia bersukaria pada hari-hari dalam setahun" atau berbicara tentang bilangan bulan-bulan juga berarti bahwa ia berharap ia tidak dilahirkan. Ia sedang mengeluhkan tentang pembuahannya dan menyesali kelahirannya sendiri.

> **"Ya, biarlah pada malam itu tidak ada yang melahirkan, dan tidak terdengar suara kegirangan. Biarlah ia disumpahi oleh para pengutuk hari, oleh mereka yang pandai membangkitkan marah Lewiatan. Biarlah bintang-bintang senja menjadi gelap; biarlah ia menantikan terang yang tak kunjung datang, janganlah ia melihat merekahnya fajar"** (Ayub 3:7-9).

Juga, seandainya malam itu mandul, maka orangtuanya tidak akan bercinta, sehingga ia tidak akan dilahirkan. 'Suara kegirangan' di sini artinya adalah bahwa orangtuanya membuat suara kegirangan saat mereka bercinta dan mereka bersukacita saat ia lahir karena ia adalah anak laki-laki. Jadi, yang dimaksudkan olehnya adalah, jika hari-hari gembira itu tidak ada, maka ia tidak akan dilahirkan.

Lewiatan adalah makhluk yang berbentuk seperti buaya besar, dan tampak menjijikkan dan jahat. Ini berarti bentuk dari kejahatan itu sendiri. Jika seseorang berselingkuh dengan orang lain yang bukan pasangannya, hatinya adalah kotor dan menjijikkan seperti Lewiatan. Orang yang siap untuk membangkitkan Lewiatan, dapat melakukan hal-hal yang sebenarnya tidak dapat diperbuat oleh manusia biasa.

Demikianlah, Ayub ingin seseorang mengambil nyawanya. Ia menganggap siapa pun orangnya tidak apa-apa. Ia menginginkan orang yang jahat sedemikian untuk mengutuk malam itu sehinga ia tidak akan dilahirkan. Ayub mengatakan semua hal ini karena ia menyesali kelahirannya.

Allah menjanjikan Abraham bahwa Ia akan memberikan keturunan sebanyak bintang di langit. Demikianlah, 'bintang' merujuk kepada manusia. Juga, 'bintang-bintang senja' melambangkan 'janji firman'. 'Bintang-bintang senja' merujuk kepada orangtua Ayub. Itu berarti jika orangtuanya tidak memegang janji utuk bercinta dengan satu sama lain, maka ia tidak akan dibuahi.

Seandainya orangtuanya tidak memegang janji untuk bercinta, mereka tidak akan memperoleh anak, seberapa pun terangnya bintang itu. Juga, bila tidak ada senja di dunia ini, maka dunia akan menjadi gelap total dan akan jatuh dalam kehancuran, sehingga ia tidak akan dilahirkan.

"Karena tidak ditutupnya pintu kandungan ibuku, dan tidak disembunyikannya kesusahan dari mataku. Mengapa aku tidak mati waktu aku lahir, atau binasa waktu aku keluar dari kandungan? Mengapa pangkuan menerima aku; mengapa ada buah dada, sehingga aku dapat menyusu?" (Ayub 3:10-12).

Ayub menyesali bahwa seandainya rahim ibunya tertutup, maka ia tidak akan dibuahi dan tidak akan menderita pencobaan-pencobaan yang demikian. Ia juga berkata, bahkan jika ia dibuahi, seandainya ia meninggal saat dilahirkan, ia tidak akan menderita seperti sekarang. Ia menyesali dan mengeluhkan orangtuanya.

Ia juga berkata bahwa bahkan seandainya ia dilahirkan, jika ibunya tidak merawatnya, maka ia akan mati kelaparan, tetapi karena ibunya memberinya makan, maka ia menjadi menderita seperti sekarang. Ayub tahu kenyataan bahwa Allah adalah Yang mengendalikan kehidupannya, tetapi ia mengutuki kelahirannya itu sendiri. Akibatnya, ia mengeluh terhadap Allah.

> "Jikalau tidak, aku sekarang berbaring dan tenang; aku tertidur dan mendapat istirahat bersama-sama raja-raja dan penasihat-penasihat di bumi, yang mendirikan kembali reruntuhan bagi dirinya, atau bersama-sama pembesar-pembesar yang mempunyai emas, yang memenuhi rumahnya dengan perak. Atau mengapa aku tidak seperti anak gugur yang disembunyikan, seperti bayi yang tidak melihat terang?" (Ayub 3:13-16).

Ayub berkata bahwa seandainya ia tidak terlahir atau meninggal saat dilahirkan, ia akan berada di dalam Alam Maut, dibaringkan dan beristirahat dengan tenang. Ia mengatakan bahwa di tempat itu ia akan bersama para penasihat dari bumi atau orang-orang yang membangun kembali reruntuhan bagi diri mereka sendiri. Seandainya ia meninggal saat dilahirkan, ia tidak akan pernah melihat terang seperti anak gugur yang dibuang.

Apa yang dikatakan oleh Ayub sekarang bukanlah merupakan kebenaran dalam pandangan Allah, melainkan pemikiraannya sendiri yang adalah kata-kata kejahatan.

"Di sanalah orang fasik berhenti menimbulkan huru-hara, di sanalah mereka yang kehabisan tenaga mendapat istirahat. Dan para tawanan bersama-sama menjadi tenang, mereka tidak lagi mendengar suara pengerah. Di sana orang kecil dan orang besar sama, dan budak bebas dari pada tuannya" (Ayub 3:17-19).

Ayub mulai menerangkan kehidupan di dalam Alam Maut dengan mengatakan bahwa seandainya ia telah mati saat dilahirkan dan masuk ke dalam kubur, dan di sana orang-orang jahat akan berhenti mengganggu dan orang yang lemah merasakan ketenangan. Kata utama disini berarti 'dikendalikan' atau 'mengendalikan'. Hal itu mengacu pada segala sesuatu mengenai larangan yang berada di bawah kendali, seperti menempatkan diri sendiri ke dalam sejenis larangan atau dilarang firman Allah.

Ayub menerangkan tentang Alam Maut, dan ia mengatakan bahwa di tempat itu tidak seorang pun berada di bawah kendali orang lain, dan setiap orang, baik besar atau kecil, adalah sama di sana. Tetapi ini hanyalah sekedar pendapat Ayub, dan bukan merupakan kebenaran yang sesungguhnya. Lazarus si pengemis, yang takut akan Allah selama hidupnya di bumi, pergi ke Alam Maut Bagian Atas setelah kematiannya, dan ia berada di sisi Abraham. Tetapi orang kaya yang hanya menikmati dirinya sendiri di bumi, masuk ke Alam Maut Bagian Bawah, yaitu Hades dan menderita selamanya (Lukas 16: 19-31).

Tidaklah benar bahwa setiap orang diperlakukan sama di Alam Maut, entah mereka baik atau jahat seperti yang dikatakan Ayub.

"Mengapa terang diberikan kepada yang bersusah-susah, dan hidup kepada yang pedih hati; yang menantikan maut, yang tak kunjung tiba, yang mengejarnya lebih dari pada menggali harta terpendam; yang bersukaria dan bersorak-sorai dan senang, bila mereka menemukan kubur; kepada orang laki-laki yang jalannya tersembunyi, yang dikepung Allah? Karena ganti rotiku adalah keluh kesahku, dan keluhanku tercurah seperti air" (Ayub 3:20-24).

Ayub berada dalam keputusasaan yang sedemikian, karena ia telah kehilangan segala miliknya dan anak-anaknya, dan bahkan ia mengalami barah di sekujur tubuhnya. Ayub mengutuk bahwa ia memiliki hidup, dan ia ingin mati, tetapi ia tidak dapat melakukan seperti yang diinginkanya. Jika seseorang tahu bahwa ada harta terpendam di padang, ia pasti akan mencoba utnuk menggalinya; Ayub menginginkan kematian lebih dari hal ini.

Keinginan satu-satunya adalah kematian, sehingga saat ia harus makan, ia meratap Itu bukanlah ratapan karena tidak adanya makanan, melainkan, jika ia makan, hidupnya akan diperpanjang, karena rasa sakit pada barahnya, tangisannya tercurah seperti air.

Kadang-kadang, ada sebagian orang yang menangis saat makan makanan rohani. Banyak orang tingal di dunia dalam kegelapan seperti yang mereka inginkan, tanpa mengetahui kebenaran. Tetapi setelah mereka menerima Tuhan dan keluar ke dalam terang, mereka mendengarkan firman rohani. Mereka mendengar, "Jagalah kekudusan Hari Tuhan," "Jangan minum minuman beralkohol," "Jangan iri hati atau dengki," "Buanglah segala bentuk kejahatan". Saat mereka memakan firman Allah yang merupakan roti rohani, maka mereka harus mencoba untuk membuang kebiasaan lama, dan hal itu terasa sakit bagi mereka.

Jika mereka tidak membuangnya segera, mereka merasa menderita di dalam hati mereka, dan mereka kehilangan kepenuhan Roh. Mereka tidak bisa begitu saja membuang kebiasaan-kebiasaan lama itu seperti yang diinginkan, dan karenanya mereka menjadi meratap. Mereka masih makan roti rohani, tetapi pada saat yang sama mereka meratap dan menangis akan hal itu.

2. Ayub Mempersembahkan Korban dengan Kedagingan

"Karena yang kutakutkan, itulah yang menimpa aku, dan yang kucemaskan, itulah yang mendatangi aku. Aku tidak mendapat ketenangan dan ketenteraman; aku tidak mendapat istirahat, tetapi kegelisahanlah yang timbul" (Ayub 3:25-26).

Ayub memiliki ketakutan bahwa suatu hari nanti Allah akan menghukumnya tanpa alasan, dan karena ia sedang berada dalam pencobaan, ia mengakui hal itu dari hatinya. Ia biasanya berpikir bahwa Allah akan menghantamnya dan ia takut Allah akan memberinya penyakit atau sesuatu, dan hal itu sungguh-sungguh terjadi dalam kenyataan.

Ayub tidak mempersembahkan korban rohani dari hati mengasihi yang sangat menyenangkan Allah. Itu berarti bahwa ia tidak mempersembahkan korbannya dengan kasih sejati bagi Allah dengan segenap hati, pikiran, dan jiwanya, dan ia tidak menyembah Allah dalam roh dan kebenaran. Ia mempersembahkan korban karena ia kuatir. Ia kuatir bahwa jika ia tidak memberikan persembahan, sesuatu yang buruk akan terjadi kepada anak-anaknya atau kutuk mungkin turun atas keluarganya. Ia mengaku bahwa ia mempersembahkan korban kedagingan karena ketakutan dan pengertiannya.

Wahyu 21:8 mengatakan, *"Tetapi orang-orang penakut, orang-orang yang tidak percaya, orang-orang keji, orang-orang pembunuh, orang-orang sundal, tukang-tukang sihir, penyembah-penyembah berhala dan semua pendusta, mereka akan mendapat bagian mereka di dalam lautan yang menyala-nyala oleh api dan belerang; inilah kematian yang kedua."* Ayat itu memberi tahu kita bahwa orang yang takut tidak akan diselamatkan.

Mereka mengetahui tentang firman Allah, tetapi tidak memiliki iman yang sejati untuk percaya kepada-Nya. Mereka tetap berteman dengan dunia dan melakukan hal-hal yang jahat, maka mereka menjadi takut. Orang-orang ini tidak dapat menerima keselamatan.

Amsal 26:2 berkata, *"Seperti burung pipit mengirap dan burung layang-layang terbang, demikianlah kutuk tanpa alasan tidak akan kena."* 1 Yohanes 3:21-22 juga mengatakan, *"Saudara-saudaraku yang kekasih, jikalau hati kita tidak menuduh kita, maka kita mempunyai keberanian percaya untuk mendekati Allah; dan apa saja yang kita minta, kita memperolehnya dari pada-Nya karena kita menuruti segala perintah-Nya dan berbuat apa yang berkenan kepada-Nya".*

Kutuk tanpa sebab tidak datang, tetapi Ayub takut akan Allah karena ia tidak sungguh-sungguh mengerti firman Allah. Ia memberikan korban hanya karena ia takut kepada Allah. I tidak memberikan korban dengan kasih sejati kepada Allah yang berasal dari dalam hati.

Ia berkata bahwa, karena ia telah kehilangan seluruh harta miliknya dan anak-anaknya, kini ia tidak lagi memiliki dasar untuk tempat peristirahatan dalam hidup. Ia berkata bahwa, karena ia tidak memiliki tempat peristirahatan di bumi, ia tidak bisa beristirahat. Hal ini memberi tahu kita bahwa Ayub adalah seorang manusia daging yang tidak memiliki iman atau pengharapan akan surga.

Karena itu, bibirnya dipenuhi oleh penyesalan dan keluh kesah saja, sehingga ia tidak memiliki damai sejahtera atau ketenangan. Ia biasanya menikmati damai sejahtera dan ketenangan dengan mengandalkan pada kondisi material, tetapi damai yang sejati dan ketenangan tidak datang dari benda-benda materi melainkan diberikan hanya oleh Allah.

Orang-orang yang memiliki iman yang sejati akan mengandalkan Allah sepenuhnya, bahkan jika mereka memiliki penyakit. Walaupun mereka tidka mempunyai anak-anak dan tidak ada tempat untuk beristirahat, mereka bisa tenang karena mereka memiliki pengharapan akan surga.

Perjanjian Lama adalah bayangan dari Perjanjian Baru, tetapi bukan berarti Allah menerima hanya perbuatan luar saja. Di antara sesama manusia, mereka tidak dapat memahami hal-hal rohani dari masing-masing, sehingga Allah membuat perbuatan luar kelihatan dengan tubuh jasmani. Tetapi Allah tidak mengizinkan apapun yang kedagingan atau jasmani antara Diri-Nya dan manusia. Ia adalah roh, dan Ia hanya menerima hal-hal yang rohani.

Hukum dalam Perjanjian Lama tidak menghukum orang walaupun mereka memiliki pikiran zina atau kebencian dalam hati mereka selama hal itu tidak ditunjukkan sebagai perbuatan luar. Tetapi Allah tidak hanya melihat perbuatan, tetapi juga kedalaman hati manusia, sehingga jika kita memiliki hal dosa dalam hati kita, Allah menganggapnya sebagai kejahatan. Di dalam Perjanjian Baru, memiliki pikiran jahat saja juga sudah dianggap sebagai dosa.

Allah menerima korban darah dari Habel tetapi tidak dari Kain (Kejadian 4:4-5). Korban darah artinya memberikan korban rohani dalam roh dan kebenaran dengan segenap hati, pikiran, dan jiwa.

Jika Anda menyembah Allah dalam roh dan kebenaran serta memiliki iman yang membuat Anda dapat percaya dari dalam lubuk hati, maka damai, penghiburan, dan syukur Anda tidak akan meninggalkan hati Anda. Jika Anda kehilangan hal-hal ini dari dalam hati, maka Anda harus mengerti bahwa Anda hanya seperti seorang anak-anak dalam iman, tidak memiliki iman rohani.

Allah memerintahkan Saul untuk menghancurkan semua orang Amalek dan segala harta benda mereka, tetapi Saul menggunakan pikiran kedagingannnya sendiri. Ia menyimpan ternak dan domba-domab yang gemuk dengan berkata bahwa ia akan memberikannya kepada Allah. Hal ini mungkin kelihatannya benar dari sudut pandang kedagingan, tetapi itu adalah ketidaktaatan terhadap firman Allah yang berkata, *"Sesungguhnya, mendengarkan lebih baik dari pada korban sembelihan, memperhatikan lebih baik dari pada lemak domba-domba jantan"* (1 samuel 15:22) Kemudian, Allah tidak menerima korban kedagingan itu dan akhirnya membuang Saul.

Alkitab menyuruh kita untuk 'takut akan Allah' dan itu artinya bahwa kita harus percaya akan keberadaan surga dan neraka serta Allah sebagai Hakim, dan kita harus memegang firman-Nya serta tidak melakukan dosa dengan penyembahan yang takut akan Allah.

Saat kita menaati firman-Nya dan melakukannya, Allah menjawab kita ketika kita meminta, dan Ia beserta dengan kita.

Demikianlah, Ia adalah Bapa kita yang baik. Tetapi jika kita melayani Dia dengan rasa takut dan pengertian kita, itu karena kita tidak memiliki iman yang sejati. 1 Yohanes 4:18 berkata, *"Di dalam kasih tidak ada ketakutan: kasih yang sempurna melenyapkan ketakutan; sebab ketakutan mengandung hukuman dan barangsiapa takut, ia tidak sempurna di dalam kasih."* Ayub adalah orang yang sangat saleh dan jujur sehingga diakui oleh Allah, tetapi di dalam hatinya tersembunyi kejahatan. Itulah sebabnya Allah, yang mengasihi kesalehan dan kejujuran Ayub mengizinkan semua pencobaan itu sehingg Ayub akan membuang semua kejahatan di dalam dirinya dan ia akan menerima berkat kemakmuran dalam segala sesuatu, memperoleh kembali kesehatannya, sama seperti jiwanya akan menjadi baik-baik saja (sejahtera).

Allah tidak mengizinkan pencobaan kepada anak-anak-Nya tanpa alasan. Kita menghadapi pencobaan karena ada hal-hal yang harus diubahkan di dalam kita. Karenanya, jika kita sadar akan diri kita sendiri dan berbalik, maka kita dapat menjalani kehidupan Kristen yang berkemenangan. Kita dapat menerima jawaban-jawaban dari Allah, dan memberikan kemuliaan bagi-Nya.

Bab 4
Bantahan Elifas Orang Teman

1. Elifas menghukum Ayub Sebagai Orang Jahat
2. Kesombongan dan Status Rohani Elifas

"Camkanlah ini: siapa binasa dengan tidak bersalah dan di manakah orang yang jujur dipunahkan? Yang telah kulihat ialah bahwa orang yang membajak kejahatan dan menabur kesusahan, ia menuainya juga" (Ayub 4:7-8).

1. Elifas menghukum Ayub Sebagai Orang Jahat

"Maka berbicaralah Elifas, orang Teman: Kesalkah engkau, bila orang mencoba berbicara kepadamu? Tetapi siapakah dapat tetap menutup mulutnya? Sesungguhnya, engkau telah mengajar banyak orang, dan tangan yang lemah telah engkau kuatkan; orang yang jatuh telah dibangunkan oleh kata-katamu, dan lutut yang lemas telah kaukokohkan. tetapi sekarang, dirimu yang tertimpa, dan engkau kesal, dirimu terkena, dan engkau terkejut" (Ayub 4:1-5).

Saat Ayub mengutuki hari kelahiranya dan orangtuanya, sahabatnya Elifas tidak dapat lagi menahankannya dan ia adalah orang yang pertama yang membuka mulutnya dan berbicara. Yang harus kita ingat di sini adalah bahwa percakapan antara Ayub dan teman-temanya mungkin kadang-kadang benar dalam pandangan Allah, tetapi banyak bagian hanya merupakan pendapat mereka sendiri.

Allah membiarkan hal-hal ini dituliskan karena hal itu perlu. Kini Elifas mengatakan apa yang sudah ia pikirkan karena ia menjadi marah. Dalam pandangannya Ayub bukanlah orang yang sama yang dulu dikenalnya. Ia membandingkan perbuatan dan perkataan Ayub sebelum dan sesudah insiden itu, dan ia menganggap kata-kata Ayub sekarang tidak berarti apa-apa.

Itulah sebabnya ia menjadi marah akan perkataan Ayub.

Menurut Alkitab, kita dapat melihat bahwa perbuatan Elifas tidak benar. Yakobus 1:19-20 mengatakan kepada kita, *"Hai saudara-saudara yang kukasihi, ingatlah hal ini. Tetapi tiap-tiap orang harus cepat mendengar, lambat untuk berbicara, dan lambat untuk menjadi marah."* Matius 7:1-5 juga berkata, *"Jangan kamu menghakimi, supaya kamu tidak dihakimi. Karena dengan penghakiman yang kamu pakai untuk menghakimi, kamu akan dihakimi dan ukuran yang kamu pakai untuk mengukur, akan diukurkan kepadamu. Mengapakah engkau melihat selumbar di mata saudaramu, sedangkan balok di dalam matamu tidak engkau ketahui? Bagaimanakah engkau dapat berkata kepada saudaramu: Biarlah aku mengeluarkan selumbar itu dari matamu, padahal ada balok di dalam matamu. Hai orang munafik, keluarkanlah dahulu balok dari matamu, maka engkau akan melihat dengan jelas untuk mengeluarkan selumbar itu dari mata saudaramu."*

Tetapi sahabatnya ini menganggap hanya dirinya sendiri yang benar dan ia mengkritik serta menilai Ayub.

Dalam ayat 3, kita dapat menemukan bahwa Ayub telah menjalani hidup yang jujur dan dapat menegur banyak orang. 'Tangan yang lemah' mewakili orang-orang yang telah kehilangan energi dan semangat untuk hidup. Ayub dulu menguatkan orang-orang itu dan membimbing mereka.

Juga, 'berjalan terhuyung-huyung' mengacu kepada orang-orang yang telah jatuh dan menyerah pada kehidupan. Sebagai contoh, mereka adalah orang-orang yang usahanya bangkrut dalam semalam atau mereka yang dicampakkan oleh kekasihnya.

Mereka adalah orang-orang yang kehilangan daya atau motivasi untuk meneruskan hidup. Dulu Ayub menyemangati dan menguatkan orang-orang ini.

Apakah arti dari 'menguatkan lutut yang goyah'? Manusia hanya dapat berjalan dengan lutut yang kuat. Bila lututnya lemah, mereka tidak dapat berjalan. Maka, 'menguatkan lutut yang goyah' mengacu pada perbuatan. Ayub menolong dan menopang orang-orang yang tidak berkelimpahan dalam hidup atau orang yang perbuatannya yang tidak layak. Karena Ayub adalah orang yang sangat kaya, ia sering memeberikan uang kepada yang membutuhkan dan ia memberikan mereka kekuatan, keberanian, serta harapan. Tetapi saat Ayub sendiri berada dalam kesulitan yang demikian, Elifas tidak senang dan ia menghardik Ayub dengan berkata bahwa Ayub telah menjadi seperti orang-orang yang dulu ditolongnya.

Mengapa Allah membuat semua ini ditulis? Kita harus memeriksa diri kita apakah kita tidak seperti Ayub. Seandainya ada seseorang yang datang untuk berkonsultasi kepada Anda saat Anda menjalani hidup beriman dan dipenuhi Roh Kudus. Maka Anda mungkin dengan percaya diri akan berkata, "Kalau ada sesuatu yang salah engkau dapat bertobat dan berbalik. Jika engkau mengandalkan Allah sepenuhnya, maka Ia akan menyelesaikan masalahmu. Berdoa dan berpuasalah. Allah adalah adil dan penuh kasih."

Namun, jika Anda sendiri dihadapkan pada masalah yang serupa, tidakkah Anda akan berbicara sama seperti Ayub? Tidakkah Anda akan merasa khawatir dan mengeluh seperti Ayub? Melalui keadaan Ayub, Allah memberitahu kita tentang sikap berbeda yang kita miliki saat kita berada dalam keadaan yang menyenangkan dan saat kita berada dalam keadaan yang tidak menyenangkan.

Kita dapat memeriksa iman kita saat kita dihadapkan pada ujian dan pencobaan. Hati kita yang di dalam dan iman kita yang sebenarnya akan disingkapkan. Saat dihadapkan dengan pencobaan, kita dapat berbalik dengan berdoa dan berpuasa untuk menerima penyelesaian terhadap masalah tersebut. Rasul Paulus dipukuli, dipenjarakan, dan menderita banyak perkara bagi nama Tuhan Yesus, tetap ia tidak pernah mengeluh terhadap Allah. Kita juga harus memiliki iman yang seperti ini.

"Bukankah takutmu akan Allah yang menjadi sandaranmu, dan kesalehan hidupmu menjadi pengharapanmu? Camkanlah ini: siapa binasa dengan tidak bersalah dan di manakah orang yang jujur dipunahkan?" (Ayub 4:6-7).

Kemarahan Elifas semakin bertambah dan ia menunjukkan kekurangan-kekurangan Ayub. Bukannya melihat ke dalam dirinya sendiri dengan apa yang telah dikatakan, Ayub juga mulai menjadi marah. Jika Anda menasihati seseorang dengan kasih, orang itu akan merasakan kasih dan menerima nasihat. Tetapi nasihat dengan perasaan sebal atau kemarahan hanya akan menyebabkan perasaan sebal juga pada orang tersebut. Sehingga ia tidak akan menerima nasihatnya.

Ayub takut akan Allah, dan ia mengandalkan Allah. Mengandalkan Allah adalah dengan menyerahkan segala sesuatu kepada-Nya. Takut akan Dia adalah dengan menyembah dan menghormati-Nya. Ayub menghormati Allah tetapi dengan cara lain ia juga takut kepada-Nya. Juga, karena ia percaya kepada Allah Yang Mahakuasa, Ayub mengandalkan Allah dalam kehidupannya.

Tetapi kita harus memriksa apakah Ayub benar-benar dan sungguh takut akan Allah serta mengandalkan Dia. Takut akan

Allah adalah dengan memegang firman-Nya (Ulangan 28). Jika kita percaya bahwa Allah mampu melakukan segala sesuatu, kita dapat mengandalkan Dia dalam segala hal. Ayub ingin agar perbuatanya menjadi sempurna dalam pandangan Allah. Ia ingin menjadi sempurna di hadapan-Nya. Dan Elifas, karena ia adalah sahabat Ayub, sangat tahu akan perbuatan Ayub.

Tetapi karena Ayub sendiri mengalami masalah, perkataannya menjadi sangat berbeda dari apa yang ia katakan sebelumnya! "Ayub, tidakkah kau mengandalkan Allah karena kau takut akan Dia? Tetapi saat kudengar perkataanmu, bagaimana bisa aku mengatakan kau mengandalkan Allah? Jika kau sungguh-sungguh takut akan Dia, kau tidak boleh berkata seperti itu!"

"Tidakkah kau ingin perbuatanmu menjadi sempurna di hadapan Allah? Coba pikir saja sendiri! Setiap orang menjadi hancur karena dosanya. Kalau kau memang adalah orang yang jujur, tidakkah Allah akan memberikan kemakmuran kepadamu?" Dalam ayat 7 Elifas bertanya kepada Ayub. "Di manakah orang yang jujur dipunahkan?"

Maka, dapatkah orang yang tidak bersalah punah? Roma 6:23 berkata bahwa upah dosa ialah maut. Maut berasal dari dosa. Manusia hancur karena dosa. Karena Henokh dan Elia menjalani hidup yang kudus tanpa noda atau cela, maka mereka diangkat ke surga hidup-hidup tanpa harus mengalami kematian jasmani.

Firman Allah dengan pasti memberitahu kita bahwa Allah adalah menyertai orang yang jujur dan benar. Ia juga akan membimbing orang yang demikian pada kemakmuran. Jadi, saat Elias berkata, "Di manakah orang yang jujur dipunahkan?" itu adalah perkataan kebenaran. Tetapi tidak benar bahwa

Elifas mengatakan hal ini karena ia mengetahui kebenaran dengan baik. Ia kadang-kadang mengatakan kebenaran karena ia juga percaya kepada Allah, tetapi pada waktu-waktu lain ia mengatakan banyak ketidakbenaran.

"Yang telah kulihat ialah bahwa orang yang membajak kejahatan dan menabur kesusahan, ia menuainya juga. Mereka binasa oleh nafas Allah, dan lenyap oleh hembusan hidung-Nya" (Ayub 4:8-9).

Jika kita membajak kejahatan dan menabur kesusahan, buahnya hanya akan menjadi kesusahan saja. Ladang yang ditaburi secara rohani di sini merujuk pada hati manusia. Allah menginginkan hati kita menjadi ladang yang bertanah subur. Ladang hati ini berbeda dari orang ke orang.

Orang memiliki ladang hati seperti jalanan, tanah berbatu, semak berduri, atau ladang yang bertanah subur. Hati Ayub adalah tanah yang subur. Sampai saat Elifas berkata, "orang yang membajak kejahatan dan menabur kesusahan, ia menuainya juga," apa yang ia katakan adalah benar.

Tetapi sebenarnya, Elifas sedang menghakimi Ayub dengan pemikirannya sendiri. Ia percaya bahwa Ayub menderita barah, pastilah karena ia telah menabur kejahatan, dan karena itulah ia menuai kejahatan. "Menurutku, engkau membajak kejahatan dan menabur kesusahan, sehingga pasti karena itulah kau menuai buah kesusahan sekarang!"

Karenanya, dengan mengatakan "Mereka binasa oleh nafas Allah, dan lenyap oleh hembusan hidung-Nya" Elifas sedang menghukum Ayub sebagai seorang pendosa. Namun, Ayub bukanlah pendosa seperti yang dikatakan Elifas. Sebaliknya, Ayub adalah orang yang jujur dan tulus.

Ayub tidak membajak kejahatan. Ia membajak kebenaran dan tidak menabur kesusahan. Alasan mengapa Ayub mengeluh dan meratap bukanlah karena hatinya jahat, tetapi karena ia sesungguhnya tidak mengetahui kebenaran dan tidak memiliki pengalaman bertemu dengan Allah.

Karena itu, sudut pandang sahabat Ayub dan sudut pandang Allah mengenai hati Ayub, sungguh sangat berbeda Elifas terus saja mengucapkan perkataan yang jahat dengan kejahatannya.

"Singa mengaum, singa meraung--patahlah gigi singa-singa muda. Singa binasa karena kekurangan mangsa, dan anak-anak singa betina bercerai-berai" (Ayub 4:10-11).

Jika suara auman singa, yang merupakan raja segala binatang, berakhir, artinya segala sesuatu sudah selesai. Jika gigi singa muda patah dan mereka tidak dapat menangkap serta memakan mangsanya, maka mereka akan menjadi tidak berguna. Singa–singa tua tidak memilliki kekuatan atau kecepatan untuk menangkap hewan lain.

"Bahkan raja para binatang buas, singa, akan menjadi tidak berdaya jika giginya patah. Jika mereka menjadi tua, mereka tidak akan memiliki kekuatan untuk menangkap mangsa, dan bahkan anak-anaknya akan tercerai-berai. Di satu sisi singa adalah binatang yang kuat, tetapi mereka juga menjadi tua. Demikian juga, manusia memiliki hari baik dan hari buruk. Itu sudah menjadi takdir, dan kita tidak dapat berbuat apa-apa."

Elifas sekarang berbicara tentang prinsip di dalam dunia ini. Ia mengatakan bahwa manusia memiliki saat-saat naik dan turun. Tetapi ini hanya prinsip dunia; hal itu tidak benar menurut firman Allah.

Firman Allah dalam Keluaran 15:26, *"Jika kamu sungguh-sungguh mendengarkan suara TUHAN, Allahmu, dan melakukan apa yang benar di mata-Nya, dan memasang telingamu kepada perintah-perintah-Nya dan tetap mengikuti segala ketetapan-Nya, maka Aku tidak akan menimpakan kepadamu penyakit manapun, yang telah Kutimpakan kepada orang Mesir; sebab Aku Tuhanlah yang menyembuhkan engkau."*

Ayat itu mengatakan kepada kita bahwa jika kita hidup sesuai dengan firman Allah, maka Ia akan menjaga kita dari segala penyakit. Jika kita takut akan Allah dan hidup dengan iman, maka firman dalam Markus 9:23 yang berkata, *"'Jika Engkau dapat?' Tidak ada yang mustahil bagi orang percaya"* akan menjadi nyata dalam kehidupan kita. Sudah menjadi hukum Allah bahwa kita akan menuai apa yang kita tabur (Galatia 6:7-8).

Karenanya, dengan mengatakan bahwa ada saat-saat naik dan turun serta hari baik dan hari buruk dalam kehidupan hanyalah merupakan prinsip dunia, itu bukanlah kehendak Allah. Maka, kita harus tahu bahwa perkatan Elifas tidaklah benar. Itu bukan merupakan firman Allah. Itu hanya pendapat pribadinya.

Dalam Kitab Ayub, kita harus dapat membedakan bagian-bagian mana yang merupakan firman Allah dan mana yang merupakan pendapat pribadi. Tetapi sebagian orang mengutip ayat-ayat tersebut yang dituliskan dengan pemikiran manusia seolah-olah itu adalah firman Allah, dan hal itu tidak dapat dibenarkan.

2. Kesombongan dan Status Rohani Elifas

"Suatu perkataan telah disampaikan kepadaku dengan diam-diam dan telingaku menangkap bisikannya. waktu bermenung oleh sebab khayal malam, ketika tidur nyenyak menghinggapi orang. Aku terkejut dan gentar, sehingga tulang-tulangku gemetar" (Ayub 4 :12-14).

'Ketika tidur nyenyak menghinggapi orang-orang' artinya adalah 'di tengah malam'. Elifas melihat semacam visi. Ia memiliki pengalaman rohani, tetapi ia tidak memahaminya, sehingga ia memiliki pikiran-pikiran yang menggelisahkan.

Walaupun ia tidak memiliki pengalaman bertemu dengan Allah, ia mempelajari hukum Taurat, dan ia juga tahu tentang Abraham dan Musa. Pernahkah Anda berjalan ke dalam hutan sendirian di tengah malam? Jika Anda tidak memiliki kepercayaan yang sepenuhnya terhadap Allah yang beserta dengan Anda, maka Anda mungkin akan gemetar ketakutan. Anda mungkin merasakan tulang-tulang Anda bergetar. Elifas merasakan tulangnya gemetar.

"Suatu roh melewati aku, tegaklah bulu romaku. Ia berhenti, tetapi rupanya tidak dapat kukenal. Suatu sosok ada di depan mataku, suara berbisik-bisik kudengar: Mungkinkah seorang manusia benar di hadapan Allah, mungkinkah seseorang tahir di hadapan Penciptanya? Sesungguhnya, hamba-hamba-Nya tidak dipercayai-Nya, malaikat-malaikat-Nyap didapati-Nya tersesat," (Ayub 4:15-18).

Suatu roh melewati Elifas. Ia tidak melihatnya dengan

jelas, tetapi ia merasakan roh itu saat melewatinya. Maka, bulu romanya meremang. Ketika Anda mengalami pengalaman rohani untuk pertama kalinya, Anda mungkin mengalami fenomena seperti ini.

Roh tidak dapat terlihat oleh mata, tetapi bahkan orang percaya baru dapat merasakan jika ada roh yang lewat atau iblis sedang bekerja.

Saat saya masih menjadi seorang diaken, saya kadang-kadang berdoa semalaman di gereja. Di sana ada para diaken perempuan yang sudah lanjut usia yang datang untuk berdoa juga. Tetapi setelah kira-kira tiga puluh menit dari waktu mereka mulai berdoa, saya tidak dapat mendengar doa mereka lagi. Ketika saya melihat mereka, ternyata mereka sedang tertidur.

Pada saat itu, saya mengalami pengalaman rohani. Si musuh Iblis dan setan yang membuat para diaken senior ini kelelahan dan membuat mereka jatuh tertidur. Ketika saya dengan kuat berdoa dalam bahasa lidah, "Iblis dan setan pergilah! Roh kelelahan dan ngantuk, pergilah!" Kemudian, para diaken senior itu tiba-tiba terbangun dan saya dapat mendengar mereka berdoa.

Saat saya berdoa dengan kuat untuk mengusir setan, saya dapat merasakan roh-roh jahat lewat di sebelah saya. Setelah saya berdoa, "Ya Allah, lindungilah kami dengan dinding berapi Roh Kudus, sehingga tidak ada roh-roh jahat yang dapat bekerja," Saya dapat melihat para diaken senior itu berdoa dengan sungguh-sungguh.

Setiap mereka berkata kepada saya, "Kami bisa berdoa sungguh-sungguh saat kami berdoa bersama Anda!" saya hanya tertawa di dalam hati. Walaupun kita tidak memiliki karunia penglihatan, orang-orang yang rohnya jernih dapat merasakan sesuatu. Banyak orang dapat membedakan apakah roh itu sedang bergerak atau mengganggu.

Kita Harus Dapat Membedakan Roh-Roh Dengan Jelas

Ayat 16 berkata, "Ia berhenti, tetapi rupanya tidak dapat kukenal. Suatu sosok ada di depan mataku." Sedang ada roh di hadapan Elifas, tetapi ia tidak dapat membedakan apakah itu setan, ataaukah roh yang dikirimkan oleh Allah. Jika ia dapat membedakan dengan baik, ia tidak perlu takut sama sekali. Karena Elifas percaya kepada Allah, ia mencoba untuk mendengar suara-Nya.

"Mungkinkah seorang manusia benar di hadapan Allah? mungkinkah seseorang tahir di hadapan Penciptanya? Sesungguhnya, hamba-hamba-Nya tidak dipercayai-Nya, malaikat-malaikat-Nya didapati-Nya tersesat." Sebelumnya, Elifas mendengarkan pengajaran Ayub, yang takut akan Allah, dan ia juga belajar tentang Hukum Taurat, tetapi seperti Ayub, ia tidak memiliki pengalaman sungguh-sungguh bertemu dengan Allah.

Ia tidak berada pada tingkatan untuk membedakan roh-roh, sehingga dengan pengalaman spiritualnya yang minim, ia mengatakan sesuatu seolah-olah diberikan oleh Allah, bersama dengan pikirannya sendiri.

Kita dibenarkan di hadapan Allah oleh iman, dan kita dapat menjadi lebih benar dan dikuduskan sampai ke tahap di mana kita menemukan kejahatan yang ada di dalam kita, membuangnya, dan melakukan firman Allah. Tetapi kita tidak akan pernah bisa seratus persen benar dan kudus seperti Allah Sendiri. Sudah jelas bahwa manusia tidak dapat lebih benar atau lebih kudus dari Allah. Memang benar bahwa manusia tidak akan pernah bisa seperti Allah, dan mereka tidak dapat lebih murni daripada Allah.

Tetapi ayat 18 berkata, "Sesungguhnya, hamba-hamba-Nya tidak dipercayai-Nya, malaikat-malaikat-Nya didapati-Nya tersesat." Ini tidak benar.

Allah mempercayai Abraham, dan Ia mengurapinya sebagai Bapa Iman. Musa, Daud, dan Paulus semuanya percaya kepada Allah dan dipakai oleh Allah. Jika Allah mengurapi para utusan atau pelayan-Nya, Ia tidak salah memilih mereka, tetapi Ia memberikan mereka kekuatan untuk mengerjakan pelayanan mereka.

Pikirkan siapakah Allah itu! Juga, bagaimanakah para malaikat yang diatur oleh Allah melakukan hal-hal yang bodoh? Khususnya, Allah sendiri yang memakai mereka, dan akankah Ia berkata, " kenapa kalian begitu bodoh?" Allah yang tahu segalanya telah memiliki rencana bahkan sejak sebelum waktu dimulai, dan Ia mempercayakan dan memakai pelayan-pelayan menurut bejananya masing-masing. Sekarang, Elifas dalam suatu saat mengutip dari firman Allah, tetapi pada saat berikutnya, ia mengatakan sesuatu yang berlawanan dengan kebenaran.

Sama halnya dengan sekarang. Di antara orang-orang yang banyak berdoa, beberapa dari mereka mengatakan mereka mendengar banyak macam suara Roh Kudus tetapi sering kali, mereka tidak benar-benar mendengar suara Roh Kudus. Juga, banyak orang salah mengutip firman Allah.

Elifas Sombong Akan Pengalaman Rohaninya

"Lebih-lebih lagi mereka yang diam dalam pondok tanah liat, yang dasarnya dalam debu, yang mati terpijak seperti gegat Di antara pagi dan petang mereka dihancurkan, dan tanpa dihiraukan mereka binasa untuk selama-lamanya. Bukankah kemah mereka dicabut? Mereka mati, tetapi tanpa hikmat" (Ayub 4:19-21).

Elifas menyamakan Ayub dengan orang yang diam dalam pondok tanah liat, yang dasarnya dalam debu, yang mati terpijat seperti gegat. Ia mengungkapkan status Ayub yang dulu merupakan orang paling kaya di timur tetapi telah kehilangan segalanya. Tetapi sungguh berlebihan untuk mengatakan bahwa manusia akan dihancurkan seperti gegat.

Dalam pandangan Elifas, Ayub telah hancur sepenuhnya untuk selamanya. Sepertinya tidak akan ada kemungkinan untuk Ayub dapat bangkit kembali. Elifas menghakimi dan menyimpulkan bahwa tak ada seorangpun yang akan mengingat Ayub, yang telah hancur sepenuhnya, bahkan tanpa kekuatan untuk dapat bangkit kembali.

Jika kemahnya telah dicabut, itu berarti pondasinya sendiri telah hilang. Elifas bersikap sinis dengan mengatakan, "Mereka mati, tetapi tanpa berhikmat." "Ayub! Dulu engkau menasihati dan membimbing orang lain karena kau sangat berhikmat, tetapi di mana hikmatmu sekarang? Kalau kau benar-benar memiliki hikmat, apakah kau akan berada dalam keadaan seperti sekarang?"

Elifas dulu biasa mendengarkan pengajaran Ayub dan menghormatinya, tetapi setelah Ayub tidak memiliki apa-apa, ia menginjak Ayub dan membuatnya merasa lebih susah. Perbuatan Elifas ini sama seperti orang-orang Farisi dan para ahli Taurat, yang mengajarkan tentang hukum Taurat tetapi tidak melakukannya sendiri.

Kini, Elifas dengan sombong berkata, "Aku mendengar ini dalam penglihatan. Aku juga menerima ilham." Ia menghakimi dan mengkritik Ayub hanya dengan meihat penampilan luar. Ia angkuh secara rohani dengan berpikir bahwa ia mendengar suara Allah, padahal kenyataannya, ia mengalami pekerjaan Iblis.

Bab 5

Kemarahan dan Kecemburuan Orang-Orang yang Bodoh

1. Elifas Dengan Salah Membahas Firman Allah Lewat Kesombongan Rohani

2. Perbedaan Antara Sudut Pandang Kedagingan dan Sudut Pandang Rohani

3. Perkataan Elifas yang Tidak Sesuai Dengan Perbuatannya

"Sesungguhnya, orang bodoh dibunuh oleh sakit hati, dan orang bebal
dimatikan oleh iri hati" (Ayub 5:2).

1. Elifas Dengan Salah Membahas Firman Allah Lewat Kesombongan Rohani

"Berserulah, adakah orang yang menjawab engkau? Dan kepada siapa di antara orang-orang yang kudus engkau akan berpaling? Sesungguhnya, orang bodoh dibunuh oleh sakit hati, dan orang bebal dimatikan oleh iri hati" (Ayub 5:1-2).

di dalam pasal 4, dijelaskan bahwa Elifas memiliki beberapa pengalaman rohani, tetapi tidak mengetahui secara penuh, sehingga ia menggunakan pikirannya sendiri seakan-akan ia telah mendengar suara Allah. Ia berpikir ia masuk ke dalam alam rohani, dan hal itu membuatnya menjadi sombong.

Di dalam kesombongan rohaninya itu, ia mengucapkan hal berikut ini yang bukan firman Allah tapi seolah-olah merupakan firman Allah, "Berserulah, adakah orang yang menjawab engkau? Jika engkau ada di antara orang-orang kudus, engkau hanya akan menjadi malu akan dirimu sendiri, dan kau tidak akan berani berdiri di hadapan mereka!"

Elifas menyimpulkan sebanyak apapun Ayub berdoa dan berseru kepada Allah, Allah tidak akan menjawab dia. Dalam kesombonganya, ia telah menyangkal firman Allah. Alkitab berkata, *"Berserulah kepada-Ku pada waktu kesesakan, Aku akan meluputkan engkau, dan engkau akan memuliakan Aku"*

(Mazmur 50:15), dan *"Berserulah kepada-Ku, maka Aku akan menjawab engkau dan akan memberitahukan kepadamu hal-hal yang besar dan yang tidak terpahami, yakni hal-hal yang tidak kauketahui"* (Yeremia 33:3).

Karenanya, adalah merupakan keinginan Allah agar kita memanggil Dia pada hari-hari pencobaan. Tetapi, Elifas sampai pada kesimpulan yang salah dengan mengatakan bahwa tidak akan ada jawaban dari Allah seberapa pun Ayub berdoa dan berseru.

Yesus tidak datang untuk orang yang benar, melainkan bagi para pendosa. Karena ia salah memahami firman Allah, maka Elifas, sama seperti orang Farisi, menyalahkan Ayub sebagai orang yang tidak bersih, dan ia juga menyangkal kebenaran firman Allah. Karena ia salah memahami firman Allah, Elifas mengkritik Ayub dengan salah. Ia tidak menyadari kejahatanya sendiri, malahan ia menegur seorang yang benar.

Namun, dalam ayat 2, apa yang ia katakan adalah benar, bahwa kemarahan menghancurkan orang yang bodoh. Amsal 12:16 berkata, *"Bodohlah yang menyatakan sakit hatinya seketika itu juga, tetapi bijak, yang mengabaikan cemooh"*. Ada banyak orang yang mudah marah. Hal itu terjadi antara orangtua dan anak, antara sahabat, dan antara suami-istri.

Ada juga ibu-ibu yang menjadi marah kepada anak kecil yang tidak tahu apa-apa, dan ini juga adalah sesuatu yang bodoh. Kemarahan, kecemburuan, atau rasa iri datang dari Iblis, dan semua itu membawa manusia ke jalan kehancuran,. Itu semua adalah kejahatan yang harus kita buang.

2. Perbedaan Antara Sudut Pandang Kedagingan dan Sudut Pandang Rohani

"Aku sendiri pernah melihat orang bodoh berakar, tetapi serta-merta kukutuki tempat kediamannya. Anak-anaknya selalu tidak tertolong, mereka diinjak-injak di pintu gerbang tanpa ada orang yang melepaskannya. Apa yang dituainya, dimakan habis oleh orang yang lapar, bahkan dirampas dari tengah-tengah duri, dan orang-orang yang dahaga mengingini kekayaannya" (Ayub 5:3-5).

Elifas menganggap Ayub sangat bodoh karena ia tidak dapat mengendalikan perasaannya, tetapi sebaliknya malah mencurahkan semua keluhan dan kemarahannya terhadap Allah. Kemudian Elifas mengutuki kebodohan Ayub dan keluarganya. Sebelum Ayub mendapat masalah, anak-anaknya juga baik-baik saja, tetapi karena ayah mereka menderita, mereka tidak dapat memiliki kedamaian.

Dalam ayat 4 ada 'pintu gerbang'. 'mereka diinjak-injak di pintu gerbang' artinya mereka dinjak-injak oleh suatu bentuk autoritas. Elifas mengatakan bahwa Ayub dan anak-anaknya diinjak-injak oleh autoritas Allah untuk ditempatkan dalam bencana seperti itu. Ia juga menyimpulkan karena Allah yang melakukannya, maka tidak ada yang dapat membebaskan Ayub.

Apa arti dari "Apa yang dituainya, dimakan habis oleh orang yang lapar, bahkan dirampas dari tengah-tengah duri, dan orang-orang yang dahaga mengingini kekayaannya"? Orang yang lapar artinya adalah para penyerbu. Karena penyerbu kekurangan sesuatu, mereka menyerang negara lain untuk memenuhi kebutuhan mereka.

Duri-duri dapat disamakan dengan kawat berduri yang menguntai di dinding-dinding rumah orang kaya. Kita dapat mengatakan bahwa Ayub memiliki kawat berduri untuk menjaga ladangnya, tetapi akan dirampas oleh musuh. Elifas bermaksud mengatakan bahwa perkataan jahat yang keluar dari mulut Ayub, akan menjadi jebakan baginya dan bahwa ia diinjak-injak oleh autoritas dan semua kekayaannya dirampas.

Amsal 18:21 mengatakan, *"Hidup dan mati dikuasai lidah, siapa suka menggemakannya akan memakan buahnya."* Bahkan saat kita berkata sambil bergurau, jika itu tidak sesuai dengan kebenaran, maka perkataan itu dapat menjadi duri bagi kita dan jebakan untuk Iblis mendakwa kita. Banyak dari kita tidak menyadari fakta ini saat kita masih hidup di dunia.

"Karena bukan dari debu terbit bencana dan bukan dari tanah tumbuh kesusahan; melainkan manusia menimbulkan kesusahan bagi dirinya, seperti bunga api berjolak tinggi" (Ayub 5:6-7).

Perkataan ini sepertinya benar, tetapi kita harus menyadari bahwa Elifas masih salah mengerti. Tentu saja, memang benar bahwa bencana tidak berasal dari debu, dan masalah tidak tumbuh dari tanah. Tetapi semua bencana dan pencobaan, atau berkat, sesungguhnya datang dari tanah. Manusia dapat makan dari tanah dengan menabur dan menuai darinya.

Elifas kemudian mengkhotbahi Ayub. Apakah manusia dilahirkan untuk masalah seperti yang dikatakan Elifas? Orang yang tidak percaya akan mengatakan bahwa manusia dilahirkan untuk masalah, dan kita hanya hidup untuk makan dan bertahan hidup.

Mereka juga berpikir bahwa segala sesuatu berakhir oleh kematian jasmani, sehinga mereka hanya mencari keuntungan selama mereka hidup di bumi. Mereka memelihara sudut pandang kedagingan terhadap kehidupan sebagai hanya untuk menikmati ketenaran, autoritas, dan kekayaan sebanyak mungkin. Karena itu, mereka sebenarnya hanya berjalan menuju kuburan mereka hari demi hari. Bukannya menjalani hari-hari yang membahagiakan dan penuh sukacita, mereka mengalami air mata, sakit, dan keluhan yang semakin besar dalam hidup mereka.

Maka dalam sudut pandang orang-orang yang pengharapannya adalah atas dunia ini, kehidupan menjadi penderitaan yang berkelanjutan, dan mereka merasa manusia dilahirkan untuk masalah. Karenanya, bukan hanya orang yang tidak percaya tetapi juga orang percaya yang tidak dapat sungguh-sungguh memiliki iman sejati dan tidak memiliki pengharapan akan surga, yang akan memiliki sudut pandang kedagingan seperti Elifas. Hingga akhirnya mereka akan menjadi lelah akan kehidupan mereka sehari-hari.

Di sisi lain, orang-orang yang memiliki pandangan rohani, memiliki harapan akan kerajaan surga, di mana mereka akan hidup bahagia selamanya. Mereka dapat bersukacita senantiasa, mengucap syukur dalam segala keadaan dan terus berdoa. Mereka juga akan memiliki pandangan yang jelas akan tujuan hidup yaitu untuk hidup bagi kemuliaan Allah. Apakah mereka makan atau minum, atau apapun yang mereka lakukan, kehidupan mereka di bumi penuh sukacita dan bahagia.

Karenanya, orang-orang yang memiliki sudut pandang rohani akan berpikir bahwa manusia tidak dilahirkan untuk masalah, melainkan bagi kemuliaan Allah dan untuk menikmati kebahagiaan.

3. Perkataan Elifas yang Tidak Sesuai dengan Perbuatannya

"Tetapi aku, tentu aku akan mencari Allah, dan kepada Allah aku akan mengadukan perkaraku. Ia melakukan perbuatan-perbuatan yang besar dan yang tak terduga, serta keajaiban-keajaiban yang tak terbilang banyaknya. Ia memberi hujan ke atas muka bumi dan menjatuhkan air ke atas ladang; Ia menempatkan orang yang hina pada derajat yang tinggi dan orang yang berdukacita mendapat pertolongan yang kuat" (Ayub 5:8-11).

Kita dapat melihat betapa tidak benarnya Elifas melalui ayat-ayat ini. Ia sama sekali lupa apa yang baru saja ia katakan. Ia berkata bahwa sebanyak apapun Ayub berseru kepada Allah, tidak mungkin Allah menjawab Ayub. Kini, Elifas menasihati Ayub untuk meminta kepada Allah dan menerima jawaban dari-Nya.

Elifas menasihati Ayub dengan kebenaran, tetapi ia sendiri adalah seorang munafik yang mengatakan sesuatu, tetapi tidak berbuat menurut perkataannya, sama seperti orang Farisi. Allah Yang Mahakuasa menggerakkan segala sesuatu di langit dan di bumi serta segenap alam. Ia melakukan hal-hal yang ajaib dan meninggikan orang-orang yang merendahkan diri.

Lalu, apa artinya dari "Orang-orang yang berdukacita mendapat pertolongan yang kuat"? Di sini, 'orang-orang yang berduka' adalah mereka yang berduka bukan untuk hal kedagingan, melainkan dalam roh dengan kasih mereka bagi Allah. 'Diangkat' artinya adalah roh mereka akan diangkat dan ditinggikan.

Kita harus dapat berdukacita bagi kerajaan Allah dan

bagi jiwa-jiwa malang yang akan pergi ke jalan maut. Jika kita melihat ada hujatan atau tindakan yang mengganggu terhadap Allah, roh kita kadang-kadang harus memiliki kemarahan yang benar, tetapi kebenaran daging dengan kemarahan hanya akan mempermalukan Allah.

> "Ia menggagalkan rancangan orang cerdik, sehingga usaha tangan mereka tidak berhasil. Ia menangkap orang berhikmat dalam kecerdikannya sendiri, sehingga rancangan orang yang belat-belit digagalkan. Pada siang hari mereka tertimpa gelap, dan pada tengah hari mereka meraba-raba seperti pada waktu malam" (Ayub 5:12-14).

Kamus Lengkap Revisi Webster mendefinisikan 'cerdik' (*shrewd*) sebagai 'dapat atau pandai dalam perkara praktis; tajam dalam bisnis; cakap; cerdas; giat.' Tetapi dalam pengertian rohani artinya adalah untuk mempengaruhi orang lain dengan metode yang tidak benar dan membuat diri sendiri semakin menjadi orang yang semacam itu. Yudas Iskariot yang menjual Yesus, dan Ananias dan Safira yang membohongi hamba Allah yang penuh kuasa termasuk ke dalam jenis definisi rohani dari 'cerdik' ini.

Membuat rancangan (berkomplot) adalah merencanakan sebelumnya sesuatu dengan rahasia atau menyimpang. Dengan membuat rancangan, mereka mungkin merasa segala sesuatu akan berjalan sesuai dengan yang mereka inginkan, tetapi setelah beberapa waku, mereka akan jatuh dalam ujian dan pencobaan. Orang bijak akan mengikuti jalan yang benar.

Alkitab berkata bahwa orang yang tidak hidup dalam kebenaran adalah orang bodoh. Karena manusia memikirkan dan merencanakan hal-hal yang tidak benar menurut kebenaran, maka mereka terjebak dalam rancangan mereka sendiri dan jatuh. Allah melindungi orang-orang yang hidup dalam kebenaran. Alkitab melarang kita untuk menjadi penanggung hutang. Jika kita menjadi penanggung hutang, itu berarti kita telah melanggar kebenaran (Amsal 22:26).

Karena manusia bodoh, mereka membuat rancangan, dan karena orang-orang membuat rancangan, yang lainnya menjadi curang. Tetapi jika hidup dalam kebenaran, Allah memberi kita jalan keluar, dan bekerja untuk kebaikan segala sesuatu. Bahkan jika kita mengasihi Allah dan dikasihi juga oleh-Nya, jika kita membuat rancangan jahat, Ia tidak akan menerima kita. Karena Allah menghajar orang yang dikasihinya, Ia akan menghancurkan rancangan jahat tersebut.

Licik adalah suatu tingkatan kejahatan yang lebih tinggi dari cerdik. Saat dihadapkan dengan ujian dan pencobaan, orang-orang ini tidak memiliki cara untuk menyelesaikan masalahnya, sehingga mereka menghadapi kegelapan.

Tetapi orang yang hidup dalam kebenaran, tidak akan menghadapi situasi seperti kegelapan karena mereka memerintah atas iblis. Bahkan jika mereka bertemu dengan kegelapan, Allah bekerja bagi kebaikan dalam segala sesuatu.

"Tetapi Ia menyelamatkan orang-orang miskin dari kedahsyatan mulut mereka, dan dari tangan orang yang kuat. Demikianlah ada harapan bagi orang kecil, dan kecurangan tutup mulut" (Ayub 5:15-16).

Orang malang di sini bukan hanya berarti orang yang sedih dan tertekan, tetapi orang-orang yang malang secara rohani. Yaitu, mereka adalah orang-orang yang haus dan lapar akan kebenaran dan orang-orang yang hatinya miskin. Orang yang hatinya miskin, memiliki pengaharapan akan surga dan dengan sungguh-sungguh mencari Allah, sehingga mereka akan memperoleh iman.

Dalam Lukas pasal 16, Lazarus adalah pengemis miskin, tetapi ia bisa berada di sisi Abraham. Ia diselamatkan dan masuk ke dalam surga. Tetapi orang kaya menikmati hidupnya di bumi ini dan tidak mencari Allah. Sehingga ia jatuh ke dalam kematian kekal. Itulah sebabnya mengapa orang miskin memiliki pengharapan dan kejahatan harus menutup mulutnya.

Jika kita haus dan lapar akan kebenaran dan mengandalkan Allah, Ia menyelamatkan kita dari pedang bibir mereka, Dan orang miskin dari tangan yang kuat. Orang yang miskin hatinya akan memiliki pengharapan akan surga, dan sejatinya mereka akan keluar dari ketidakbenaran.

"Sesungguhnya, berbahagialah manusia yang ditegur Allah; sebab itu janganlah engkau menolak didikan Yang Mahakuasa. Karena Dialah yang melukai, tetapi juga yang membebat; Dia yang memukuli, tetapi yang tangan-Nya menyembuhkan pula. Dari enam macam kesesakan engkau diluputkan-Nya dan dalam tujuh macam engkau tidak kena malapetaka" (Ayub 5:17-19).

Ketika kita menerima Yesus Kristus sebagai Juru Selamat kita, dan bertobat dari dosa-dosa kita, maka kita akan menerima karunia Roh Kudus. Jika kita menerima Roh Kudus, maka nama kita akan tertulis di dalam Kitab Kehidupan di surga, dan kita memperoleh hak sebagai anak-anak Allah. Karena itulah jika kita sebagai anak-anak Allah melanggar firman-Nya dan pergi ke jalan yang salah, maka Allah akan mengizinkan hukuman.

Jika tidak ada hukuman bahkan bila kita tidak menguduskan hari Tuhan, dan tidak hidup menurut kebenaran, kita harus memeriksa apakah kita merupakan anak-anak gampang (Ibrani

12:8). Elias sudah menasihati Ayub dengan berkata, "Engkau dihukum karena dosa-dosamu, mengapa kau mengeluh? Terimalah hukuman dari Allah Yang Mahakuasa dengan sukacita."

Lalu, mengapa Elifas berkata dalam ayat 18, "Karena Dialah yang melukai, tetapi juga yang membebat; Dia yang memukuli, tetapi yang tangan-Nya menyembuhkan pula"? Ia banyak mendengar dari leluhurnya tentang hukum Taurat yang dimulai dengan Kitab Kejadian, dan ia juga mempelajari firman Allah.

Tetapi ia tidak memiliki pengalaman rohani akan pengetahuan yang ia punya itu. Ia hanya mencoba mengajari Ayub dengan pengetahuan yang ia miliki (Ayub 5:27). Walaupun Ayub mendengar perkataannya itu, ia tidak dapat memahami dengan jelas atau berbalik dari dosa dan berubah. Firman Allah dituliskan oleh ilham Roh Kudus, jadi barulah pada saat kita mengerti makna rohaninya maka hati kita dapat berubah. Hanya mengajarkan firman Allah secara harfiah, tidak dapat memberikan kehidupan yang sejati.

Di sini, apakah makna rohani dari "Karena Dialah yang melukai, tetapi juga yang membebat?" Saat Iblis mendakwa Ayub, Allah mengizinkan pencobaan. Itu karena ada alasannya. Bukan Allah sendiri yang menghukum Ayub dan memberinya bencana, tetapi Iblis mendakwa dia menurut seberapa banyaknya ia telah melanggar hukum alam rohani dan membawanya ke dalam bencana dan penyakit.

Karena Allah memerintahkan ular memakan debu tanah, maka Iblis memberikan bencana kepada manusia saat mereka melakukan dosa. Tetapi jika mereka kembali dan bertobat, Allah menyembuhkan mereka dan menjadikan mereka sempurna.

Berikutnya, apakah arti dari "enam macam kesesakan' dan 'tujuh malapetaka'? 'Enam kesesakan' merujuk pada waktu enam ribu tahun di mana manusia hidup di bumi sejak Adam dan Hawa diusir dari Taman Eden. Tetapi Elifas tidak menggunakan ungkapan ini dengan mengetahui makna rohaninya.

"Dari enam macam kesesakan engkau diluputkan-Nya" artinya adalah sama seperti Allah menciptakan langit dan bumi selama enam hari dan beristirahat pada hari yang ketujuh, orang-orang yang takut akan Allah dan hidup dalam kebenaran selama enam ribu tahun di mana umat manusia berada dalam kekuasaan si musuh iblis akan menerima keselamatan oleh nama Yesus Kristus.

"Dan dalam tujuh macam engkau tidak kena malapetaka" juga merujuk pada pemeliharaa Allah. Bilangan "7" adalah bilangan kesempurnaan di dalam Alkitab. Setelah enam ribu tahun sejarah umat manusia, Kerajaan Seribu Tahun akan berlangsung di dunia ini, dan setelah tujuh ribu tahun sejarah, maka kerajaan surga dan neraka yang kekal akan dibukakan melalui Pengadilan Tahta Putih Besar.

Karenanya, 'tujuh malapetaka' melambangkan pemeliharaan dan kehendak Allah yang sempurna yang merencanakan tujuh ribu tahun sejarah manusia itu. Bahkan di dalam pencobaan, Alkitab berjanji bahwa orang yang mengandalkan Allah sepenuhnya dan meminta kepada-Nya akan dilepaskan dari pencobaan-pencobaan itu.

> "Pada masa kelaparan engkau dibebaskan-Nya dari maut, dan pada masa perang dari kuasa pedang. Dari cemeti lidah engkau terlindung, dan engkau tidak usah takut, bila kemusnahan datang. Kemusnahan dan kelaparan akan kautertawakan dan binatang liar tidak akan kautakuti" (Ayub 5:20-22).

Dalam masa kelaparan semua orang akan terkena dampaknya, bagainana bisa Allah membebaskan kita? Di dalam 1 Raja-Raja pasal 17, ada bencana kelaparan selama tiga setengah tahun pada masa pemerintahan Ahab di Israel karena parahnya pemujaan berhala yang mengakibatkan murka Allah.

Tetapi Nabi Elia dikasihi oleh Allah, dan Allah membimbingnya ke tepi Sungai Kerit dan memberinya makan dengan roti dan daging melalui burung gagak. Ketika tepian sungai itu juga menjadi kering, Allah membawa Elia kepada janda di Sarfat. Orang-orang yang tidak meragukan Allah, dan membuang dosa serta mengandalkan Dia akan menerima pertolongan Allah.

Berikutnya, dikatakan, "dan pada masa perang dari kuasa pedang." Para nabi juga dibebaskan dari pedang. Yeremia memang ditangkap sebagai tawanan tetapi ia selalu dilindungi oleh Allah. Bahkan saat Izebel sang ratu mencoba untuk membunuh Elia ia selalu dilindungi.

Demikian juga, jika kita percaya dan mengandalkan Allah sepenuhnya, kita dapat diakui dan dikasihi oleh Allah, dan tidak akan ada pedang yang dapat melukai kita.

Dikatakan juga, "Dari cemeti lidah engkau terlindung," dan apakah artinya dari cemeti lidah itu? Cemeti lidah adalah untuk menunjukkan tindakan dari perkataan seseorang.

Misalnya, jika seseorang berkata, "Aku akan membunuhmu!" dan kemudian ia sungguh-sunggguh membunuh orang tersebut, maka itu adalah perkataan dalam tindakan. Dalam Daniel pasal 6, ada undang-undang yang dikeluarkan, bahwa jika seseorang berdoa kepada allah lain atau manusia selain raja sendiri, maka ia akan dilemparkan ke gua singa.

Daniel, walaupun mengetahui hal ini, pulang ke rumah, ia mengikuti kebiasaannya, berdoa kepada Allah tiga kali sehari menghadap Yerusalem. Dia dilemparkan ke dalam gua singa. Tetapi tidak sehelai rambut pun daripadanya yang disakiti. Malaikat Allah menutup mulut singa-singa itu.

Berikutnya, 'kemusnahan' adalah kehancuran yang diakibatkan oleh peperangan dan penyakit dalam keluarga dan bidang usaha. Walaupun jika pencobaan turun atas keluarga atau bidang usaha, dan bahkan jika seseorang sekarat oleh penyakit, jika ia bertobat dan berbalik ia dapat mengalami pekerjaan penyembuhan dan jawaban Allah.

Dikatakan, "Kemusnahan dan kelaparan akan kautertawakan". Artinya adalah bahwa jika Ayub percaya dan mengandalkan Allah serta menyerahkan segala sesuatu ke dalam tangannya, ia tidak akan mengutuki dan meratap seperti sekarang, sebaliknya ia akan tertawa di hadapan kemusnahan dan kelaparan. 'Tertawa' di sini artinya adalah orang tersebut menjadi percayadiri dan berani.

Juga dikatakan, "dan binatang liar tidak akan kautakuti." Allah menciptakan Adam dan membuatnya menjadi penguasa atas binatang buas, burung-burung dan ikan. Tetapi semenjak dia tidak menaati Allah dan dikutuk, binatang-binatang buas menjadi takut akan manusia, atau menyerang manusia.

"Karena antara engkau dan batu-batu di padang akan ada perjanjian, dan binatang liar akan berdamai dengan engkau (Ayub 5:23).

"Ayub! Jika engkau sungguh mempercayai dan mengandalkan Allah, kau tidak akan mempunyai bibir yang bodoh mengutuki Allah, mengutuki dirimu sendiri, dan orangtuamu. Bahkan kalaupun kau mengalami serangan dan kelaparan, kau harus tetap percaya dan berani. Engkau tidak akan takut pada binatang buas, dan baru-batu di padang serta binatang-binatang di padang akan berdamai dengan engkau!"

Di sini, apakah yang dilambangkan oleh 'padang' dan 'batu' itu? Padang adalah hati manusia, dan batu adalah Yesus Kristus yang merupakan Batu Karang. Saat kita membuka hati kita dan menerima Yesus Kristus, Roh Kudus akan masuk ke dalam hati kita. Saat kita mendengarkan kebenaran, maka firman akan masuk ke dalam kita sehingga kita dapat menyatakannya dan mulai mengubah hati kita. Kebenaran ini adalah firman Allah dan Yesus Kristus Sendiri yang adalah Batu Karang.

Demikianlah, hingga hati kita berubah menjadi tanah yang subur, jiwa kita akan menjadi sejahtera, dan segala sesuatu akan berjalan baik dengan diri kita, dan kita akan menjadi sehat. 1 Yohanes 3:21-22 mengatakan, *"Saudara-saudaraku yang kekasih, jikalau hati kita tidak menuduh kita, maka kita mempunyai keberanian percaya untuk mendekati Allah; dan apa saja yang kita minta, kita memperolehnya daripada-Nya karena kita menuruti segala perintah-Nya dan berbuat apa yang berkenan kepada-Nya"*. Dalam banyak bagian di Alkitab, Allah menjanjikan berkat-Nya untuk diberikan kepada orang-orang yang jiwanya sejahtera melalui firman-Nya.

Demikianlah kebenaran Yesus Kristus mengubah kita menjadi manusia roh dan manusia kepunyaan Allah, dan Allah melindungi kita dengan dinding berapi Roh Kudus dan terang kemuliaan, sehingga Setan dan Iblis tidak dapat bekerja atas kita.

Jika iman kita tumbuh dan jiwa kita sejahtera, penyakit tidak dapat terjadi atas kita dan iblis, yang dilambangkan dengan 'binatang buas di ladang,' tidak dapat menyakiti kita, sehingga bahkan musuh akan berdamai dengan kita.

"Engkau akan mengalami, bahwa kemahmu aman dan apabila engkau memeriksa tempat kediamanmu, engkau tidak akan kehilangan apa-apa. Engkau akan mengalami, bahwa keturunanmu menjadi banyak dan bahwa anak cucumu seperti rumput di tanah. Dalam usia tinggi engkau akan turun ke dalam kubur, seperti berkas gandum dibawa masuk pada waktunya. Sesungguhnya, semuanya itu telah kami selidiki, memang demikianlah adanya; dengarkanlah dan camkanlah itu!" (Ayub 5:24-27).

Elifas memberi pengarahan kepada Ayub bahwa jika ia mengandalkan Allah dan meminta kepada-Nya, maka keluarganya akan memiliki damai sejahtera, dan ia akan menerima semua berkat kehidupan termasuk berkat kekayaan, anak-anak, dan umur panjang. Tetapi Elifas mengatakan bahwa itu adalah sesuatu yang telah mereka pelajari tetapi belum dialami sendiri atau dipercayai olehnya.

Yang harus kita ingat adalah walaupun kita mungkin mempelajari firman Allah dan mengajarkannya, tetapi bila hanya dengan pengetahuan, maka orang yang mendengarkannya tidak dapat memperoleh iman. Jika Anda mengumpulkan banyak kebenaran demi kebenaran tanpa melakukannya, kemungkinan besar Anda hanya akan menjadi sombong. Anda tidak akan memiliki iman yang dengannya Anda dapat percaya dari dalam hati, sehingga akan sulit bagi Anda untuk hidup di dalam firman.

Seperti perkataan Yesus dalam Yohanes 3:6, *"Apa yang dilahirkan dari daging, adalah daging, dan apa yang dilahirkan dari Roh, adalah roh,"* sehingga kita dapat menyampaikan pesan rohani sehingga Roh Kudus akan bekerja bersama dengan firman. Melalui ini, hati-hati akan terbuka, dan mereka akan mengerti kebenaran dan memperoleh iman.

Elifas dengan angkuh membimbing Ayub untuk merenungkan apa yang telah ia pelajari, tetapi bukannya bertobat, Ayub hanya menjadi semakin kesal.

Bab 6

Bantahan Ayub

1. Ayub Mengungkapkan Perasaannya Dalam Sarkasme yang Terbalik

2. Ayub Salah Paham Menganggap Allah Sebagai Allah Yang Menakutkan

3. Ayub Mengecewakan Allah dengan Perkataannya

4. Ayub Menjadi Semakin Lemah

5. Kasih Kedagingan Berubah

6. Mari Jangan Berbantahan

7. Kejahatan-Kejahatan Ayub yang Tidak Disadarinya Disingkapkan

"Ah, hendaklah kiranya kekesalan hatiku ditimbang, dan kemalanganku ditaruh bersama-sama di atas neraca! Maka beratnya akan melebihi pasir di laut; oleh sebab itu tergesa-gesalah perkataanku" (Ayub 6:2-3)

1. Ayub Mengungkapkan Perasaannya Dalam Sarkasme yang Terbalik

"Lalu Ayub menjawab: Ah, hendaklah kiranya kekesalan hatiku ditimbang, dan kemalanganku ditaruh bersama-sama di atas neraca! Maka beratnya akan melebihi pasir di laut; oleh sebab itu tergesa-gesalah perkataanku" (Ayub 6:1-3).

Ayub sangat marah dan benci, sehingga ia mengatakan kesedihannya lebih berat dibandingkan dengan pasir di laut. Ada alasan untuk kemarahannya menjadi sangat dahsyat.

Pertama, itu karena ia berpikir bahwa Allah Yang Mahakuasa telah mengambil semua anak-anak dan kepunyaannya. Karena Ayub adalah seorang yang benar, awalnya ia tidak mengeluh terhadap Allah. Tetapi setelah ia menderita akibat barah di sekujur tubuhnya, ia tidak dapat menahannya lagi; ia mulai bersungut-sungut terhadap Allah dan orangtuanya.

Apalagi, teman-temannya datang kepadanya, dan mereka bukannya menghiburnya malahan menegur dia dengan firman Allah, sehingga kemarahannya semakin bertambah.

Allah berkata kepada kita untuk tidak menyimpan kemarahan sampai matahari terbenam, melainkan harus mengasihi musuh kita, bersukacita senantiasa dan mengucap syukur dalam segala keadaan. Tetapi Ayub bahkan tidak menyadari bahwa kemarahannya tidak pantas di hadapan Allah saat ia sedang membantah dengan argumen dari sisi dirinya. Ayub menganggap bahwa ia menderita tanpa alasan.

Di sini, saat ia berkata, "Tergesa-gesalah perkataanku," itu bukan berarti bahwa ia menyadari kekurangan-kekurangannya dan bertobat, melainkan karena ia sedang bersikap sinis. Sebab teman-temannya tidak menerima perkataannya dan malahan mengkritiknya, ia menyesal telah mengucapkannya.

Di sisi lain perdebatan, sahabat-sahabat Ayub menganggap mereka yang benar dan mereka memarahi Ayub. Pada saat bersamaan, Ayub juga menganggap ia yang benar, dan ia mengatakan bahwa teman-temannya jahat. Kedua sisi saling berdebat bahwa mereka yang benar, tetapi menurut firman Allah, kedua pihak tidak sungguh-sungguh memahami kebenaran.

Jika kita memiliki iman, kita akan berseru kepada Allah dalam doa di dalam keadaan seperti Ayub, dan jika teman-teman datang dan menegur kita dengan kebenaran, maka kita akan menerimanya dengan rasa terima-kasih.

2. Ayub Salah Paham Menganggap Allah Sebagai Allah Yang Menakutkan

"Karena anak panah dari Yang Mahakuasa tertancap pada tubuhku, dan racunnya diisap oleh jiwaku; kedahsyatan Allah seperti pasukan melawan aku" (Ayub 6:4).

Ayub salah paham menganggap bahwa Allah sudah merencanakan untuk menghukumnya dengan berkata bahwa anak panah Allah tertancap pada tubuhnya, dan sehingga rohnya, yaitu hatinya mengisap racunnya. Itu berarti ia percaya bahwa Allah mengutuk dia dan melandanya. Ia percaya bahwa kedahsyatan Allah memukulnya.

Ayub biasanya adalah orang yang takut akan Allah (Ayub 3:25). Allah yang didengar oleh Ayub lewat Hukum Taurat adalah Allah Penghukum yang membelah Laut Merah dan memberikan Kesepuluh Tulah. Ayub mempersembahkan korban kepada Allah karena rasa takut sebab ia ingin menerima keselamatan.

Allah adalah Hakim yang adil dan juga Allah Pengasih, tetapi Ayub tidak menyadari hal itu. Lalu, bagaimana bisa persembahannya itu menyukakan Allah? Mengapa Allah membiarkan saja Ayub yang jujur dan tulus itu dalam keadaan demikian?

Allah mengizinkan terjadinya pencobaan atas Ayub sehingga ia akan menyangkal dirinya dan menyadari bahwa Allah adalah penuh kasih dan adil. Dengan begini, Ayub dapat mengasihi Allah dari dasar hatinya dan menjadi dikasihi oleh-Nya. Melalui proses ini, Ayub dapat membuang ketidakbenaran dari dalam dirinya satu persatu dan menjadi dikuduskan. Demikian juga, sangatlah penting bahwa begitu kita menjadi sadar akan diri kita sendiri, kita harus membuang apa-apa yang tidak benar di dalam kita menurut kebenaran.

"Meringkikkah keledai liar di tempat rumput muda, atau melenguhkah lembu dekat makanannya? Dapatkah makanan tawar dimakan tanpa garam atau apakah putih telur ada rasanya? Aku tidak sudi menjamahnya, semuanya itu makanan yang memualkan bagiku" (Ayub 6:5-7).

Keledai liar meringkik karena ia lapar. Kalau ada makanan

tersedia baginya, maka ia tidak akan meringkik. Demikian juga, Ayub mengatakan bahwa ia menangis, karena ia mengalami rasa sakit yang tak tertahankan. Ia pun bersikap sinis terhadap perkataan sahabat-sahabatnya, dengan berkata bahwa sama seperti makanan tanpa garam dan hanya putih telur yang tidak berasa, perkataan mereka tidak memiliki makna yang membuat ia dapat menerimanya.

Ayub berkata, "Aku tidak sudi menjamahnya," dan ini memberitahu kita bahwa Ayub bersikap angkuh. Karena perkataan teman-teamnnya tidak menguntungkan baginya, maka itu dianggapnya bukan pertolongan sama sekali. Ia hanya dibuat kesal oleh mereka dan karena ia tidak dapat menerima perkataan mereka, hal itu hanya menyakiti perasaannya.

Sahabat-sahabatnya menganggap mereka memberi Ayub pelajaran tentang firman kebenaran, tetapi sesungguhnya mereka hanya menyerang dia dengan kekesalan mereka sendiri. Dan Ayub juga memasukkan ke hati, perkataan sahabat-sahabatnya. Dia berpikir, "Apakah kalian Allah? Aku juga punya banyak hikmat dan pengetahuan. Seberapa banyak yang kalian tahu?" Ia menutup pintu ke dalam hatinya dengan keangkuhan pikirannya. Sehingga bahkan perkataan kebenaran dari sahabat-sahabatnya tidak dapat memberinya pelajaran. Seberapa pun kebenaran dalam perkataan-perkataan sahabatnya, ia tidak dapat menyadari dan menerimanya.

Allah menyuruh kita agar jangan memberikan mutiara kepada anjing dan babi. Jika mereka tidak menerimanya, kita tidak boleh mengucapkan firman Allah, walaupun itu adalah kebenaran. Tetapi Elifas tidak menyadari bahwa Ayub menutup pintu hatinya dan terus melanjutkan perdebatan dengannya untuk mengajari Ayub.

Ayub tidak dapat menerima begitu saja nasihat Elifas, tetapi ia menjadi kesal karenanya. Karena itulah ia berkata bahwa perkataan itu seperti makanan mentah dan tidak berasa baginya.

3. Ayub Mengecewakan Allah dengan Perkataannya

"Ah, kiranya terkabul permintaanku dan Allah memberi apa yang kuharapkan! Kiranya Allah berkenan meremukkan aku, kiranya Ia melepaskan tangan-Nya dan menghabisi nyawaku! Itulah yang masih merupakan hiburan bagiku, bahkan aku akan melompat-lompat kegirangan di waktu kepedihan yang tak kenal belas kasihan, sebab aku tidak pernah menyangkal firman Yang Mahakudus" (Ayub 6:8-10).

Ayub berdoa kepada Allah untuk mengambil nyawanya. Kita dapat memahami rasa sakit yang dideritanya, tetapi kita jangan pernah meminta hal yang seperti itu kepada Allah, karena itu mengecewakan bagi Allah. Kita bahkan jangan pernah memikirkan tentang itu.

Hidup manusia diberikan oleh Allah, dan kita tidak dapat memperlakukannya seolah itu adalah milik kita yang boleh diperbuat semaunya. Apalagi, jika kita percaya pada Allah dan meminta Allah untuk mengambil nyawa kita, itu membuktikan bahwa kita tidak memiliki iman dan hal itu sungguh merupakan kekecewaan besar bagi Allah. Tetapi Ayub tidak dapat menyadari hal ini.

Daniel telah mengetahui bahwa ia akan dilemparkan ke gua singa karena persekongkolan menteri-menteri lain yang iri kepadanya, tetapi ia tidak berkompromi. Ia tetap mengikuti kebiasaannya dan mengucap syukur kepada Allah dalam doanya dan ia menghadap Yerusalem (Daniel 6:10).

Ia dilemparkan ke gua singa, tetapi Allah beserta dengan dia dan melindunginya melalui malaikat-Nya, sehingga bahkan tidak sehelai rambut pun pada Daniel disakiti. Melalui ini, ia dapat bersaksi akan Allah Yang Hidup kepada sang raja dan orang-orang di negeri itu serta memberi kemuliaan besar bagi Allah.

Bahkan dalam kesakitan hebat, saat kita mengucap syukur kepada Allah, dengan berharap bahwa Allah akan bekerja dalam kebaikan untuk segala sesuatu, maka Allah dapat bekerja dengan melihat iman kita itu.

Tetapi Ayub tidak memahami kebenaran dengan baik dan tidak memiliki pengharapan akan kehidupan yang akan datang. Itulah sebabnya ia mengeluh di hadapan Allah dan mengecewakan Allah. Ayub tidak berbuat menurut kebenaran, tetapi ia malah bersikap berani di hadapan Allah dan memaksakan pendapat bahwa ia yang benar.

Ayub menganggap bahwa Allah Yang Mahakuasa tidak menunjukkan belas kasihan kepadanya dan dengan tanpa ampun hanya memberinya rasa sakit. Ayub mengatakan bahwa Yang Mahakuasa menghukumnya dengan keras, walaupun ia tidak melanggar firman Allah, yang berarti Ayub hidup dalam kebenaran.

Ayub mengucapkan semua ketidakbenaran ini karena ia tidak memiliki pemahaman yang benar tentang Allah. Namun, ia tetap memaksa bahwa ia hidup dalam kebenaran, dan ia tidak akan memiliki penyesalan bahkan jika Allah akan mengambil nyawanya.

4. Ayub Menjadi Semakin Lemah

"Apakah kekuatanku, sehingga aku sanggup bertahan, dan apakah masa depanku, sehingga aku harus bersabar? Apakah kekuatanku seperti kekuatan batu? Apakah tubuhku dari tembaga?" (Ayub 6:11-12).

Ayub menganggap mustahil baginya untuk pulih dan ia tidak punya pilihan selain dari kembali menjadi segenggam debu. Kelihatannya musthil baginya karena ia tidak memiliki iman. Ia sudah capai meminta kepada Allah untuk menyembuhkannya, dan ia sangat lelah.

Karena itulah ia mengatakan bahwa ia tidak dapat lagi menanggungnya. Ia merasa payah tentang keadaan tubuhnya, yang dilanda oleh barah dari ujung kepala sampai ke ujung kaki. Karena ia tidak memiliki harapan untuk sembuh dan ia juga tidak mengharapkannya, maka Ayub hanya mengharap agar Allah mengambil nyawanya.

"Bukankah tidak ada lagi pertolongan bagiku, dan keselamatan jauh dari padaku? Siapa menahan kasih sayang terhadap sesamanya, melalaikan takut akan Yang Mahakuasa. Saudara-saudaraku tidak dapat dipercaya seperti sungai, seperti dasar dari pada sungai yang mengalir lenyap" (Ayub 6:13-15).

Ayub menganggap bahwa dulu ia kaya, dan ia dapat menolong banyak orang, tetapi sekarang ia tidak dapat berbuat apa-apa. Dulu ia terkenal akan pengetahuan dan hikmatnya, tetapi ia tidak memiliki apa-apa sekarang.

Allah adalah Mahakuasa dan Ia bahkan dapat membangkitkan Lazarus, yang telah mati selama empat hari.

Tetapi Ayub tidak memiliki iman rohani untuk percaya kepada Allah yang menciptakan sesuatu dari ketiadaan. Karena ia tidak dapat mengandalkan Allah dan tidak memiliki iman, maka ia menjadi semakin lemah. Akhirnya, ia kehilangan segenap kekuatan dan semangatnya. Karena ia tidak mengandalkan Allah, ia tidak memiliki hikmat dan hanya memiliki kebodohan. Kita dapat melihat bahwa saat Ayub menjauhkan diri dari kebenaran, maka kejahatannya muncul.

"Teman-temanku, kalian adalah orang-orang yang tidak punya hati. Saat aku masih kaya dan sehat, dan keluargaku kelihatannya bahagia, kalian mengasihi dan menghormati aku, tetapi ketika tidak ada yang bersisa padaku, dimanakah kasihmu itu? Tampa hujan, mata air mengering, bukanah kalian seperti itu?"

Ayub mengharapkan penghiburan yang hangat dari sahabat-sahabatnya, tetapi mereka hanya memberinya nasihat yang keras untuk mengandalkan Allah dengan kekesalan mereka. Ayub tidak menyukai hal itu. Ketika kita berada dalam ujian dan pencobaan, kita mungkin akan mengharapkan penghiburan dari orang lain, tetapi hal itu hanya akan membuat kita menjadi semakin lemah, itu tidak membantu sama sekali.

Saat Petrus sedang berjalan di atas air, ia melihat ombak lautan, pemikirannya sendiri mulai muncul, dan ia mulai tenggelam. Yesus tidak menghibur dia dengan mengatakan seperti, "Petrus! Engkau hampir tenggelam! Hebat kau tidak tenggelam. Hal itu sungguh berbahaya!" Sebaliknya, Ia hanya menghardik Petrus dengan mengatakan bahwa imannya kecil.

Demikian juga halnya, kita harus menanamkan iman pada orang-orang yang menderita akibat pencobaan dengan firman Allah, dan membimbing mereka untuk berdoa, supaya mereka dapat menyadari dan dibukakan akan diri mereka sendiri dan berbalik dari perbuatan-perbuatan salahnya. Kita harus membuat mereka menerima kekuatan untuk mengusir Iblis dan Setan. Inilah kasih yang rohani dan sejati. Yaitu, kita tidak hanya memberikan nasihat dengan perasaan kesal seperti sahabat-sahabat Ayub. Hanya bila kita memberikan nasihat atau menegur dengan kasih, barulah orang yang mendengarnya dapat menerima kekuatan untuk berdiri tegak di hadapan Allah.

Jika kita hanya memberi penghiburan sederhana pada orang yang mengalami kegagalan atau sedang putus asa, mereka mungkin akan berkata Anda adalah orang yang mengerti mereka, tetapi mereka tidak akana menerima kekuatan dari atas. Mereka justru akan menjadi semakin lemah dan mengucapkan perkataan yang tidak beriman di hadapan Allah. Demikianlah mereka mengecewakan Allah dan membuat si iblis bahagia.

5. Kasih Kedagingan Berubah

"Yang keruh karena air beku, yang di dalamnya salju menjadi cair. yang surut pada musim kemarau, dan menjadi kering di tempatnya apabila kena panas" (Ayub 6:16-17).

Salju itu sendiri adalah murni, tetapi saat ia mencair menjadi air, salju pun menjadi kotor. Jika matahari bersinar, bahkan air ini pun akan menguap. Ayub mengatakan bahwa hati teman-temannya seperti salju. Mengapa Allah membiarkan hal ini dituliskan melalui Ayub?

Itu karena hati manusia sama licik dan gampang berubah seperti salju yang mencair. Sahabat-sahabat Ayub menasihati dan menegurnya dengan menggunakan firman Allah dalam pemikiran mereka, tetapi karena firman itu tidak diucapkan dengan kasih, maka mereka tidak dapat menyentuh dan menggerakkan hati Ayub. Itulah sebabnya percakapan mereka hanya menjadi perdebatan antara Ayub dan sahabat-sahabatnya.

Di dunia, jika seseorang kaya maka banyak orang akan mengikutinya. Tetapi jika ia menjadi bangkrut pada suatu hari, akan sangat sulit untuk menemukan orang yang mau mengasihinya sampai akhir.

Apalagi, kasih kedagingan mendorong orang untuk mencari keuntungan atau manfaat bagi dirinya sendiri. Namun, kasih rohani hanya mencari keuntungan orang lain dan itu merupakan kasih yang berkorban dan tidak berubah. Sahabat-sahabat Ayub juga memiliki kasih kedagingan, dan Ayub menunjuk pada hati mereka yang berubah.

> "Berkeluk-keluk jalan arusnya, mengalir ke padang tandus, lalu lenyap. Kafilah dari Tema mengamat-amatinya dan rombongan dari Syeba mengharapkannya, tetapi mereka kecewa karena keyakinan mereka, mereka tertipu setibanya di sana" (Ayub 6:18-20).

Di padang gurun, orang-orang bergerak secara berkelompok untuk mencari air. Jika mereka tidak menemukan air, tidak ada yang dapat mereka lakukan kecuali kembali ke padang belantara dan mati. "Kafilah dari Tema mengamat-amatinya dan rombongan dari Syeba mengaharapkannya" artinya adalah bahwa hati kita semua sama.

Sebelumnya mereka memiliki kasih dan kepedulian terhadap satu sama lain, tetapi saat mereka tidak dapat memperoleh apapun dari Ayub, sifat asli mereka tersingkap dan mereka bersikap jahat.

6. Mari Jangan Berbantahan

"Demikianlah kamu sekarang bagiku, ketika melihat yang dahsyat, takutlah kamu. Pernahkah aku berkata: Berilah aku sesuatu, atau: Berilah aku uang suap dari hartamu, atau: Luputkan aku dari tangan musuh, atau: Tebuslah aku dari tangan orang lalim?" (Ayub 6:21-23).

Saat Ayub terus berbantahan, perasaannya menjadi semakin kuat. Ia merasa bahwa sahabat-sahabatnya seharusnya menghibur dia dan berbelas kasihan kepadanya, tetapi mereka hanya menegur dia. Maka ia berpikir mereka salah memahami dirinya, Ayub menganggap bahwa sahabat-sahabatnya pastilah berpikir ia ingin bersandar kepada mereka.

Ayub berkata bahwa ia tidak akan pernah meminta kepada mereka sesuatu atau membebaskan dia dari penderitaan ini. Karena itulah ia bertanya kepada mereka kenapa mereka takut dan memperlakukan dia seperti itu.

Dalam keadaan ini, betapa sungguh keheranan sahabat-sahabatnya! Mereka mencoba untuk mengajari Ayub dengan apa yang telah mereka pelajari, tetapi Ayub menutup pintu hatinya dan sama sekali tidak mau mendengar. Ia malahan menjadi semakin marah dan berbantahan dengan mereka. Ketika banyak orang berbantahan, hal seperti ini sering terjadi.

Itulah sebabnya firman Allah menyuruh kita agar jangan berbantahan. Dalam 1 Korintus 6:7, Allah menyuruh kita agar jangan berperkara terhadap satu sama lain dan sebaliknya menerima saja dirugikan.

Jika kita berbantahan, iblis dan setan tentu akan menemukan jalan untuk masuk. Iblis bekerja melalui perasaan orang-orang untuk membuat mereka merasa kesal terhadap satu sama lain dan membuatnya berubah menajadi kebencian yang timbul seperti dengan musuh. Karena itulah kita harus membuang segala bentuk perasaan kesal. Jika kita memiliki perasaan kesal, maka bahkan nasihat paling baik sekalipun tidak akan berguna.

"Ajarilah aku, maka aku akan diam; dan tunjukkan kepadaku dalam hal apa aku tersesat. Alangkah kokohnya kata-kata yang jujur! Tetapi apakah maksud celaan dari pihakmu itu?" (Ayub 6:24-25).

Sahabat-sahabat Ayub telah menunjukkan segala kekurangan Ayub, tetapi ia tidak mengerti satupun tentang itu. Itulah sebabnya ia berkata, "Tunjukkanlah kepadaku dalam hal apa aku tersesat, maka akau akan diam."

7. Kejahatan-Kejahatan Ayub yang Tidak Disadarinya Disingkapkan

"Apakah kamu bermaksud mencela perkataan? Apakah perkataan orang yang putus asa dianggap angin? Bahkan atas anak yatim kamu membuang undi, dan sahabatmu kamu perlakukan sebagai barang dagangan. Tetapi sekarang, berpalinglah kepadaku; aku tidak akan berdusta di hadapanmu. Berbaliklah, janganlah terjadi kecurangan, berbaliklah, aku pasti benar" (Ayub 6:26-29).

Dengan kata lain, Ayub berkata, "Apakah kalian semua mencoba untuk membantah apa yang sudah kukatakan? Perkataanku keluar dari keputusasaanku dan hal itu sama seperti angin". Ungkapan 'sama seperti angin' artinya adalah perkataan itu tidak benar dan tidak bernilai.

Saat ia berkata, "Apakah kalian semua mencoba untuk membantah perkataa yang keluar dari keputusasaan?" Ayub terus menyalahkan teman-temannya dengan menanyakan bagaimana tindakan mereka bisa dianggap masuk akal dan layak. Seperti tertulis pada ayat 27, membuang undi terhadap anak yatim piatu dan memperlakukan sahabat seperti barang dagangan adalah sungguh hal-hal yang tidak dapat diterima. Dan dalam pandangan Ayub, sahabat-sahabatnya kelihatan sama buruknya dengan orang yang melakukan hal itu.

Akibatnya inilah yang dikatakan Ayub, "Sekarang, cobalah nilai sendiri dan jika kalian merasa bahwa kalian benar tanpa keraguan sama sekali, Kalian dapat menatap terus ke dalam mataku dan mengatakan demikian! Perkataanku adalah kebenaran dan sesungguhnya. Kalian adalah orang yang harus melihat pada diri sendiri dan berbalik. Aku yang benar."

Ayub tidak memiliki hati yang jahat dan tidak akan mengucapkan perkataan bohong. Tetapi karena ia tidak memahami kebenaran dengan baik, dia tidak dapat melihat kesalahan dalam dirinya sendiri. Sahabat-sahabat Ayub berbicara untuk kebaikan Ayub sendiri, tetapi Ayub menjadi marah oleh perkataan mereka. Mereka menyakiti Ayub dan bukannya menolong dia.

Karenanya, saat kita memberi nasihat kepada aorang lain walaupun nasihat kita sungguh benar, kita harus mengatakan apa yang kita lakukan tanpa emosi pribadi, melainkan hanya dengan sikap yang baik dan lembut. Sangat penting untuk memberi nasihat dengan hati yang hangat dan penuh kasih.

Di sini, kita dapat mengetahui mengapa Ayub harus mengalami pencobaan. Karena ia tidak sungguh-sungguh memahami kebenaran, Ayub menganggap teman-temannya salah dan hanya ia sendiri yang benar. Ini adalah keangkuhan. Bersikap angkuh artinya adalah ego dan kepentingan diri sendiri untuk menghina dan merendahkan orang lain. Ayub menganggap ia adalah yang terbaik dalam segalanya, dan Allah menghukum ia tanpa alasan. Itulah sebabnya ia tidak dapat tersadarkan dalam memahami dirinya sendiri. Bahkan saat sahabat-sahabatnya mencoba untuk membuatnya sadar, ia tidak mau mendengarkan mereka. Malahan ia menyalahkan sahabat-sahabatnya dengan menganggap bahwa mereka salah.

Sampai pada detik ini kita sudah dapat menemukan bahwa Ayub memiliki banyak kesalahan dalam hal-hal yang ia katakan sebagai kenyataan. Ia mengucapkan perkataan yang dapat mengikatnya di dalam roh. Dengan perkataannya, ia sedang menawarkan kesempatan kepada Iblis untuk mendakwanya.

Allah berkata kepada kita, *"Sebab itu siapa yang menyangka, bahwa ia teguh berdiri, hati-hatilah supaya ia jangan jatuh"* (1 Korintus 10:12). Sungguh berbahaya bila kita berpikir, *"Saya sudah melakukan begini banyak, itu sudah cukup."* Sama seperti pengakuan Rasul Paulus, kita harus mati di dalam kebenaran setiap hari (1 Korintus 15:31). Ayub menganggap bahwa ia berdiri tegak, dan itu sebabnya ia menjadi jatuh dan menderita.

Alasan lain mengapa Ayub tidak dapat menjadi sadar akan diri sendiri dalam memahami dirinya adalah bahwa ia percaya ia telah mencoba yang terbaik untuk menjalani hidup yang baik dan saleh, sehingga ia menganggap ia tidak mungkin memiliki kejahatan apapun di dalam dirinya.

"Apakah ada kecurangan pada lidahku? Apakah langit-langitku tidak dapat membeda-bedakan bencana?" (Ayub 6:30).

Hal itu mengungkapkan dengan jelas kepada kita, mengapa Ayub harus mengalami pencobaan. Diantara hal-hal yang diucapkan Ayub ada banyak hal yang tidak konsisten dengan kebenaran. Ada banyak perkataan yang tidak benar. Tetapi Ayub menyimpulkan bahwa perkataannya adalah benar dan baik, tetapi perkataan sahabat-sahabatnya adalah jahat dan salah. Betapa konyol dan salahnya apa yang diucapkan oleh Ayub!

Bab 7
Membuang Cacing dari Hati

1. Kehidupan sehari-hari Ayub yang Membosankan dan menyakitkan

2. Hati yang Dikotori Oleh Cacing

3. Ayub menyerah Kepada Dirinya Sendiri

4. Tentang Sheol (Dunia Orang Mati) di dalam Alkitab

5. Apakah yang Dimaksud dengan Penghakiman oleh Hati Nurani

6. Ayub Salah Paham Menganggap Bahwa Allahlah yang Menyiksa Dia

"Seperti kepada seorang budak yang merindukan naungan, seperti kepada orang upahan yang menanti-nantikan upahnya,"
(Ayub 7:2).

1. Kehidupan sehari-hari Ayub yang Membosankan dan menyakitkan

"Bukankah manusia harus bergumul di bumi, dan hari-harinya seperti hari-hari orang upahan? Seperti kepada seorang budak yang merindukan naungan, seperti kepada orang upahan yang menanti-nantikan upahnya, demikianlah dibagikan kepadaku bulan-bulan yang sia-sia, dan ditentukan kepadaku malam-malam penuh kesusahan. Bila aku pergi tidur, maka pikirku: Bilakah aku akan bangun? Tetapi malam merentang panjang, dan aku dicekam oleh gelisah sampai dinihari" (Ayub 7:1-4).

Saat Ayub menderita dalam pencobaannya, ia merasa bahwa hidupnya menyedihkan karena ia telah kehilangan segalanya. Ia hanya menunggu kematian, tetapi bahkan ia tidak bisa mati. Bukannya menghibur Ayub, teman-temannya malah menghinanya. Ia tidak melihat harapan.

Pengharapan satu-satunya dari seorang upahan adalah untuk menrima upah hariannya. Saat matahari terbit ia bekerja. Setelah matahari terbenam, ia pulang ke rumah dan beristirahat. Seorg hamba hanya melakukan apa yang diperintahkan majikannya. Harapannya hanyalah agar malam segera tiba, agar ia dapat beristirahat.

Karena Ayub telah menderita selama beberepa bulan, ia

merasa bahwa ia sama seperti orang upahan yang menghabiskan hari-hari tanpa makna dan harapan hanya untuk berharap matahari segera terbenam. Ia tidak bisa tidur dan terus saja gelisah serta gelisah dalam tidur sampai subuh tiba karena rasa sakit yang dideritanya Karena Ayub telah kehilangan mimpi dan visinya, ia meratap dalam keputusasaan.

Tetapi bahkan seorang pekerja yang mendapat upah harian, tidak memiliki sikap seperti Ayub. Orang yang mengenal Allah dan tahu tentang kerajaan surgawi memiliki hidup di dalam dirinya, maka hidup seperti apakah yang harus ia jalani? Ia harus memberikan kemuliaan kepada Allah dalam segala sesuatu, apakah ia sedang makan, minum, atau apapun yang ia lakukan.

Dalam Lukas pasal 16, orang kaya yang tidak percaya kepada Allah, menikmati kehidupannya di bumi ini, dan setelah mati ia peegi ke Alam Maut Bagian Bawah yang merupakan bagian dari neraka. Tetapi Lazarus, yang telah makan dari sisa makanan yang jatuh dari meja orang kaya, hidup dengan menyembah Allah dan pergi ke pangkuan Abraham di Alam Maut Bagian Atas yang merupakan bagian dari surga. Kita harus memiliki mimpi.

Kita harus memiliki pengharapan dan mimpi untuk masuk ke dalam Yerusalem baru, tempat tinggal terbaik di kerajaaan surga. Kita harus memiliki impian untuk menerima mahkota emas dan mahkota kebenaran dengan bekerja setia bagi kerajaan Allah di bumi ini dan dengan bergumul melawan dosa untuk menguduskan diri kita. Kekayaan di dunia ini dapat diambil oelh pencuri dan semua menghilang seiring dengan waktu. Tetpai jika kita menyimpan harta di surga, kita tidak perlu hawatir akan hal-hal semacam itu. Itu karena Allah mengembalikanny kepada kita 30, 60, atau 100 kali ganda.

Orang-orang yang takut akan Allah dan memiliki

pengharapan dapat hidup dengan mimpi dan visi, sehinga walaupun mereka hanya orang upahan saja atau bahkan hamba, mereka dapat menjalani hidup yang penuh sukacita dan berbahagia. Mereka tidak perlu meratap, mengeluh, atau berbantahan seperti Ayub.

2. Hati yang Dikotori Oleh Cacing

"Berenga dan abu menutupi tubuhku, kulitku menjadi keras, lalu pecah" (Ayub 7:5).

Dulu Ayub adalah orang yang kaya. Pada suatu waktu, dia dapat menjalani kehidupannya dalam lingkungan yang bersih dan berkelimpahan dalam segala hal, termasuk pakaiannya dan semua hal. Tetapi sekarang, cacing dan repihan kotoran ada di sekujur tubuhnya. Walaupun seseorang mengenal Allah tetapi jika ia tidak memiliki pengalaman bertemu Allah atau memiliki iman rohani, ia cenderung akan meratap dan berbicara dengan kata-kata penuh kemarahan selama pencobaan seperti ini.

Jadi, apa arti rohani dari ayat ini? Jika kita memperhatikan apa yang dikatakan Ayub sampai saat ini, kita akan menyadari bahwa apa yang dikatakannya tidaklah baik maupun kebenaran. Ia telah mengucapkan kata-kata yang tidak pantas dalam pandangan Allah. Apa yang ada dalam hatinya keluar melalui bibirnya. Itu berarti apa yang berada dalam hati Ayub keluar seperti cacing yang kotor.

Sebenarnya, Ayub memiliki hati yang baik seperti tanah yag subur. Ia adalah orang yang jujur dan tulus dalam pandangan Allah. Tetapi jika kita meninggalkan tanah yang subur tidak terawat selama 10 tahun, tanah subur pun kemudian akan memiliki banyak rumput dan menjadi tanah yang keras.

Dalam hal ini, kita harus membajaknya, mencabuti rumputnya dan menghancurkan tanah yang keras untuk membuatnya kembali menjadi tanah yang subur. Tentu saja, hanya dengan membuang rumput, kita tidak dapat membuatnya menjadi tanah yang sepenuhnya subur, karena masing-masing tanah yang subur dan tidak subur memiliki karakternya sendiri-sendiri.

Ayub dapat menjadi tanah yang sangat baik, jika ia mencabut saja ketidakbenaran yang seperrti rumput di dalam hatinya. Karena itulah Allah mengakuinya sebagai orang yang jujur dan saleh (Ayub 1:1). Tetapi karena ia tidak memiliki pengalaman bertemu dengan Allah dan ia juga tidak mengetahui dengan baik kebenaran dalam firman Allah, maka ia mengucapkan perkataan yang kotor seperti cacing.

Karena Ayub meratap dan mengeluh, mengucapkan perkataan yang kotor seperti cacing, si musuh Iblis dan setan pasti akan mengambil kesempatan untuk mendakwanya. Maka Allah membiarkan dakwaan oelh Iblis berlangsung.

Ayub juga mengatakan, "kulitku menjadi keras lalu pecah." Saat kulitnya mengeras, itu berarti kulit yang baru tumbuh di atas barah atau luka dan kulitnya menutup. Kulitnya membusuk dan bernanah di seluruh tubuhnya. Seiring waktu berlalu, kulitnya mengeras dari penutupan kulit, pembusukan, dan bernanah berulang yang terjadi terus menerus. Jadi, apa arti rohani dari hal ini?

Saat orang-orang dipenuhi oleh Roh Kudus, kelihatannya mereka memiliki iman yang besar. Tidak masalah apapun ujian dan pencobaaan yang akan mereka hadapi, mereka merasa berani, mereka percaya mereka akan memperoleh kemenangan. Ini sama seperti kulitnya menjadi mengeras. Tetapi saat mereka benar-benar menghadapi pencobaan dan mereka tidak dapat menghadapinya, mereka menjadi hancur; mereka menunjukkan kemarahannya dan mereka mengeluh. Keluhan dan ratapan ini berhubungan artinya dengan 'kulit yang pecah'. Dalam keadaan seperti ini, betapa menyakitkan dan tidak tenangnya hati mereka!

Sama halnnya, Ayub memiliki hati yang berulang kali mengeras dan pecah. Karena itulah kita harus berdiri di atas batu karang iman. Mereka yang dipersenjatai dengan kebenaran tidak akan ada hal-hal pada diri mereka yang dapat membuat Iblis mendakwa mereka, karena mereka berdiri di atas Batu Karang dan sudah membuang perasaan-perasaan yang bukan kebenaran.

Karena itu kita harus membunuh semua cacing yang ada di dalam hati kita. Jika kita memiliki hal kotor seperti itu di dalam hati kita, maka kita harus membersihkannya sepenuhnya. Allah melihat kedalaman hati kita, sehingga hati kita haruslah bersih. Kelihatan bersih di luar saja, tidak ada gunanya. Jika kita memiliki lumpur atau kotoran pada pakaian atau kulit kita, kita harus cepat membasuhnya.

Jika kita memiliki hal seperti cacing dalam hati kita, dapatkah Anda bayangkan betapa kotor dan tergangunya kita! Hal-hal kedagingan, yang merupakan kecenderungan dosa di dalam hati kita, pekerjaan daging yang merupakan perbuatan dosa, dan semua hal jahat seperti, kesal, iri hati, cemburu, dan benci, semua ini adalah seperti cacing di hadapan Allah. Bahkan manusia membenci cacing yang kotor, betapakah Allah akan membenci apa yang diwakili oleh cacing-cacing kotor itu?

Inilah sebabnya mengapa Ayub menderita dari cacing di sekujur tubuhnya.

3. Ayub menyerah Kepada Dirinya Sendiri

"Hari-hariku berlalu lebih cepat dari pada torak, dan berakhir tanpa harapan" (Ayub 7:6).

Ayub menggaruk dan gelisah sampai subuh karena ia tidak dapat tidur. Ia hanya berharap agar pagi segera tiba dan hari-hari berlalu dengan cepat. Ayub merasa satu hari begitu lama seperti beberapa bulan.

Kemudian apakah, "Hari-hariku berlalu lebih cepat daripada torak" berarti hari-harinya berlalu dengan cepat? Pada zaman dulu, orang membuat bahan pakaian menggunakan sebuah alat tenun dan membuat kain dari alat itu di rumah. Ketika Anda menenun, puntalannya bergerak degan sangat cepat.

Yang dimaksudkan Ayub bukanlah bahwa waktunya berlalu dengan cepat seperti puntalan penenun, tetapi ia ingin menyebutkan tentang nilai dari waktu. Ia meratapi bahwa waktu berlalu tanpa ia mencapai apapun. Ia telah melakukan banyak hal yang berharga sebelumnya, tetapi sekarang waktu berlalu tanpa ada pengaharapan. Ia sedang meratapi hal ini.

"Ingatlah, bahwa hidupku hanya hembusan nafas; mataku tidak akan lagi melihat yang baik. Orang yang memandang aku, tidak akan melihat aku lagi, sementara Engkau memandang aku, aku tidak ada lagi" (Ayub 7:7-8).

Hanya membutuhkan waktu beberapa detik bagi seseorang untuk mengambil nafas sekali. Paling lama mungkin hanya sekitar satu atau dua menit. Dengan mengatakan bahwa hidupnya hanyalah hembusan nafas berbicara tentang nilai dari hidupnya. Ayub tidak pernah tahu kapan ia akan mati, dan ia tidak dapat mengantisipasi apa pun lagi di dalam hidupnya.

Sebelum pencobaan itu datang, Ayub memiliki hidup yang mulia. Ia tidak kekurangan apa pun, memiliki hidup yang diberkati, dan memperoleh hormat dan pengakuan dari orang lain. Tetapi Ayub tidak memiliki iman sejati, sehingga ia berkata bahwa ia tidak akan lagi melihat yang baik.

Tidak masalah dalam situasi apa kita menemukan diri kita, kita jangan pernah menyerah seperti yang ia lakukan. Lazarus telah mati selama empat hari di kuburan, tetapi tetap saja ia dibangkitkan.

Ayub menyimpulkan bahwa orang-orang tidak akan melihatnya lagi. Tetapi pada kenyataannya, kehidupan Ayub yang mulia kembali kepadanya. Bagaimana bisa hal itu terjadi? Itu karena akhirnya Ayub bertemu dengan Allah dan bertobat. Melalui pertobatannya itu ia membuang 'cacing-cacing di hatinya'.

Ketika Iblis mendakwa kita akan sesuatu, masalahnya dapat diselesaikan hanya jika kita membuang hal yang menjadi titik penyebab Iblis mendakwa kita. Sama halnya, bahkan jika kita berada dalam keadaan seperti Ayub, atau malah lebih parah, jika kita dapat berdiri tegak di hadapan Allah, keadaan itu sama sekali bukan apa-apa. Jika Allah menemui kita, maka segala jenis masalah dapat diselesaikan.

4. Tentang Sheol (Dunia Orang Mati) di dalam Alkitab

"Sebagaimana awan lenyap dan melayang hilang, demikian juga orang yang turun ke dalam dunia orang mati tidak akan muncul kembali. Ia tidak lagi kembali ke rumahnya, dan tidak dikenal lagi oleh tempat tinggalnya. Oleh sebab itu akupun tidak akan menahan mulutku, aku akan berbicara dalam kepahitan jiwaku, mengeluh dalam kepedihan hatiku" (Ayub 7:9-11).

Awan tidak tinggal di satu tempat, melainkan bergerak. Bahkan setelah waktu yang lama, mereka tidak pernah kembali ke tempat semula. Awan yang lain mungkin kembali ke tempat yang sama, tetapi awan yang sama tidak akan pernah kembali. Karena Ayub tidak memiliki pengharapan akan surga, ia menganggap bahwa hidup manusia berakhir seperti awan yang bergerak, dan orang yang mati rohnya akan pergi ke Sheol.

Karena ia menganggap hidup di bumi adalah segalanya, maka ia mengeluh karena ia sangat merindukannya. Ia mengucapkan keluhan 'dalam kepahitan jiwaku'. Pasti betapa sakit hatinya karena ia telah kehilangan anak-anak dan segala miliknya!

Ia tidak mengeluh hingga pada titik itu, tetapi saat ia mengalami barah di sekujur tubuhnya dan kulitnya terus-menerus mengeras dan bernanah berulang kali, ia tidak dapat menahankannya lagi dan mengucapkan kata-kata kemarahan dan mengeluh. Itu karena Ayub tidak pernah sungguh-sungguh mengetahui tentang kerajaan surga.

Jika ia telah mengetahui tentang kerajaan surga, maka ia tidak akan berbuat seperti itu. Tetapi karena ia merasakan sakit di hatinya, ia mengucapkan apa saja yang ingin ia katakan. Ia tidak merasakan perlunya memiliki bibir yang mengucapkan kebenaran. Tetapi mereka yang memiliki pengharapan akan surga akan menaati firman Allah dan mencoba untuk menanggung dan memahami segala sesuatu bahkan di saat mereka mengalami rasa sakit di hati mereka. Mereka tidak dengan gegabah mengucapkan kata-kata yang jahat hanya karena patah hati.

Kata 'Sheol' (bahasa Ibrani yang berarti Dunia Orang Mati) bisa ditemukan baik di dalam Perjanjian Lama dan Perjanjian Baru. Tetapi istilah 'kerajaan surga' dan 'firdaus' hanya tertulis di dalam Perjanjian baru.

Kejadian 37:35 berkata, *"Sekalian anaknya laki-laki dan perempuan berusaha menghiburkan dia, tetapi ia menolak dihiburkan. Serta katanya: 'Tidak! Aku akan berkabung, sampai aku turun mendapatkan anakku, ke dalam dunia orang mati (Sheol)!' Demikianlah Yusuf ditangisi oleh ayahnya."* Yakub mendengar bahwa anaknya Yusuf terbunuh oleh binatang buas, dan ia mengatakan bahwa jika Yusuf mati, ia pasti telah masuk ke Sheol (dunia orang mati), dan ia juga ingin mengikuti anaknya itu. Saat orang-orang di masa Perjanjian Lama meninggal, mereka masuk ke Sheol atau juga disebut sebagai Dunia Orang Mati.

Juga, 1 Samuel 2:6 berkata, *"TUHAN mematikan dan menghidupkan, Ia menurunkan ke dalam dunia orang mati (Sheol) dan mengangkat dari sana."* Tetapi Ayub tidak tahu bahwa bahkan setelah manusia mati dan masuk ke dalam dunia orang mati, mereka dapat bangkit lagi.

Struktur dari Sheol (Dunia Orang Mati)

Amsal 9:18 berkata, *"Tetapi orang itu tidak tahu, bahwa di sana ada arwah-arwah dan bahwa orang-orang yang diundangnya ada di dalam dunia orang mati."* Ayat itu berbicara tentang 'dalamnya Sheol'

Yesaya 14:9 berkata, *"Dunia orang mati yang di bawah gemetar untuk menyongsong kedatanganmu, dijagakannya arwah-arwah bagimu, yaitu semua bekas pemimpin di bumi; semua bekas raja bangsa-bangsa dibangunkannya dari takhta mereka,"* dan kita mengetahui bahwa ada Sheol bawah, yang berarti pasti ada juga Sheol atas.

Yesaya 14:14-15 berkata, *"'Aku hendak naik mengatasi ketinggian awan-awan, hendak menyamai Yang Mahatinggi!' Sebaliknya, ke dalam dunia orang mati engkau diturunkan, ke tempat yang paling dalam di liang kubur."* Lucifer yang mengkhianati Allah akan jatuh ke dalam tempat yang paling dalam di Sheol.

Lukas 16:19-26 berbicara tentang pengemis bernama Lazarus dan si orang kaya. Si pengemis Lazarus yang takut akan Allah masuk ke Alam Maut Bagian Atas dan diletakkan di sisi Abraham, sementara si orang kaya masuk ke dalam Dunia Bawah, atau Hades, dan menderita rasa sakit yang tidak tertahankan di dalam api.

Orang kaya itu meminta Abraham untuk mendinginkan lidahnya dengan setetes air saja, tetapi Abraham berkata kepadanya bahwa ada jurang yang besar antara Alam Maut Bagian Atas dan Hades, sehingga ia tidak dapat pergi ke sana.

Maka, bagian-bagian dari Sheol, Kedua Alam Maut dibedakan tempatnya. Yang satu adalah Alam Maut Bawah yang sering disebut 'Hades' yang menjadi bagian dari neraka dan yang lainnya adalah Alam Maut Bagian Atas yang menjadi bagian dari surga. Peranan Alam Maut Bagian Atas di dalam Perjanjian Lama dan di dalam Perjanjian Baru berbeda.

Selama masa Perjanjian Lama, Sheol di atas adalah ruang tunggu bagi orang-orang yang diselamatkan. Tetapi sejak Tuhan bangkit dan naik ke surga, orang-orang yang diselamatkan tidak akan pergi ke pangkuan Abraham di Alam Maut Bagian Atas melainkan mereka akan masuk ke dalam Firdaus untuk berada di sisi Tuhan.

Maka, saat seorang penjahat yang berada di sebelah Yesus bertobat dan menerima Dia sebagai Juru Selamat, Yesus berkata kepadanya, *"Aku berkata kepadamu, sesungguhnya hari ini juga engkau akan ada bersama-sama dengan Aku di dalam Firdaus"* (Lukas 23:43).

Tetapi Alkitab mengatakan kepada kita bahwa Yesus tidak langsung pergi ke Firdaus setelah Ia mati di kayu salib. Yesus berkata, *"Sebab seperti Yunus tinggal di dalam perut ikan tiga hari tiga malam, demikian juga Anak Manusia akan tinggal di dalam rahim bumi tiga hari tiga malam"* (Matius 12:40). Yaitu, Ia pergi ke Alam Maut.

5. Apakah yang Dimaksud dengan Penghakiman oleh Hati Nurani

Apa yang dilakukan oleh Tuhan di Alam maut?

1 Petrus 3:18-20 berkata, *"Sebab juga Kristus telah mati sekali untuk segala dosa kita, Ia yang benar untuk orang-orang yang tidak benar, supaya Ia membawa kita kepada Allah; Ia, yang telah dibunuh dalam keadaan-Nya sebagai manusia, tetapi yang telah dibangkitkan menurut Roh; dan di dalam Roh itu juga Ia pergi memberitakan Injil kepada roh-roh yang di dalam penjara, yaitu kepada roh-roh mereka yang dahulu pada waktu Nuh tidak taat kepada Allah, ketika Allah tetap menanti dengan sabar waktu Nuh sedang mempersiapkan bahteranya, di mana hanya sedikit, yaitu delapan orang, yang diselamatkan oleh air bah itu."*

Seperti yang dikatakan tadi, roh Yesus bersaksi kepada roh-roh yang di dalam penjara. Di sini, 'penjara' merujuk pada Alam Maut. Yesus masuk ke Alam Maut Bagian Atas di mana jiwa-jiwa yang diselamatkan sedang menunggu, lalu menyaksikan tentang injil.

Di dalam masa Perjanjian Lama, pasti ada banyak orang yang menjalani hidup yang secara moral dan rohani lebih baik daripada sekarang. Lalu, apakah benar bahwa mereka semua dihakimi dan kemudian masuk ke jalan maut? Pastilah ada orang-orang yang mencari Allah dan hidup dalam kebaikan juga. Karena itulah Allah membuat mereka yang layak untuk diselamatkan untuk masuk ke dalam Alam Maut Bagian Atas.

Korea memiliki sejarah ribuan tahun, tetapi baru 120 tahun sejak Kekristenan diperkenalkan di sini. Lalu, apakah semua orang yang mati sebelum injil datang ke Korea masuk ke dalam neraka? Pastilah tidak begitu! Jika demikian, Allah tidak dapat disebut hakim yang adil. Karena itu, di antara orang-orang yang hidup sebelum Yesus Kristus, mereka yang diakui oleh Allah dan hidup menurut hati nurani mereka dapat diselamatkan dan masuk ke dalam Alam Maut Bagian Atas. Kemudian, Yesus mati di kayu salib dan masuk ke Alam Maut Bagian Atas untuk bersaksi kepada jiwa-jiwa selama tiga hari, sehingga mereka dapat diselamatkan oleh nama Yesus Kristus.

Lalu, apakah itu berarti jiwa-jiwa tersebut masih ada di Alam Maut Bagian Atas? Tidak begitu. Setelah orang-orang yang ada di Alam Maut Bagian Atas menerima Yesus sebagai Juru Selamat mereka, maka mereka masuk ke Firdaus. Dan juga, rang-orang yag percaya kepada Yesus Kristus dan mati akan masuk ke dalam Alam Maut Bagian Atas dan menyesuaikan diri mereka di sana selama tiga hari, dan kemudian mereka naik ke Firdaus. Inilah alasannya mengapa kita tidak dapat menemukan kata 'Firdaus' atau 'Kerajaan Surgawi' di dalam Perjanjian Lama walau hanya sekali.

Roma 2:12-15 berkata, *"Sebab semua orang yang berdosa tanpa hukum Taurat akan binasa tanpa hukum Taurat; dan semua orang yang berdosa di bawah hukum Taurat akan dihakimi oleh hukum Taurat. Karena bukanlah orang yang mendengar hukum Taurat yang benar di hadapan Allah, tetapi orang yang melakukan hukum Tauratlah yang akan dibenarkan. Apabila bangsa-bangsa lain yang tidak memiliki hukum Taurat oleh dorongan diri sendiri melakukan apa yang dituntut hukum Taurat, maka, walaupun mereka tidak memiliki hukum Taurat, mereka menjadi hukum Taurat bagi diri mereka sendiri, sebab dengan itu mereka menunjukkan, bahwa apa isi hukum Taurat ada tertulis dalam hati mereka dan suara hati mereka turut bersaksi dan pikiran mereka saling menuduh atau saling membela".*

Ketika bangsa-bangsa lain yang tidak mengenal hukum taurat melakukan sesuai dengan hukum itu oleh diri mereka sendiri secara alami, yaitu dengan hati nurani mereka, maka hati nurani mereka itulah yang akan menjadi saksi. Jika seseorang hendak mencuri sesuatu yang merupakan milik orang lain, maka hati nuraninya akan membuat penilaian bahwa hal itu adalah dosa, tetapi karena hati nuraninya lemah, ia mungkin akan terus saja dan tetap mencurinya.

Dalam hati manusia, ada hati dari roh, yang diberikan oleh Allah dan merupakan kebenaran, yang diberikan oleh Allah yang merupakan kebenaran, yang dibentuk oleh masing-masing orang. Allah memberikan hukum Taurat kepada orang-orang di masa Perjanjian Lama, dan menentukan status keselamatan menurut perbuatan mereka memperhatikan hukum tersebut.

Tetapi hukum Taurat hanya diberikan kepada bangsa Israel, bangsa pilihan Allah. Bangsa-bangsa asing tidak memiliki hukum Taurat. Jadi, orang-orang yang terlahir ke dunia ini yang hidup sebelum masa Yesus hidup menurut hati nurani mereka. Demikianlah, hati nurani itu menjadi standar perbuatan dari hukum Taurat. Maka, orang-orang yang baik akan mendengarkan hati nurani mereka walaupun dalam keadaan sulit dan tidak bertindak dengan kejahatan. Tetapi orang-orang yang jahat melakukan hal-hal jahat untuk keuntungan atau kepentingan mereka sendiri.

Karena orang dari bangsa-bangsa lain tidak menerima hukum Taurat, Allah menganggap kesadaran mereka sebagai hukum mereka dan menentukan status keselamatan menurut perbuatan yang dilakukan oleh kesadaran mereka. Ini disebut sebagai Penghakiman oleh Hati Nurani. Karena Yesus Kristus datang ke dunia ini, maka orang-orang yang mendengarkan injil tetapi tidak membuka hatinya dan tidak menerimanya tak dapat berkata, "Aku tidak percaya karena aku tidak tahu."

Tapi bahkan sampai sekarang, orang-orang yang belum pernah mendengar injil akan dihakimi oleh hati nurani mereka. Ayub tidak mengetahui tentang kerajaan surga, sehingga ia menganggap kewargaan kita adalah di Alam Maut, bukan surga. Ia menganggap, jika ia masuk ke dalamSheol, maka ia tidak akan pernah dapat kembali. Itulah sebabnya ia merasa sangat putus asa.

6. Ayub Salah Paham Menganggap Bahwa Allahlah yang Menyiksa Dia

"Apakah aku ini laut atau naga, sehingga Engkau menempatkan penjaga terhadap aku?" (Ayub 7:12).

Ayub tahu betapa besarnya laut, dan juga bahwa monster laut sangat menakutkan. Sebagian ornag meganggap bahwajika merreka melihat monster laut aatu naga dalam mimpinya, maka itu adalah sebuah mimpi yang sangat baik.

Tetapi jik aorang percaya memimpikian seekor naga atau ular, itu melambangkan bahw amereka akan emnghadapi pencobaan yang sangat besar. Memimpikan babi uga melambangkan bahwa mereka akan menghadapai encobaan dan kesulitan.

Di sini Ayub sdang mengeluh kepada Allah bahwa ia adalah seorang manusia yang lemah, dan mengapa Allah menyiksa dia dengan rasa sakit yang tidak tertahankan. Ia salah menganggap bahwa Allah telah terebih dulu merencanakan segala sesuatu untuk menghukum dia. Ayub memiliki hikmat untuk memahami hukum alam. Hanya dengan melihat pada hukum alam, kita dapat mnegakui kenyataan bahwa Allah Sang Pencipta sungguh ada. Ayub memberikan persembahan korban kepada Allah, tapi itu disebabkan oleh rasa takut saja.

"Apabila aku berpikir: Tempat tidurku akan memberi aku penghiburan, dan tempat pembaringanku akan meringankan keluh kesahku, maka Engkau mengagetkan aku dengan impian dan mengejutkan aku dengan khayal" (Ayub 7:13-14).

Seandainya ia dapat tidur dengan baik, Ayub pasti akan dapat melupakan rasa sakitnya untuk sesaat, tetapi ia bahkan tidak dapat tidur nyenyak. Ia juga mengeluhkan bahwa saat ia jatuh tertidur, Allah membuatnya takut.

Ketika orang di dunia memiliki masalah-masalah yang sulit untuk dipecahkan dan merasakan sakit oleh karenanya, mereka mungkin berkata, "Mari kita lupakan tentang segalanya dan tidur." Tetapi karena mereka memiliki begitu banyak kekuatiran, tidur mereka tidak sungguh-sungguh nyenyak atau melegakan, dan mimpi mereka juga gelisah. Demikianlah juga halnya yang terjadi dengan Ayub..

Lalu, jka kita memiliki iman bagaimana kita seharusya

berlaku? Kita dapat menyerahkan segala sesuatu kepada Allah Yang Mahakuasa, sehingga Ia dapat menyelesaikan masalah tersebut. Jika kita dihadapkan dengan ujian dan pencobaan, pertama-tama kita harus menyadari dinding dosa seperti apa yang telah kita buat terhadap Allah dan bertobat dengan sepenuhnya degan mencucurkan airmata. Jika kita terus saja kuatir tentang itu dan mengeluh terhadap Allah berarti kita tidak memiliki iman sejati. Kita harus menunjukkan iman kita bahwa Allah dapat menyelesaikan masalah tersebut.

Ayub merasa takut di dalam mimpinya, dan ia salah paham menganggap bahwa Allah yang melakukannya. Tetapi Alllah tidak menakuti orang dalam tidurnya. Ayub salah paham terhadap Allah dengan menaggap bahwa Allah tidak akan memberinya waktu istirahat walau hanya sejenak, Melainkan malah menyiksanya bahkan di dalam mimpinya.

Dalam mimpi, ada mimpi rohani dan mimpi kedagingan. Mimpi rohani datang kepada roh seseorang. Melalui mimpi, Allah menunjukkan kepada kita apa yang akan terjadi di masa depan, dan Roh Kudus mengatakan sesuatu kepada kita.

Ada juga mimpi jiwa. Ini adalah mimpi yang kita meiliki dengan pikiran kita sendiri. Orang-orang yang tidak hidup dalam kebenran, tidak dapat tidak pastilah hidup dalam pemikiran mereka sendiri, sehingga mereka bermimpi dalam pemikiran dan hasrat mereka.

Misalkan, jika seseorang ingin pergi ke Amerika Serikat, ia mugkin pergi ke Amerika dalam mimpinya. Jika ia memiliki semacam ketakutan, maka ia mungkin dikejar oleh perampok. Mmpi semacam ini tidak sesuai dengan kenyataan nantinya.

Sampai saat kita membuang pemikiran kita dan hidup dalam kebenaran, yang berarti bahwa kita menjadi seorang manusia roh, kita akan memiliki lebih banyak mimpi rohani, maka mimpi-mimpi itu juga akan menjadi kenyataan.

"Sehingga aku lebih suka dicekik dan mati dari pada menanggung kesusahanku. Aku jemu; aku tidak mau hidup untuk selama-lamanya. Biarkanlah aku, karena hari-hariku hanya seperti hembusan nafas saja. Apakah gerangan manusia, sehingga dia Kauanggap agung, dan Kauperhatikan, dan Kaudatangi setiap pagi, dan Kauuji setiap saat?" (Ayub 7:15-18).

Saat seseorang tercekik, maka ia akan mati. Karena Ayub merasa bahwa Allah menyusahkan dia bahkan sampai di dalam mimpi, ia sungguh-sungguh ingin mati. Karena itulah ia berkata, 'Aku lebih suka mati daripada menanggung kesusahanku.' Betapa menyakitkannya hal itu bagi Ayub!

Lalu, bagaimana kita harus bersikap saat kita menderita rasa sakit? Seperti yang dikatakan Allah di dalam Mazmur 50:15, *"Berserulah kepada-Ku pada waktu kesesakan, Aku akan meluputkan engkau, dan engkau akan memuliakan Aku,"* Maka kita harus mencari Dia dan bergantung kepada-Nya. Kita harus mengucap syukur apakah kita mengalami penyakit atau usaha kita menjadi bangkrut maupun jika berjalan dengan baik. Kita hraus mengucap syukur bahkan di dalam pencobaan. Jika kita mengikuti kehendak Allah bagi kita untuk senantiasa mengucap syukur dalam segala keadaan, maka Allah akan bekerja untuk kebaikan segala sesuatu, dan pasti akan ada sesuatu yang patut disyukuri dalam kenyataannya.

Berikutnya Ayub berkata, "Aku jemu; aku tidak mau hidup untuk selama-lamanya." Sama seperti seorang manusia yang tidak memiliki iman tidak akan memiliki pengharapan akan surga, Tidak ada yang tersisa bagi Ayub selain membenci kehidupannya. Bahkan jika Ayub disembuhkan, ia telah kehilangan seluruh harta milik dan anak-anaknya, jadi harapan seperti apa yang ia punya? Bisakah ia memahami nilai dari sebuah kehidupan?

Tetapi orang-orang yang memiliki iman, akan emiliki pengharapan tentang surga, sehingga bahkan seandainya Allah mengambil anak-anaknya, mereka dapat mengucap syukur kepada Allah karena anak-anaknya bersama dengan Tuhan.

Ayub tahu bahwa Allah mengendalikan hidup dan mati. Maka ia mengeluh bahwa Allah tidak mengambil nyawanya, walaupun ia sangat ingin mati.

Ayub berkata bahwa Allah mengagungkan manusia dan ini adalah kebenaran. Dalam Kejadian pasal 1, saat Allah menciptakan manusia, Ia membuatnya dari gambar-Nya sendiri dan menetapkannya sebagai tuan atas segala ciptaan. Karena Allah menganggap manusia besar, Ia bahkan memberikan anak-Nya yang Tunggal Yesus untuk disalibkan. Allah juga memperhatikan kita setiap detik dan setiap menit dengan mata-Nya yang bernyala-nyala.

Dikatakan juga bahwa, "Kau datangi dan Kau perhatikan dia setiap pagi." Dengan memperhatikan kita, Allah mendorong kita untuk berbuat baik dan mengizinkan hukuman untuk perbuatan jahat yang kita lakukan. Agrar kita tidak jatuh ke jalan kehancuran, Alla kadang-kadang mengizinkan ujian dan pencobaan saat kita tidak hidup dalam kebenaran supaya kita dapat menyadari bahwa apa yang kita lakukan adalah salah. Karena kita bukanlah anak-anak gampang melainkan anak-anak sejati, maka jika kita bersahabat dengan dunia dan dosa, Allah mengizinkan kita untuk bertobat dan kembali pada terang.

Sehingga, jika kita menghadapi masalah atau pencobaan apapun, kita harus mengucap syukur kepada Allah dan mencari tahu mengapa kita menghadapi masalah sedemikian. Kemudian kita harus bertobat dari perbuatan salah kita.

"Bilakah Engkau mengalihkan pandangan-Mu dari padaku, dan membiarkan aku, sehingga aku sempat menelan ludahku? Kalau aku berbuat dosa? apakah yang telah kulakukan terhadap Engkau, ya Penjaga manusia? Mengapa Engkau menjadikan aku sasaran-Mu, sehingga aku menjadi beban bagi diriku?" (Ayub 7:19-20)

Hanya butuh waktu sebentar menelan ludah. Ayub mengeluh bahwa Allah tidak mau membiarkannya bahkan saat ia menelan ludahnya. Allah memperhatikan kita setiap detik, tidak pernah meninggalkan kita walau untuk sesaat, karena Ia mengasihi kita.

Allah memperhatikannya dan mengizinkan terjadi pencobaan terhadapnya untuk menguduskan Ayub dan untuk memberkatinya. Tetapi Ayub tidak mengerti kebenaran itu. Ia tahu tentang Allah hanya sebagai pengetahuan tanpa memiliki pengalaman yang nyata bersama-Nya.

Maka, Allah harus membiarkan Ayub mengalami pencobaan supaya ia dapat menyadari apa yang benar menurut kebenaran, bertobat, dan menjadi seorang anak sejati Allah yang mengasihi Dia dengan hati yang sungguh-sungguh dan iman yang sempurna. Bahkan saat manusia ciptaan-Nya mengucapkan kata-kata jahat dan keluhan, Allah hanya mendengarkan mereka dan menahannya.

Ia mau menanggungkannya hanya untuk mengubah satu lagi jiwa dan untuk membimbingnya ke jalan keselamatan dan berkat. Kita harus dapat membaca hati Allah yang seperti ini.

Allah menyelidiki hati dan pikiran kita. Jika anak-anak-Nya

melakukan dosa, ia sangat menderita. Jika kita melakukan dosa, sama halnya seperti meludahi muka Allah. Sama halnya seperti meludahi gereja Allah dan hamba-hamba-Nya.

Ayub menanyakan apa sakitnya bagi Allah bahkan jika ia melakukan dosa. Lalu, apa sakitnya?

Pertama-tama, dengan melakukan dosa, hubungan antara Bapa dan anak menjadi rusak. Kedua, Allah menjadi patah hati karena ia tahu bahwa anak-anak-Nya akan menuju ke jalan kehancuran. Ketiga, anak-anak yang melakukan dosa itu tidak dapat masuk ke dalam kerajaan Allah, dan sehingga tidak akan ada hubungan antara Allah dan anak-anak-Nya. Karenanya, Allah pasti akan menderita kepedihan di hati-Nya.

Yang keempat, darah Tuhan yang berharga menjadi tidak berarti. Yang kelima, Allah menderita karena kejadiannya akan menjadi seperti yang diinginkan oleh Iblis. Keinginan dari iblis adalah untuk membuat anak-anak Allah menentang Allah dan mencegah tegaknya kerajaan surga.

Anggap saja sang ayah di dalam sebuah rumah tangga sedang menyuruh anaknya untuk belajar giat. Setelah mendengar perkataan ayahnya, bagaimana jika sang anak membantah dengan berkata, "Memangnya kalau aku tidak belajar baik, apa sakitnya buat Ayah? Apa untungnya aku pintar di akademik atau tidak?" Maka, pasti akan betapa sedih ayahnya! Begitu juga dengan Allah.

"Mengapa Engkau menjadikan aku sasaran-Mu, sehingga aku menjadi beban bagi diriku?" Ayub sekarang melangkah semakin jauh dari sekedar mengeluh dan marah. Ia bersikap sarkastis terhadap Allah. Ia bahkan mengejek Allah dengan hatinya yang bengkok. Tetapi Allah tidak merasakan sakitnya hanya karena perkataan-perkataan Ayub.

Hal itu tidak terlalu menjadi beban karena Ia dengan sukacita menantikan kita untuk berubah.

"Dan mengapa Engkau tidak mengampuni pelanggaranku, dan tidak menghapuskan kesalahanku? Karena sekarang aku terbaring dalam debu, lalu Engkau akan mencari aku, tetapi aku tidak akan ada lagi" (Ayub 7:21).

Ayub sekarang memiliki dua pemikiran. Yang satu adalah ia menginginkan agar Allah mengambil nyawanya, dan yang lainnya ingin agar ia disembuhkan. Tetapi tidak ada jawaban, dan Ayub mengatakan hal itu terjadi karena Allah tidak mengampuni pelanggaran dan perbuatan salahnya.

Ketika kita sadar akan dosa kita dan bertobat serta berbalik, maka Allah mengampuni kita. Namun, walaupun Ayub melakukan banyak pelanggaran dan kesalahan, ia tidak bertobat. Ia hanya berkata, "Ya Allah, mengapa Kau tidak mengampuni pelanggaran dan kesalahanku? Mengapa Engkau tidak membiarkannya saja?" Ia bicara omong kosong, sehingga bagaimana bisa masalahnya diselesaikan.

Ayub mempersembahkan korban karena ia takut kepada Allah sebelum terjadi pencobaan. Tetapi saat ia menderita barah, ia tidak memiliki rasa takut. Ia hanya meratap dan berharap bahwa ia dapat mati segera karena begitu ia masuk ke Sheol, pikirnya, semua akan berakhir, apakah Allah mengampuni dosanya atau tidak.

Bab 8
Nasihat Bijak Bildad Orang Suah

1. Bildad Menerangkan Tentang Balasan Atas Dosa

2. Bagaimana Memecahkan Masalah dan Menerima Jawaban

3. Bildad Mencoba Menggunakan Perumpaaman untuk Membuat Ayub Mengerti

4. Bildad menasihati Ayub untuk Memulihkan Hidupnya dengan Hidup Dalam Kebenaran

"Though your beginning was insignificant, Yet your end will increase greatly."
(Job 8:7)

1. Bildad Menerangkan Tentang Balasan Atas Dosa

"Maka berbicaralah Bildad, orang Suah: Berapa lamakah lagi engkau akan berbicara begitu, dan perkataan mulutmu seperti angin yang menderu?" (Ayub 8:1-2).

Kini, sahabat yang kedua muncul. Ia adalah Bildad orang Suah. Sebelumnya ia hanya diam mendengarkan, dan ia dengan lembut mulai memberikan nasihatnya kepada Ayub untuk membuat dia mengerti dengan firman Allah. Bildad tidak berbicara dengan temperamen tinggi seperti Elifas, tetapi ia mencoba untuk membuat sahabatnya Ayub mengerti dengan kelembutan hati.

Ia mencoba mencari cara untuk mengajar Ayub akan kebenaran yang ia ketahui, dengan memikirkan cara-cara untuk membuat Ayub menjadi sadar dan bertobat. Bildad tidak dapat lagi meneerima keluhan dan ratapan Ayub dan bertanya kepadanya, "Berapa lama lagikah engkau akan berbicara begitu, dan perkataan mulutmu seperti angin yang menderu?"

Apa Artinya Perkataan yang Seperti Angin Menderu

Sebelumnya mari kita lihat makna rohani dari 'angin menderu'. Ketika angin topan datang, rumah-rumah rubuh, kapal-kapal menjadi karam, dan orang-orang mati karena tanah longsor; angin itu mengakibatkan kerusakan besar.

Demikian juga, jika orang percaya tidak hidup dalam kebenaran, melainkan mengucapkan kata-kata ketidakbenaran seperti Ayub, Allah mengatakan itu seperti 'Angin yang menderu.' Jika kita mengucapkan perkataan ketidakbenaran, itu adalah sesuatu yang dapat membuat Iblis mendakwa kita, sehingga pencobaan dan kesulitan akan turun atas kita. Jika kita menyakiti perasan ornag lain, mengeluh, meratap, atau mengutuk, itu seperti angin yang menderu. Sama seperti angin topan dan angin puting beliung tidak menguntungkan kita sama sekali, jika kita membiarkan angin yang menderu seperti itu keluar dari mulut kita, hal itu tidak akan menguntungkan baik bagi orang lain maupun bagi kita sendiri.

Mengapa kita membiarkan Iblis mendakwa kita tentang perkataan dari bibir kita? Kita harus selalu terjaga untuk berdoa dan menyelidiki diri kita sendiri, supaya kita tidak memiliki bibir seperti angin yang menderu. Di satu sisi, hanya dengan satu kata saja, kita dapat menanamkan iman, kasih karunia, dan kehidupan kepada orang lain, dan di sisi lain kita dapat menyebabkan ia jatuh. Perkataan seperti angin yang menderu menyakiti hati orang lain dan mengakibatkan kepedihan.

"Masakan Allah membengkokkan keadilan? Masakan Yang Mahakuasa membengkokkan kebenaran? Jikalau anak-anakmu telah berbuat dosa terhadap Dia, maka Ia telah membiarkan mereka dikuasai oleh pelanggaran mereka" (Ayub 8:3-4).

Allah tidak pernah membengkokan keadilan ataupun kebenaran. Allah selalu membalas kita menurut perbuatan kita.

Wahyu 22:11-12 berkata, *"Barangsiapa yang berbuat jahat, biarlah ia terus berbuat jahat; barangsiapa yang cemar, biarlah ia terus cemar; dan barangsiapa yang benar, biarlah ia terus berbuat kebenaran; barangsiapa yang kudus, biarlah ia terus menguduskan dirinya! Sesungguhnya Aku datang segera dan Aku membawa upah-Ku untuk membalaskan kepada setiap orang menurut perbuatannya.*" Seperti yang tertulis, Allah tidak pernah membegkokkan keadilan.

Ayub mempersembahkan korban atas nama anak-anaknya. Ayub 1:5 berkata, *"Mungkin anak-anakku sudah berbuat dosa dan telah mengutuki Allah di dalam hati."* Karena Ayub takut kesalahan anak-anaknya akan membawa bencana bagi mereka, ia mempersembahkan korban mewakili mereka,. Tetapi karena bukan anak-anaknya yang bertobat, ia selalu takut mungkin aakan terjadi bencan atas mereka, dan ia selalu merasa tidak tenang sepanjang waktu. Ayub adalah orang yang takut akan Allah (Ayub 3:25).

Sahabat-sahabat Ayub tahu bahwa anak-anak Ayub tidak sesaleh ayahnya. Itulah sebabnya mereka mengatakan bahwa Allah mengambil anak-anak Ayub oleh karena dosa mereka. Dan mereka bertanya, "Mengapa Ayub mengeluh terhadap Allah oleh hal itu?"

Jika anak-anak Allah mencoba untuk hidup menurut firman Allah, dan memmegang perintahnya serta mangasihi Dia, maka Allah akan selalu beserta mereka dan melindungi mereka. Maka, jika ada pencobaan atau ujian, itu berarti mereka telah mengkhianati Allah di sebagian area atau pasti ada ketidakbenaran dalam perbuatannya.

Saat Daud melakukan dosa pembunuhan denagn membiarkan salah satu dari pegawainya yang setia terbunuh oleh bangsa asing, maka Allah mengirim nabi Natan untuk menegurnya. Daud, segera setelah ia menerima eguran itu, bertobat dan diampuni dari dosa-dosanya, tapi tetap saja ia harus melalui pencobaan melalui dakwaan Iblis.

2 Samuel 12:14 mengatakan, *"Walaupun demikian, karena engkau dengan perbuatan ini telah sangat menista TUHAN, pastilah anak yang lahir bagimu itu akan mati."* Daud melakukan dosa yang membuat oleh Iblis dapat membawa pencobaan atas dia, dan Allah harus mengizinkannya menurut hukum dari alam rohani. Daud berpegang kepada Allah melalui puasa, tetapi anak laki-lakinya akhirnya meninggal.

Pada Yohanes pasal 5, kita dapat melihat seorang laki-laki yang telah sakit selama 38 tahun disembuhkan oleh Yesus. Lalu, Yesus bertemu lagi dengannya kemudian.

Yohanes 5:14 tertulis, *"Kemudian Yesus bertemu dengan dia dalam Bait Allah lalu berkata kepadanya: 'Engkau telah sembuh; jangan berbuat dosa lagi, supaya padamu jangan terjadi yang lebih buruk.'"* Jika kita melakukan dosa lagi, sesuatu yang lebih buruk akan terjadi, tapi jika kita tidak berdosa, kita akan disembuhka sepenuhnya.

Allah mengendalikan bahkan si musuh iblis dan setan. Demikianlah, jika kita hhidup dalam kebenaran, hidup kita akan dilindungi oleh Allah, dan kehidupan kita akan menjadi makmur.

2. Bagaimana Memecahkan Masalah dan Menerima Jawaban

"Tetapi engkau, kalau engkau mencari Allah, dan memohon belas kasihan dari Yang Mahakuasa, kalau engkau bersih dan jujur, maka tentu Ia akan bangkit demi engkau dan Ia akan memulihkan rumah yang adalah hakmu. Maka kedudukanmu yang dahulu akan kelihatan hina, tetapi kedudukanmu yang kemudian akan menjadi sangat mulia"(Ayub 8:5-7).

Bildad orang Suah itu menasihati Ayub agar sungguh-sungguh mencari Allah, berdoa kepada-Nya dan bertobat di hadapan-Nya. Di sini, kita dapat melihat bahwa pendapat sahabat-sahabat Ayub berbeda.

Elifas mengatakan sesuatu yang tidak benar. Ia berkata di dalam Ayub 5:1, *"Berserulah--adakah orang yang menjawab engkau? Dan kepada siapa di antara orang-orang yang kudus engkau akan berpaling?"* Tetapi Bildad mengatakan kebenaran kepada Ayub tentang mencari Allah dan berdoa kepada-Nya.

Agar Ayub dapat bertobat di hadapan Allah dan berbalik, pertama-tama ia harus sungguh-sungguh mencari Allah. "Ya Allah, aku memiliki angin yang menderu di dalam mulutku karena kejahatan lain yang ada di hatiku. Tolong, ampunilah aku dari mengucapkan kata-kata jahat ini." Ia harus menunjukkan pertobatannya, dengan doa yang seperti ini.

Jika kita hanya mengaku dengan mulut, tidak cukup itu saja yang harus dilakukan. Kita harus menyunat hati kita, dan membasuhnya. Kita harus bertobat dari dosa, berbalik, dan membasuh hati kita.

"[Allah akan] memulihkan rumah yang adalah hakmu" artinya adalah bahwa jika kita tidak berdusta dan memiliki perbuatan yang baik, Allah akan menganggap kita berada di rumah yang adalah hak kita.

Allah melihat ke dalam hati kita, maka jika kati kita tidak bersih, ia tidak mengatakan bahwa kita benar. Orang-orang dapat mengatakan bahwa seseorang jujur dan tulus hanya dengan melihat perbuatannya, tetapi Allah melihat ke dalam hati. Demikianlah, hati kita harus bersih. Barulah kemudian Allah akan membuat kita menjadi makmur sehingga walaupun kedudukan kita dahulu kelihatan hina, tetapi pada akhirnya akan meningkat dengan sangat melimpah.

Kini Ayub harus memulai dari dasar. Ia tidak memiliki anak-anak maupun kekayaan, tetapi jika ia bertobat dari perkataannya yang seperti angin menderu dan dengan sungguh-sungguh mencari Allah dan berdoa, maka Allah akan membuatnya menjadi makmur. Ini bukanlah perkataan Bildad, melainkan Allah.

Tempat kerja kita tidak dapat dikelola oleh dirinya sendiri. Di atas segalanya, kita memerlukan iman. Tanpa iman, kita tidak dapat bertobat maupun berbalik, dan juga kita tidak dapat dibasuh. Ketika kita memegang firman Allah dengan berdoa, kita dapat menerima iman dari atas. Kita mulai dengan iman sekecil biji sesawi, tetapi iman itu akan terus tumbuh.

Allah bekerja sesuai dengan iman ini. Jika kita sungguh-sungguh mencari Allah, berdoa kepada-Nya dan jika kita bersih serta jujur, jiwa kita akan sejahtera. Apabila jiwa kita sejahtera, maka Allah akan memberi kita berkat dalam keluarga kita, tempat kerja, dan usaha kita. Ia juga memberi kita kesehatan.

"Bertanya-tanyalah tentang orang-orang zaman dahulu, dan perhatikanlah apa yang diselidiki para nenek moyang. Sebab kita, anak-anak kemarin, tidak mengetahui apa-apa; karena hari-hari kita seperti bayang-bayang di bumi" (Ayub 8:8-9).

Bildad memberi tahu Ayub agar tidak berkeras bahwa ia sendiri yang benar, melainkan agar bertanya-tanya tentang zaman dahulu dan memperhatikan hal-hal yang diselidiki oleh para nenek moyang. Supaya kita dapat menjadi sadar akan diri kita sendiri,, maka kita harus bercermin pada firman Allah. Alkitab mengajar kita bagaimana para hamba kekasih Allah bertindak dan bagaimana mereka mengasihi Allah.

'Tidak mengetahui apa-apa' berarti mereka tidak memiliki banyak hikmat dibandingkan zaman dahulu. Dikatakan, "Hari-hari kita seperti bayang-bayang di bumi." Bayangan menghilang, dan berbeda pada pagi serta malam hari. Bayangan sering berubah. Demikianlah, hidup kita hanya sementara, tidak kekal. Maka Bildad mendesak Ayub bahwa mereka harus belajar dari para nenek moyang dan menyadari perbuatan salah yang ada pada mereka.

Lalu, dari siapa kita harus belajar? Pertama, kita harus belajar dari Allah. Kita jangan mengatakan bahwa hanya pengetahuan dan pendapat kita yang benar, dan sebaliknya kita harus berlutut dengan rendah hati dan belajar dari Allah. Allah memberi kita kebenaran yang tidak pernah berubah dalam ke-66 Kitab dari Alkitab.

Alkitab juga menuliskan tentang para bapa iman yang mengasihi Allah dan dikasihi oleh-Nya. Kita dapat belajar bagaimana Nuh mempersiapkan bahtera, bagaimana Musa membimbing begitu banyak orang, bagaimana Daud mengasihi Allah, dan bagaimana Daniel tidak berkompromi dengan dunia.

"Bukankah mereka yang harus mengajari engkau dan yang harus berbicara kepadamu, dan melahirkan kata-kata dari akal budi mereka?" (Ayub 8:10).

Semua perkataan dan perbuatan dari para bapa iman, serta segala sesuatu yang menyangkut mereka akan dibandingkan dengan kita dalam penghakiman. Saat kita bercermin ke dalam cermin para bapa iman yang dianggap benar dalam pandangan Allah, kita dapat membedakan apakah kita sungguh benar atau salah. Kita dapat melihat apakah kita memiliki dosa atau tidak.

Firman Allah mencakup segala sesuatu termasuk apa yang

benar dan salah, apa yang baik dan jahat, serta apa yang benar dan tidak benar. Firman Allah juga mencakup tentang iman, tentang keselamatan, dan tentang kerajaan surga serta neraka, serta tentang kebaikan dan kejahatan.

3. Bildad Mencoba Menggunakan Perumpaaman untuk Membuat Ayub Mengerti

"Dapatkah pandan bertumbuh tinggi, kalau tidak di rawa, atau mensiang bertumbuh subur, kalau tidak di air? Sementara dalam pertumbuhan, sebelum waktunya disabit, layulah ia lebih dahulu dari pada rumput lain. Demikianlah pengalaman semua orang yang melupakan Allah; maka lenyaplah harapan orang fasik, yang andalannya seperti benang laba-laba, kepercayaannya seperti sarang laba-laba. Ia bersandar pada rumahnya, tetapi rumahnya itu tidak tetap tegak, ia menjadikannya tempat berpegang, tetapi rumah itu tidak tahan" (Ayub 8:11-15).

Bildad menerangkan tentang kenisbian berbagai hal dengan contoh pandan dan mensiang. Bildad, dengan segenap hatinya bagi Ayub, menggunakan segala hikmatnya untuk berbicara dalam perumpamaan yang sangat bermetafora untuk membuat Ayub mengerti akan perbuatan salahnya. Ayub adalah orang yang sangat berpengetahuan.

Pandan adalah tanaman air tinggi yang tumbuh setiap tahun dan digunakan untuk menganyam tikar. Setiap orang tahu bahwa pandan tumbuh di rawa berlumpur, dan mensiang tumbuh di air. Sama seperti pandan harus tumbuh di rawa dan mensiang harus tumbuh di air, ada kenisbian di dalam segala sesuatu.

Orang menanam pandan ke rawa di mana air yang kotor telah meresap dan membusuk, dan akarnya masuk ke dalam tanah yang tidak keras. Sehingga, ia menjadi lebih cepat layu dari tanaman lain atau mudah dicabut saat ditarik.

Mensiang juga tumbuh di tanah yang ada di dekat sumber air atau tepi laut. Akar mereka pun tidak stabil. Pandan dan mensiang berwarna hijau tetapi menjadi layu dan berubah kuning di bawah terik sinar matahari. Hanya sesaat, mereka menjadi tidak berarti dan tidak berguna.

Lalu, apakah sesungguhnya yang ingin dikatakan oleh Bildad?

"Ayub, perkataanmu seperti angin yang menderu, dan itu karena engkau tidak menyembah atau takut akan Allah! Saat kau sehat, kau mempersembahkan korban bagi anak-anakmu dan melayani Allah dengan sembahmu. Tetapi karena hatimu jahat, kau mengucapkan kata-kata ini seperti angin yang menderu."

Pandan dapat tumbuh di rawa, tetapi jika sinar matahari terlalu kuat ia akan mati. Demikian juga, karena Ayub menjauh dari Allah, Bildad mengatakan bahwa jika ia tidak bertobat dan berbalik, Ayub akan hancur seperti tanaman-tanaman itu. Ia mengatakan bahwa orang-orang yang melupakan Allah memiliki takdir yang sama.

Keluhan, dendam, kemarahan, kutuk, dan ratapan tidak datang dari tempat khusus. Semuanya itu datang dari hati. Bildad sedang mencoba membuat Ayub sadar dengan perumpamaan bahwa Ayub mengucapkan kata-kata gerutuan itu karena ladang hatinya jahat, maka benih yang jahat akan tumbuh dan menghasilkan buah.

Bildad mengerti bahwa jika seseorang berbicara secara terus-terang dan terbuka saat perasaan yang lainnya terluka, maka hal itu hanya akan menambah masalah. Maka ia menerapkan metode yang lebih lembut dengan menggunakan perumpamaan.

Berikutnya, dikatakan, "Maka lenyaplah harapan orang fasik". Dengan mengatakan ini, Bildad secara tidak langsung mencoba untuk membuat Ayub sadar bahwa ia sama seperti orang fasik, dan tidak langsung mengatakan bahwa hati Ayub jahat. Jika sungguh-sungguh percaya kepada Allah, kita tidak boleh berlaku seperti orang fasik. Kita harus membuat hati kita menjadi baik, benar, dan kudus.

Bildad mengatakan, "Yang andalannya seperti benang laba-laba. Ia bersandar pada rumahnya, tetapi rumahnya itu tidak tetap tegak. Ia menjadikannya tempat berpegang, tetapi rumah itu tidak tahan". Lalu apakah yang telah dipegang Ayub? Ayub telah berpegang pada anak-anaknya, kekayaannya, dan banyak hal lain. Sama seperti benang laba-laba akan hancur hanya dengan disentuh dan oleh hembusan angin, demikianlah orang yang tidak takut akan Allah atau tidak percaya kepada-Nya akan hancur seperti benang laba-laba.

Seperti Ayub telah mengandalkan harapannya pada benang laba-laba, ia tidak memiliki apa-apa. Sama seperti tanaman akan kering oleh teriknya sinar matahari, ketika cahaya menerangi hati manusia yang jahat, ia akan dihakimi dan masuk ke dalam hukuman di dalam kegelapan. Dengan kata lain, inilah yang Bildad nasihatkan kepada Ayub.

"Ayub, sama seperti pandan tumbuh di rawa dan mensiang dapat tumbuh dengan air, engkau dapat mengucapkan perkataan seperti angin yang menderu karena kau memiliki kajahatan di dalam hatimu. Allah memalingkan wajah-Nya darimu karena engkau memiliki kejahatan. Tetapi jika engkau mencari Allah dengan sungguh-sungguh, dan membuat hatimu menjadi bersih, Ia akan memulihkanmu. Keadaanmu yang dahulu mungkin hina, tetapi pada waktunya kau akan meningkat dalam kelimpahan."

4. Bildad menasihati Ayub untuk Memulihkan Hidupnya dengan Hidup Dalam Kebenaran

"Ia seperti tumbuh-tumbuhan yang masih segar di panas matahari, sulurnya menjulur di seluruh taman. Akar-akarnya membelit timbunan batu, menyusup ke dalam sela-sela batu itu. Tetapi bila ia dicabut dari tempatnya, maka tempatnya itu tidak mengakuinya lagi, katanya: 'Belum pernah aku melihat engkau!' Demikianlah kesukaan hidupnya, dan tumbuh-tumbuhan lain timbul dari tanah" (Ayub 8:16-19).

Apakah arti rohani dari 'segar di panas matahari'? Matahari adalah terang yang merujuk pada kebenaran, firman Allah. Yesus adalah terang yang sejati, jalan, dan kebenaran dan hidup. Sama seperti tanaman tumbuh dengan sinar matahari, kita harus hidup dalam firman Allah supaya kita dapat berdiri di atas batu karang iman.

Lalu, apa artinya dari tumbuh-tumbuhan yang masih segar di panas matahari tetapi dihancurkan? Walaupun tanaman dapat tumbuh dengan baik dengan sinar matahari, tetapi jika dicabut maka ia tidak akan berguna. Maka, walaupun seseorang mungkin berdiri di atas batu karang iman, jika ia melihat kepada dunia, meninggalkan Allah, dan hidup dalam dosa, maka hidupnya tidak berharga lagi.

Jika kita meninggalkan kebenaran, Allah harus memalingkan wajah-Nya, dan kita tidak dapat dilindungi oleh-Nya. Dalam proses pertumbuhan iman kita, jika kesombongan muncul di jalan kita, maka kita harus segera membuangnya. Jika kita menerima kesombongan itu, maka sedikit demi sedikit kita akan ditawan oleh Iblis.

Maka, kita akan ditarik menjauh dari Allah, sehingga hidup kita akan menjadi tidak berharga. Jika akar dari tanaman dicabut, maka ia akan mengering dan hidupnya berakhir. Orang yang telah meninggalkan Allah akan jatuh ke dalam neraka, betapa tragisnya! Karenanya, sama seperti tanaman tetap segar saat menerima panas matahari, kita juga harus hidup dalam firman Allah dan menempatkan akar kita di atas batu karang supaya tetap tumbuh sampai Tuhan kita datang kembali.

Ketika Ayub memiliki banyak kekayaan, ia hidup dalam sukacita, tetapi saat semua itu diambil, hanya penderitaan yang menantinya, dan ia hanya ingin mati.

"Ketahuilah, Allah tidak menolak orang yang saleh, dan Ia tidak memegang tangan orang yang berbuat jahat. Ia masih akan membuat mulutmu tertawa dan bibirmu bersorak-sorak. Pembencimu akan terselubung dengan malu, dan kemah orang fasik akan tidak ada lagi" (Ayub 8:20-22).

Allah tidak menolak orang yang saleh, dan Ia tidak memegang tangan orang yang berbuat jahat. Bagi orang fasik, walaupun usahanya berjalan dengan baik, berapa banyak kekuatiran yang akan ia punyai? Walaupun kelihatannya hidupnya sejahtera, kita dapat melihat bahwa akhirnya hidup orang fasik akan gagal.

Yang lebih penting lagi adalah bahwa jiwanya akan masuk ke dalam neraka, yang merupakan kematian kekal, maka apakah hidupnya berharga? Jika kita berdiri di atas firman kebenaran Yesus Kristus yang merupakan Batu Karang, dan mengasihi Allah serta menerima kasih-Nya, maka kita akan menjadi sejahtera dalam segala aspek hidup kita.

Orang yang seperti ini akan bersukacita senantiasa, tetap berdoa, dan mengucap syukur dalam segala keadaan, dipenuhi oleh Roh Kudus. Jika kita hidup dalam kebenaran dan menjadi dikuduskan seperti ini, kita tidak akan kekurangan apa pun. Bahkan jika ada orang yang membenci kita, ia akan menjadi malu.

Jika ada orang yang mengutuk anak Allah yang dikasihi-Nya, kutuk itu akan menimpa mereka. Lagipula, tempat tinggal orang jahat akan menghilang, dan ia akan pergi ke jalan maut.

Bab 9
Ketidaktahuan Ayub

1. Ayub Salah Paham Menganggap
   Apapun yang Allah Ingin Lakukan Akan Dilakukan-Nya
2. Ayub Salah Paham Menganggap Bahwa Allah Telah
   Menakdirkan Segala Sesuatu
3. Pembantu Rahab dan Berkat-Berkat Rohani
4. Ayub Salah Paham Menganggap Allah Sebagai Hakim yang
   Menakutkan
5. Pemikiran Ganda
6. Alasan Mengapa Allah Mengatakan Ayub Adalah Seorang
   yang Jujur
7. Ayub Menyalahkan Allah Sebagai Allah yang Jahat

"Apabila Ia melewati aku, aku tidak melihat-Nya, dan bila Ia lalu, aku tidak mengetahui." (Ayub 9:11)

1. Ayub Salah Paham Menganggap Apapun yang Allah Ingin Lakukan Akan Dilakukan-Nya

"Tetapi Ayub menjawab: Sungguh, aku tahu, bahwa demikianlah halnya, masakan manusia benar di hadapan Allah? Jikalau ia ingin beperkara dengan Allah satu dari seribu kali ia tidak dapat membantah-Nya. Allah itu bijak dan kuat, siapakah dapat berkeras melawan Dia, dan tetap selamat?" (9:1-4)

Ayub menyetujui apa yang telah di katakan Bildad sahabatnya. Tetapi Ayub berkata, "Aku tahu semua ini juga," hal ini berarti bahwa ketika dia berada dalam suatu keadaan yang sulit, dia tidak dapat menahan mengucapkan perkataan seperti angin ribut dan perkataan kemarahan dan bantahan terhadap Allah.

Ayub berkata dalam Ayub 6:29-30, *"Berbaliklah, janganlah terjadi kecurangan, berbaliklah, aku pasti benar. Apakah ada kecurangan pada lidahku? Apakah langit-langitku tidak dapat membeda-bedakan bencana?"*

Ini berarti bahwa Ayub akan berkata bahwa dia tidak melakukan dosa dan berlaku benar dibandingkan dengan orang lain. Tetapi di sini dia berkata, "Bagaimana manusia dapat hidup dalam benar di hadapan Allah?" Hal ini memberitahukan kita bahwa dia memiliki sedikit hati nurani. Dia menganggap dirinya sendiri lebih benar dibandingkan dengan orang lain, tetapi karena sahabatnya menitikberatkan pada kekurangannya, perasaannya menjadi terluka.

"Jikalau ia ingin berperkara dengan Allah satu dari seribu kali ia tidak dapat membantah-Nya." Ini adalah sesuatu yang pasti. Tetapi, kita harus mengerti apa yang Ayub maksudkan dengan semua ini. Kita harusnya tidak berani menyalahkan apapun kepada Allah, dan kita seharusnya taat dan memiliki rasa hormat kepada-Nya.

Allah itu adil, tidak bersalah, dan bersih, sehingga apa yang dapat kita debatkan dengan Dia? Sangat jelas jika seorang berharap untuk membantah dan berdebat dengan Dia, ia hanya akan sanggup untuk menjawab Dia sekali dari seribu kali.

Ayub mengira bahwa dia bijaksana, tetapi dia juga tahu bahwa dia tidaklah bijaksana di hadapan Allah. Ayub berpikir bahwa dalam kebijaksanaan dan kebesaran kuasa Allah Dia hanya mengambil kembali semua anak-anak dan kekayaannya yang telah Dia berikan dan lalu memberikan dia sakit penyakit seperti sekarang.

Ayub mengenal Allah hanya dalam kedagingan. Ayub tidak mengerti hikmat Allah dalam memimpin kita kepada kerajaan surga dengan pemeliharaan-Nya yang telah tersembunyi sejak sebelum waktu dimulai. Hikmat dan kebesaran kuasa Allah-lah yang menghancurkan kubu setan sang musuh, Iblis.

Seperti yang Ayub katakan, siapa yang menentang Allah dan tidak hidup menurut perintah-Nya tidak dapat menerima berkat dari Allah. Tetapi dia tidak menyadari bahwa dia telah menentang Allah dan tidak memegang firman Allah. Karena dia menentang Allah, dia tidak mendengarkan sahabatnya dan dia tidak mau untuk bertobat sekalipun mereka menasihati dia dengan kebenaran.

Jika semua yang Ayub katakan dalam pengakuannya

telah menyentuh hati dan benar, yaitu jika Ayub benar-benar takut akan Allah, dia pasti telah bertobat, dan berbalik, dan Allah akan memulihkan penyakitnya secara total. Tetapi semuanya hanya dalam perkataannya dan tidak ada perbuatan. Pengakuannya tidak berarti, sehingga apa gunanya semua perkataannya?

2. Ayub Salah Paham Menganggap Bahwa Allah Telah Menakdirkan Segala Sesuatu

"Dialah yang memindahkan gunung-gunung dengan tidak diketahui orang, yang membongkar-bangkirkannya dalam murka-Nya; yang menggeserkan bumi dari tempatnya, sehingga tiangnya bergoyang-goyang; yang memberi perintah kepada matahari, sehingga tidak terbit, dan mengurung bintang-bintang dengan meterai; yang seorang diri membentangkan langit, dan melangkah di atas gelombang-gelombang laut; yang menjadikan bintang Biduk, bintang Belantik, bintang Kartika, dan gugusan-gugusan bintang Ruang Selatan; yang melakukan perbuatan-perbuatan besar yang tidak terduga, dan keajaiban-keajaiban yang tidak terbilang banyaknya" (Ayub 9:5-10).

Allah tidak memindahkan atau membalikkan gunung-gunung dalam kemarahan-Nya. Ayub telah salah paham bahwa Allah merancangkan segala sesuatu dan melakukan segala sesuatu mutlak sesuai rencana-Nya. Ayub mengira bahwa dia benar dan tidak memiliki kesalahan, dan Allah menghancurkan Ayub karena sudah menakdirkan sebelumnya.

Dalam ayat 7 tertulis, "Yang memberi perintah kepada

matahari, sehingga tidak terbit, dan mengurung bintang-bintang dengan meterai." Tetapi Allah tidak membalikkan gunung-gunung atau mengguncangkan dunia semuanya hanya dengan kebijaksanaan-Nya sendiri. Dia pernah menghentikan matahari dan bulan dari peredarannya melalui Yosua, tetapi Dia tidak pernah memerintahkan matahari untuk tidak terbit. Terdapat juga banyak bintang dan rasi bintang, dan masing-masing mereka memiliki tempat masing-masing. Ini lah yang sebenarnya dimaksudkan dengan "[Allah] menetapkan sebuah materai diantara bintang-bintang."

Sebagaimana yang Ayub katakan, Allah merentangkan langit oleh tangan-Nya sendiri. Ketika Dia melakukan hal itu, bukan berarti bahwa Dia merentangkan surga tanpa ada alasannya. Allah adalah Pemilik dari tidak hanya semua hal di alam semesta tetapi juga di alam rohani, dimana ini merupakan dunia dalam dimensi keempat. Seperti tertulis dalam Kejadian pasal 1, Allah menciptakan matahari, bulan, bintang-bintang, dan bumi sesuai dengan hukum alam rohani, dan membentangkan alam semesta sesuai dengan kebutuhan tempat.

Dia tidak hanya merentangkan langit seperti yang Dia inginkan menurut kedaulatan-Nya. Dia menciptakan matahari, bulan, dan bintang untuk kita manusia, sehingga kita dapat beranak cucu di bumi ini dalam pemeliharaan Allah. Tidak seperti yang Ayub katakan, Allah tidak hanya menciptakan segalanya secara sembarangan.

Disini, 'Biduk, Belantik dan Kartika' tidak memiliki arti khusus secara rohani. Ketika Ayub menyebutkan 'Ruang Selatan' dia berpikir di sana merupakan ruangan dari selatan karena angin hangat bertiup dari selatan. Dalam Alkitab, kita dapat melihat banyak pekerjaan Allah yang luar biasa seperti membelah Laut Merah, menghancurkan kota Yeriko, dan Sepuluh Tulah atas Mesir.

Kita juga dapat mengerti banyak hal menakjubkan yang telah Allah kerjakan selama dua ribu tahun. Bahkan sampai hari ini, Allah menunjukkan kepada kita banyak tanda yang menakjubkan dan hal yang luar biasa melalui Gereja Pusat Manmin.

Oleh karena itu, kita tidak boleh salah mengerti bahwa Allah melakukan segala sesuatu seperti yang telah Dia rencanakan sebelumnya. Ayub salah paham menganggap bahwa dia menderita karena Allah telah merencanakan segalanya sebelumnya. Itu sebabnya mengapa dia tidak dapat menemukan kesalahannya atau bertobat.

"Apabila Ia melewati aku, aku tidak melihat-Nya, dan bila Ia lalu, aku tidak mengetahui. Apabila Ia merampas, siapa akan menghalangi-Nya? Siapa akan menegur-Nya: Apa yang Kaulakukan?" (Ayub 9:11-12).

Ayub berkata bahwa meskipun jika Allah lewat di depannya dia tidak akan mengetahuinya. Ia tidak dapat melihat-Nya dan tidak dapat merasakan kehadiran-Nya. Tetapi, jika Allah akan melewati kita, tidakkah Anda pikir kita akan menyadarinya? Jika kita telah menerima Roh Kudus, kita dapat merasakan bahwa Allah beserta kita. Kita juga percaya bahwa Allah menjaga kita dengan mata-Nya yang menyala-nyala. Kita tahu bahwa Dia menghitung setiap helai rambut di kepala kita.

Ketika kita membuka hati kita dan menerima Yesus Kristus sebagai Juru Selamat kita, kita menerima Roh Kudus sebagai anugerah. Karena kita terus berdoa dengan pengalaman dan jaminan ini, perharapan dan sukacita kerajaan surga ada dalam hati kita. Kita memperoleh damai yang besar dimana kita membuang kejahatan dan hidup sesuai firman Allah, dan kita dapat mendengar suara Roh Kudus.

Kita juga dapat membedakan antara kebenaran dan ketidakbenaran pada tingkat di mana kita hidup dalam firman Allah. Oleh karena itu, jika Allah akan lewat, yaitu, jika Roh Kudus bekerja, kita dapat merasakan dan menyadarinya.

Ayub mengeluh bahwa Allah jahat karena Allah mengambil anak-anaknya, kekayaan, dan kesehatannya. Dia mengeluh bahwa dia bahkan tidak dapat menanyai Allah, "Apa yang sedang Engkau lakukan? Bagaimana Engkau dapat merampas semua kekayaanku seperti ini?" Allah tidak mengambil kekayaan anak-anak-Nya. Ketika kita meminta, Dia memberikan kepada kita, ketika kita mencari, Dia membuat kita menemukan, dan ketika mengetuk, Dia membuka pintu. Tetapi Ayub mengatakan sesuatu dengan sangat bertolak belakang dengan hal ini.

Dalam Alkitab, kita dapat melihat beberapa kisah di mana Allah berbicara kepada hamba yang dikasihi-Nya seperti Abraham, Musa, dan Daud. Allah selalu menyatakan sesuatu tentang apa yang akan Dia lakukan kepada hamba-hamba-Nya (Amos 3:7). Dia memberikan anak-anakNya mimpi, penglihatan, dan suara Roh Kudus dalam berkomunikasi dengan mereka.

Tetapi Ayub berkata bahwa Allah tidak akan menjawab pertanyaannya ataupun Dia mempersilahkan Ayub untuk mengajukan pertanyaan. Ayub berpikir Allah seperti seorang diktator yang melakukan segalanya menurut kebijaksanaan-Nya, dengan demikian dia mengungkapkan ketidaktahuannya akan Allah.

3. Pembantu Rahab dan Berkat-Berkat Rohani

"Allah tidak menahani murka-Nya, di bawah kuasa-Nya para pembantu Rahab membungkuk; lebih-lebih aku, bagaimana aku dapat membantah Dia, memilih kata-kataku di hadapan Dia?" (Ayub 9:13-14)

Allah bukanlah Seorang yang tidak akan berbalik dari murka-Nya. Jika kita bertobat dan berbalik, dia akan berbalik dari murka-Nya. Pada masa Perjanjian Lama saat umat Israel menyembah berhala dan meninggalkan Allah, mereka diserang oleh negara tetangga mereka dan ditangkap sebagai seorang tawanan. Tetapi ketika mereka bertobat dan berbalik mencari Allah, Ia akan mengampuni mereka dan mengizinkan mereka untuk memulihkan tanah mereka yang hilang.

Jika kita bertobat, Allah melemparkan pelanggaran kita sejauh timur dari barat (Mazmur 103:12), dan Ia tidak akan mengingat dosa-dosa kita (Ibrani 8:12).

Lalu, Ayub berkata, "Di bawah kuasa-Nya para pembantu Rahab membungkuk." Disini, apa yang dimaksudkan dengan 'Rahab'?

Yesaya 30:7 mengatakan, *"Yakni Mesir yang memberi pertolongan yang tak berguna dan percuma; sebab itu Aku menamainya begini: 'Rahab yang dibuat menganggur.'"* Yesaya 51:9 berkata, *"Terjagalah, terjagalah! Kenakanlah kekuatan, hai tangan TUHAN! Terjagalah seperti pada zaman purbakala, pada zaman keturunan yang dahulu kala! Bukankah Engkau yang meremukkan Rahab, yang menikam naga sampai mati?"*

Di sini, Rahab merujuk kepada Mesir. Kemudian, siapa yang menolong Mesir dalam Alkitab? Dalam sejarah bangsa Israel, kita dapat melihat bahwa, dari 12 anak Yakub, seorang bernama Yusuf, anak kesebelas, yang menolong mesir.

Jika Yusuf tidak berada di sana, Mesir akan mengalami keruntuhan selama tujuh tahun masa kelaparan. Mesir diselamatkan dengan berterima kasih kepada Israel, dan seiring waktu berlalu, Mesir membuat keturunan Yusuf, yaitu bangsa Israel, menjadi budak mereka. Mereka menginjak-injak orang yang telah menyelamatkan mereka. Inilah hati manusia. Kita tidak boleh memiliki hati seperti ini.

Di sini, 'para pembantu Rahab' merujuk kepada Yusuf, saudara-saudaranya, dan keturunannya. Ayub berkata bahwa seperti bangsa Israel menolong Mesir tetapi kemudian Allah mengizinkan mereka untuk menjadi budak Mesir dan menerima ujian, Allah juga memberikan Ayub konsekwensi kesengsaraan meskipun jika dia telah dengan setia memberikan korban persembahan kepada Allah.

Ayub berkata bahwa karena Allah tidak adil dan jujur seperti yang dikatakan di atas, dia tidak dapat berdebat dengan Allah.

Di sini, ada satu hal yang harus tidak boleh Anda salah mengerti. Mengapa Allah mengizinkan bangsa Israel menjadi budak Mesir? Hal ini adalah untuk kebaikan mereka: agar mereka menerima berkat.

Allah menerima korban persembahan Abraham dengan penuh sukacita, tetapi berjanji padanya bahwa keturunannya akan menjadi orang asing, diperbudak, dan ditindas selama 400 tahun. Lalu kemudian, mereka akan keluar dari sana dengan membawa harta yang banyak (Kejadian 15:13-14).

Melihat semua ini, seseorang mungkin berpikir Allah sedikit aneh dan memberikan jenis berkat yang aneh. Bagaimana perbudakan di negara asing dapat dikatakan sebagai berkat?

Jika kita tidak mengerti kehendak Allah, beberapa mungkin salah mengerti terhadap Dia. Orang mungkin memiliki pemikiran bodoh, "Aku berdoa. Saya melayani Allah dengan tekun, dan mengapa Aku gagal untuk menerima berkat dan jawaban?"

Lalu, berkat apa yang paling penting dalam hidup? Kita dapat menerima keselamatan dan masuk ke dalam kerajaan surga hanya saat kita mempunyai iman, tetapi iman tidak dapat dilihat dengan mata. Jadi, jika Allah memberikan kita pemberian penting oleh iman, berkat apakah yang lebih besar daripada ini?

Jika iman kita tumbuh dan jiwa kita sejahtera, kemudian, segalanya berjalan dengan baik dalam kita, dan kita akan menjadi sehat. Jika kita menerima berkat jasmani sementara kita tidak memiliki iman dan jiwa kita tidak sejahtera, maka semuanya bukan berasal dari Allah. Semua berkat tersebut dapat jatuh setiap saat. Hati manusia begitu rapuh dan licik. Itulah sebabnya mengapa banyak orang terlihat tekun menjalani kehidupan Kristen, tetapi mereka meninggalkan Allah, dan jatuh kembali ke dalam dunia karena mereka memiliki keinginan akan hal-hal materi dalam hidup.

Itulah sebabnya mengapa Kejadian 15:16-17 mengatakan kepada kita bahwa pencobaan adalah berkat.

> *"Tetapi keturunan yang keempat akan kembali ke sini, sebab sebelum itu kedurjanaan orang Amori itu belum genap. Ketika matahari telah terbenam, dan hari menjadi gelap, maka kelihatanlah perapian yang berasap beserta suluh yang berapi lewat di antara potongan-potongan daging itu."*

Kebanyakan orang mengatakan Abraham mengajukan sebuah penawaran pengorbanan dan Allah menjadi marah, dan oleh karena itu keturunannya menderita sebagai budak selama 400 tahun. Tapi ini tidaklah benar.

Abraham taat sepenuhnya kepada perintah Allah. Dia tidak

menawarkan pengorbanan hanya satu atau dua kali dan dia memberikan pengorbanan yang layak. Allah menerima korban persembahan tersebut dengan penuh sukacita dan menjawabnya dengan api.

Lalu kemudian, Allah akan memberikan penghukuman atas orang Amori, bangsa yang hidup di tanah Kanaan, hanya saat mereka dipenuhi oleh dosa. Karena Allah itu adil, Dia tidak semudah itu memberikan Abraham tanah Kanaan karena itu merupakan tanah orang Amori. Ketika dosa-dosa mereka cukup besar untuk dihukum, Allah kemudian mengambil tanah mereka dan memberikannya kepada keturunan Abraham.

Itulah sebabnya mengapa Allah mengirimkan Yusuf ke Mesir untuk membangkitkan sebuah bangsa dan mengajak mereka keluar dari Mesir dengan banyaknya kekayaan dan harta benda. Dengan keajaiban terbelahnya Laut Merah dan Sepuluh Tulah atas Mesir, hal itu membuat semua bangsa tahu bahwa Israel merupakan umat pilihan Allah. Betapa besarnya berkat ini!

Juga, seperti halnya rumput liar tumbuh di tanah memiliki kekuatan lebih besar untuk bertahan daripada rumput yang tumbuh di rumah kaca, kaum Israel menjadi bertambah kuat ketika mereka menjadi budak. Itulah sebabnya mengapa mereka dapat memasuki tanah Kanaan dan menjadi bangsa yang kuat. Terdapat banyak rencana dan pemeliharaan Allah dalam kehidupan keturunan Abraham ketika menjadi budak di Mesir.

Tetapi, Ayub di sini berkata bagaimana dia dapat berharap Allah bekerja dengan adil kepadanya karena telah memberikan korban persembahan yang kecil, karena Allah merupakan Allah yang telah mengizinkan kaum Israel untuk menjadi budak Mesir, sekalipun Yusuf telah menyelamatkan negara besar tersebut.

4. Ayub Salah Paham Menganggap Allah Sebagai Hakim yang Menakutkan

"Walaupun aku benar, aku tidak mungkin membantah Dia, malah aku harus memohon belas kasihan kepada yang mendakwa aku. Bila aku berseru, Ia menjawab; aku tidak dapat percaya, bahwa Ia sudi mendengarkan suaraku" (Ayub 9:15-16).

Mengapa Ayub memakai kata, 'jika'? Ayub memiliki pertentangan dalam pikirannya. Dia berpikir bahwa dia adalah orang benar, tetapi sahabatnya menuduh dia sebagai orang yang salah dan dia telah berdosa.

Tetapi juga, berdiri di hadapan Allah, dia tahu bahwa dia tidaklah sangat benar. Yaitu, pada satu sisi, dia menganggap dirinya sendiri orang benar, tetapi di sisi lain, dia merasa bahwa dia bukanlah seorang yang benar di mata Allah. Hal ini merupakan pertentangan dalam pikirannya.

Mulai sekarang, pikiran Ayub bercabang dan dia berkata terhadap Allah. Sekarang, gagasan apa yang Anda dapatkan ketika membaca Kitab Ayub?

Tidakkah terkadang Anda berpikir pada diri sendiri, "Ayub sangat banyak menyakiti hati Allah; Saya bukanlah seorang seperti dia!" Melalui Kitab Ayub, Allah menyatakan dan menilik setiap sifat manusia dan kejahatan dalam pikirannya. Melalui semua ini, kita mungkin dapat menyadari hati kita yang sebenarnya.

Ayub mengajukan pertanyaan kepada Allah dalam berbagai cara, tetapi tidak ada jawaban. Dia hampir menyerah terhadap dirinya sendri dan ia mengungkapkan hatinya yang hancur. Dia berkata bahwa sekalipun jika Allah menjawabnya saat dia memanggil-Nya, ia tidak akan percaya bahwa Allah mendengarkan seruannya. Kita dapat melihat pemikiran Ayub menjadi lebih bercabang dan lebih berubah.

"Dialah yang meremukkan aku dalam angin ribut, yang memperbanyak lukaku dengan tidak semena-mena, yang tidak membiarkan aku bernafas, tetapi mengenyangkan aku dengan kepahitan." (Ayub 9:17-18).

Hanya dengan melihat dari perkataan yang keluar dari mulut Ayub kita dapat melihat bahwa dia melakukan dosa besar terhadap Allah. Karena dia telah melakukan kejahatan ini, maka Iblis mendakwa dia, dan Allah menerima dakwaan tersebut.

Mari baca Keluaran 15:26.

"Firman-Nya: 'Jika kamu sungguh-sungguh mendengarkan suara TUHAN, Allahmu, dan melakukan apa yang benar di mata-Nya, dan memasang telingamu kepada perintah-perintah-Nya dan tetap mengikuti segala ketetapan-Nya, maka Aku tidak akan menimpakan kepadamu penyakit manapun, yang telah Kutimpakan kepada orang Mesir; sebab Aku Tuhanlah yang menyembuhkan engkau.'"

Tidaklah benar bahwa Allah menyakiti Ayub dengan sebuah pencobaan dan memberikan dia penyakit tanpa sebab. Karena Ayub telah kotor dan berbau busuk karena barahnya, kejahatan dalam hatinya juga keluar. Itulah sebabnya mengapa Allah menyucikan Ayub.

Ayub mengeluh bahwa Allah tidak membiarkan dia bernafas.

Allah bukanlah seorang yang memenuhi kita dengan tekanan. Dia hanya ingin memberikan berkat kepada anak-anakNya dan menerima kemuliaan melalui mereka.

"Jika mengenai kekuatan tenaga, Dialah yang mempunyai! Jika mengenai keadilan, siapa dapat menggugat Dia?" (Ayub 9:19).

Allah itu kuat. Tetapi ketika Ayub berkata bahwa Allah itu kuat, dia tidak berpikir bahwa kekuatan tersebut kepunyaan Allah. Perkataannya berbeda dari pengakuan kebanyakan orang percaya. Ayub berpikir bahwa Allah adalah Allah yang menakutkan yang mengambil segalanya dari padanya, dan itulah yang dimaksudkannya dengan 'Dialah yang mempunyai kekuatan tenaga.'

Tetapi kita harus mengerti kebesaran kekuatan Allah dengan benar. Allah mengasihi kita dan Dia mengirimkan anakNya yang Tunggal Yesus Kristus ke dunia ini untuk mematahkan kekuasaan dari musuh Iblis. Kekuatan Allah lebih besar dari kuasa kematian. Ini merupakan kebangkitan besar. Juga, Allah merupakan Seorang yang kuat seperti hakim yang membalas kita sesuai dengan apa yang kita telah lakukan.

Ayub berkata bahwa Allah merupakan Hakim yang menakutkan yang menggunakan kedaulatan kehendak-Nya dan Dia akan melakukan segala sesuatu sesuai rencana-Nya. Tetapi kita harus mengerti bahwa keputusan yang adil hanya ada di dalam Yesus Kristus yang merupakan Batu Karang dan Kebenaran itu sendiri. Yohanes pasal 1 berkata bahwa Allah menciptakan segalanya di surga dan di dunia melalui nama Yesus Kristus. Kita dapat diselamatkan dan menerima jawaban oleh karena Yesus Kristus.

Allah merupakan Hakim yang benar yang menghakimi segala sesuatu menurut firman kebenaran yang tidak berubah-ubah dan pada peraturan alam roh. Ayub tidak mengerti hal ini, dan dia mengatakan sesuatu hal yang sangat berbeda, yaitu bahwa Allah menggunakan kekuasaan-Nya menurut kebijaksanaan-Nya.

5. Pemikiran Ganda

"Sekalipun aku benar, mulutku sendiri akan menyatakan aku tidak benar; sekalipun aku tidak bersalah, Ia akan menyatakan aku bersalah. Aku tidak bersalah! Aku tidak pedulikan diriku, aku tidak hiraukan hidupku!" (Ayub 9:20-21).

Di sini, kita dapat menemukan pemikiran ganda Ayub. Ayub membela dirinya sendiri dan juga membuat alasan. Penghukuman merujuk kepada harga akan perbuatan seseorang, dan kesalahan berarti akan dihancurkan.

Ayub berpikir dia hidup dalam kejujuran, kebenaran, dan hidup yang tidak bersalah. Tetapi sahabatnya tetap menuduh dia tidak benar dan seorang yang berdosa. Sehingga, dia segan mengungkapkan gambaran lain bahwa Allah akan menyatakan dia bersalah meskipun dia tidak bersalah.

Kita dapat membuang pemikiran ganda seperti ini. 1 Yohanes 3:18 berkata, *"Anak-anakku, marilah kita mengasihi bukan dengan perkataan atau dengan lidah, tetapi dengan perbuatan dan dalam kebenaran."*

Ayub menyimpulkan bahwa dia tidak bersalah, dan dia tidak melakukan sesuatu hal yang salah, tetapi hidupnya telah rusak karena Seorang yang maha kuasa, dan dia tidak dapat tahan kecuali memandang rendah dirinya. Kita tidak boleh memiliki pemikiran ganda seperti Ayub. Jika di dalam diri kita ada sesuatu tidak sesuai dengan kebenaran, kita harus berani menerimanya sehingga kita dapat menjadi sadar akan diri kita sendiri.

"Semuanya itu sama saja, itulah sebabnya aku berkata: yang tidak bersalah dan yang bersalah kedua-duanya dibinasakan-Nya. Bila cemeti-Nya membunuh dengan tiba-tiba, Ia mengolok-olok keputusasaan orang yang tidak bersalah" (Ayub 9:22-23).

Ayub berkata bahwa karena Allah melakukan segala sesuatu seperti yang Dia kenan dan menurut rencana-Nya yang Dia telah Dia nyatakan, itu bukan berarti tinggal dalam kehidupan yang benar dan bahwa menjalani hidup yang jahat akan tidak membuat perbedaan hasil akhir. Yaitu, Ayub mengatakan bahwa meskipun dia menjalani hidup yang benar Allah membuat dia menderita seperti sekarang, dan demikianlah Allah memperlakukan orang baik dan orang jahat dengan sikap yang sama dan Dia adalah merupakan Allah yang menakdirkan dengan tidak memiliki keadilan.

Tetapi Allah adalah Hakim yang adil yang menghakimi antara baik dan jahat. Allah mengizinkan manusia jahat menerima ganjaran dari kejahatannya dan Dia memberikan kejujuran dan hal baik kepada mereka yang berbuat baik (Maleakhi 4:1-3; Ulangan pasal 28).

Ayub telah salah paham dengan berpikir bahwa Allah memperolok penderitaan orang berdosa. Dia berkata, "Bila cemeti-Nya membunuh dengan tiba-tiba," karena dia berpikir bahwa cemeti Allah telah membunuhnya secara tiba-tiba.

Ayub mempunyai sakit hati yang semakin bertambah

dan menjadi semakin sinis terhadap Allah. Dalam kesalahpahamannya akan Allah, Ayub mengatakan bahwa dia adalah orang yang salah dihukum. Ayub merupakan seorang yang terus-menerus mengucapkan perkataan yang jahat, tetapi dia mengatakan Allah yang jahat.

6. Alasan Mengapa Allah Mengatakan Ayub Adalah Seorang yang Jujur

"Bumi telah diserahkan ke dalam tangan orang fasik, dan mata para hakimnya telah ditutup-Nya; kalau bukan oleh Dia, oleh siapa lagi?" (Ayub 9:24).

Manusia mempunyai hati yang paling dalam yang mereka sendiri tidak sadari. Mereka mempunyai kekuatan hidup, atau tenaga hidup yang terkadang disebut chi yang diwarisi dari orang tua mereka. Mereka juga membentuk kerangka hati mereka didasarkan pada apa yang mereka lihat, dengar, dan pelajari dalam hidup mereka.

Ketika Ayub mulai menderita dari cobaan dan ujian, hatinya yang terdalam telah diungkapkan. Kita dapat menemukan hal yang jahat dan kotor keluar dari padanya. Allah melihat pada kedalaman hati kita dan mencari bagian terdalam dari semua ini. Sebelum Ayub menghadapi pencobaan, dia telah mengakui dirinya sebagai orang jujur, tetapi Allah mengenal hal yang jahat dari hatinya yang terdalam. Iblis juga sadar akan hal ini. Itulah sebabnya mengapa Iblis memberikan dakwaan terhadap Ayub dan Allah mengizinkan hal itu untuk terjadi.

Ayub menganggap bahwa Allah membuat penghakiman yang tidak adil karena Dia membiarkan seorang jujur seperti dirinya hidup dalam kepedihan yang hebat.

Jika seseorang menyogok hakim untuk menerima keputusan yang baik dalam sidang dan hakimnya dapat disogok, maka suara hati nuraninya menjadi bertambah mati rasa saat dia membuat keputusan yang tidak adil. Hasilnya, keadilan ditutup rapih dan terabaikan. Ayub menyimpulkan bahwa Allah didak berbeda dari seorang hakim yang disogok dan mengabaikan keadilan.

Tetapi Allah tetaplah Allah seperti yang dikatakan dalam Mazmur 9:8, *"Dialah yang menghakimi dunia dengan keadilan dan mengadili bangsa-bangsa dengan kebenaran.; Dia akan memberikan keputusan untuk manusia sesuai dengan keadilan."* Pertama-tama, Ayub menyembunyikan kejahatan yang telah diungkapkan sedikit demi sedikit, tetapi sekarang, semuanya keluar tanpa ada satu pun yang dikurangi.. Kejahatan yang telah Ayub lakukan tidak disadarinya sebelumnya.

Lalu, kenapa, Allah mengatakan Ayub jujur dan saleh? Allah berkata seperti itu mempertimbangkan keadaan Ayub pada saat itu.

"Hari-hariku berlalu lebih cepat dari pada seorang pelari, lenyap tanpa melihat bahagia, meluncur lewat laksana perahu dari pandan, seperti rajawali yang menyambar mangsanya" (Ayub 9:25-26).

Sebelum pencobaan datang, Ayub memiliki iman sebagai pengetahuan dari pendengaran tentang Allah, sehingga dapat mengatasi pencobaan utama sebatas pengetahuan dan iman yang ia miliki. Dia memiliki batasan pada pemikirannya seperti ini, "Jika Aku mengucap syukur kepada Allah dan berdoa, maka Dia akan menjawab aku," dan ia dapat bertahan dengan kerangka pemikirannya tersebut.

Tetapi pencobaan kedua datang melebihi batasannya, dan dia mulai menderita barah, kejahatannya mulai diungkapkan.

"Hari-hariku berlalu lebih cepat dari pada seorang pelari, lenyap tanpa melihat bahagia. Jiwaku diibaratkan disana seperti tanpa ada jejak setelah perahu melewatinya, dan kelaparan seperti rajawali yang menyambar mangsanya."

Ketika dia berkata, "Hari-hariku berlalu lebih cepat dari pada seorang pelari," merujuk kepada sesuatu bahwa ini melebihi batasannya dan juga mengalir seiring waktu. Juga, sebagaimana tidak ada jejak tertinggal setelah perahu meluncur di atas laut, dia telah menggambarkan sebuah perumpamaan untuk menjelaskan bahwa hidupnya telah berlalu tanpa arti.

Juga, dia mengadakan pembelaan bahwa hatinya sungguh-sungguh dan lapar seperti halnya seekor rajawali melihat mangsanya dari langit dan dengan cepat turun kebawah untuk menyambar mangsanya.

Jika sahabat Ayub dapat membaca sakitnya hati Ayub, mereka akan menasihati dia dengan kasih sesuai dengan kondisi hatinya. Mereka tidak akan langsung menyalahkan dan menuduh dia akan kondisinya sekarang, tetapi memahami sakit dan hancur hatinya dan dengan kasih mereka membiarkan dia menyadari dirinya sendiri sehingga dia dapat bertobat dan berbalik.

7. Ayub Menyalahkan Allah Sebagai Allah yang Jahat

"Bila aku berpikir: Aku hendak melupakan keluh

kesahku, mengubah air mukaku, dan bergembira, maka takutlah aku kepada segala kesusahanku; aku tahu, bahwa Engkau tidak akan menganggap aku tidak bersalah. Aku dinyatakan bersalah, apa gunanya aku menyusahkan diri dengan sia-sia?" (Ayub 9:27-29).

Karena Ayub berpikir bahwa dia telah menerima hukumannya dari Allah tanpa sebab, dia juga merasa seperti dia telah salah dituduh. Lebih lagi, dia mengatakan semuanya tidak berarti sekalipun dia dapat melupakan perasaan menyesalnya, mencoba untuk merubah penampilannya dan memiliki hati yang gembira sebagaimana yang selalu dinasihatkan oleh sahabat-sahabatnya.

Di sini, apa yang dimaksud dengan 'Maka takutlah aku kepada segala kesusahanku'? Ayub menganggap bahwa sekalipun jika dia telah dipulihkan, Allah akan menyerang dia kembali tanpa sebab, sehingga dia akan hidup kembali dalam kesakitan.

Jika kita bertobat dan berbalik dari perbuatan kita, Allah menjauhkan pelanggaran kita sejauh timur dari barat dan Dia tidak akan mengingatnya kembali. Mazmur 103:12-13; 18 berkata *"Sejauh timur dari barat, demikian dijauhkan-Nya dari pada kita pelanggaran kita. Seperti seorang bapa sayang kepada anak-anaknya, demikian TUHAN sayang kepada orang-orang yang takut akan Dia..... Bagi orang-orang yang berpegang pada perjanjian-Nya dan yang ingat untuk melakukan titah-Nya."*

Ayat ini menunjukkan kepada kita suatu keadaan di mana Allah mengampuni dan memberikan belas kasihan kepada kita hanya ketika kita takut akan Allah. Jika kita takut akan Allah dan memegang perkataan-Nya, kita akan bertobat dari dosa dan berbalik dalam perbuatan kita. Jika kita melakukannya maka Allah akan mengampuni kita dan membersihkan kita dengan darah Tuhan Yesus sehingga kita dapat dibenarkan dan disebut sebagai anak-anak Allah.

Tetapi Ayub tidak menerima nasihat dari sahabatnya. Dia hanya terus menerus mengatakan bahwa, karena Allah akan tetap memperlakukan dia sebagai seorang pendosa, dia tetap hidup dalam kesakitan. Lagi pula, dia menganggap bahwa tidak ada gunanya baginya untuk menyesali dosa-dosanya dan berbalik. Jika kita memiliki hati seperti ini, kita harus bertobat.

Kita dapat menemukan kejahatan Ayub dalam perkataan ini. Kita dapat melihat beberapa orang baru mencoba untuk mengatur beberapa persyaratan terhadap Allah. Kita hanya harus bersyukur atas anugerah bahwa kita diampuni dari dosa-dosa kita dan diselamatkan. Tetapi para pemercaya baru mencoba untuk membuat kesepakatan dengan Allah.

"Allah jika engkau dapat memecahkan masalah ini, Aku akan melayani di gereja."

"Allah, karena tidak terdapat jawaban sekalipun Aku berpuasa dan berdoa setiap malam, Aku akan meninggalkan gereja."

Juga, jika mereka menghadapi pencobaan, mereka kemudian meragukan Allah dan hidup dalam kekuatiran. Jika kita mulai memberikan persyaratan kepada Allah, ini bukanlah suatu sikap iman. Ayub mengajukan beberapa persyaratan kepada Allah seperti mereka.

Saat menyatakan iman kita kepada Allah, jika kita

menghadapi masalah dan kita tidak berdoa kepada Allah serta menyerahkannya kepada Allah, melainkan kita kuatir dan mencoba memecahkan sendiri masalah kita tersebut, maka itu berarti kita tidak sungguh-sungguh memiliki iman dan percaya kepada Allah sepenuhnya.

"Walaupun aku membasuh diriku dengan salju dan mencuci tanganku dengan sabun, namun Engkau akan membenamkan aku dalam lumpur, sehingga pakaianku merasa jijik terhadap aku" (Ayub 9:30-31).

'Membasuh diriku dengan salju' berarti air sangat langka. Juga, jika dia 'mencuci tanganku dengan sabun,' betapa sulitnya hal ini! Dan Ayub berkata bahwa sekalipun jika dia membasuh dirinya dengan bersih walaupun dengan sangat kesulitan, maka Allah akan menaruh dia ke dalam lubang yang lain.

Sehingga, bahkan pakaiannya yang tidak bernyawa pun akan meludahi dia. Kita dapat melihat bahwa Ayub menyalahkan Allah sebagai Allah yang sangat kejam dan yang jahat.

"Karena Dia bukan manusia seperti aku, sehingga aku dapat menjawab-Nya: Mari bersama-sama menghadap pengadilan. Tidak ada wasit di antara kami, yang dapat memegang kami berdua!" (9:22-23).

Ayub mengenal tentang Allah dari cerita ayahnya. Abraham, Musa, dan para nabi lainnya berkomunikasi dengan Allah, tetapi Ayub berkata ia bahkan tidak akan menjawab Allah.

Ayub hanya memiliki iman sebatas pengetahuan yang dia dapat dari pendengaran. Karena dia tidak memiliki iman yang dia percaya dalam hatinya, dia tidak mengakui apapun dengan iman. Allah bukanlah Allah yang tidak dapat menjawab kita, tetapi Dia menemui kita saat kita sungguh-sungguh mencari Dia.

Lebih lagi, Ayub berkata bahwa, karena Allah memberikan dia penyakit, Allah merupakan penuntut dan dia menjadi terdakwanya. Dia berkeluh kesah bahwa tidak ada hakim untuk menghakimi antara penuntut dan terdakwa. Dia berkata bahwa dia telah salah dituduh, dan menanyakan sebuah pertanyaan seperti siapa seorang yang dapat menjadi hakim yang memihak dia.

Kita dapat mengerti bahwa Ayub telah mengucapkan perkataan yang bodoh dan menggelikan, tetapi sesungguhnya Ayub bukanlah orang bodoh dari permulaan. Kita dapat mengerti bahwa perbedaan jenis hati dalam kehidupan kita dinyatakan dalam perkataan ini.

Selama kita tinggal di dunia ini, kita akan menghadapi pencobaan. Beberapa orang kehilangan semua kekayaan mereka dan bertemu dengan masalah yang tidak dapat mereka pecahkan sendiri. Karena tidak ada penolong, mereka semua lenyap, dan mereka menempatkan diri mereka sendiri dalam kesedihan. Mereka menyalahkan dan mengutuk diri mereka sendiri.

Tetapi orang yang percaya dan bersandar kepada Allah dengan bersyukur kepada-Nya dan menunjukkan iman mereka dengan gembira, mempunyai pengharapan akan kerajaan surga, sekalipun mereka menjadi pengemis. Mereka tidak akan menjadi seperti Ayub di sini.

"Biarlah Ia menyingkirkan pentung-Nya dari padaku, jangan aku ditimpa kegentaran terhadap Dia, maka aku akan berbicara tanpa rasa takut terhadap Dia, karena aku tidak menyadari kesalahanku"(Ayub 9:34-35).

'Pentung-Nya' merujuk kepada kedaulatan Allah. Sebagaimana diungkapkan melalui tongkat Musa yang melakukan sepuluh tulah dan tongkat Harun yang bertunas, mengeluarkan kuncup, menghasilkan bunga dan membuahkan buah badam dalam Perjanjian Lama, 'pentung' merujuk kepada kebesaran Allah. Ayub berkata bahwa, karena Allah mengancam dia dengan pentung-Nya, dia tidak dapat berbuat apa-apa.

Dia maksudkan bahwa jika Allah mengambil pentung-Nya yang berdiri untuk menunjukkan kekuatan kedaulatan-Nya terhadap dia, dia akan mengutuk Allah sebanyak yang dia mau karena dia tidak dapat memikul perasaan telah salah dituduh. Betapa tidak benarnya perkataan ini? Dia mengendalikan dirinya sendiri karena dia takut terhadap Allah, dan disamping itu, dia telah mengucapkan bahkan lebih banyak kejahatan. Dan masih, dia memberikan alasan bahwa dia tidak seperti orang sebelumnya.

Sekarang Anda dapat mengerti mengapa Allah mengizinkan segala sesuatu terjadi kepada Ayub dan membiarkan semuanya tercatat di dalam Alkitab. Ayub yang berpikir dia mengenal Allah dan berpikir tentang dirinya sendiri sebagai orang benar melalui perbuatannya, dan betapa lebih banyak lagi kejahatan yang dilakukan oleh mereka yang tidak mengenal Allah sama sekali.

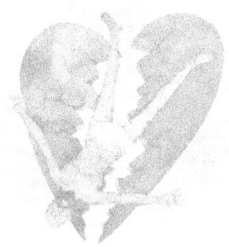

Bab **10**

Kejahatan Ayub dari Hatinya yang Terdalam Diungkapkan

1. Kesombongan

2. Salah Menganggap Allah Adalah Seorang yang Mengasihi Orang Fasik

3. Salah Menganggap Allah Sebagai Pemburu Orang Benar

4. Pengabaian Diri Sendiri yang Dilakukan Ayub

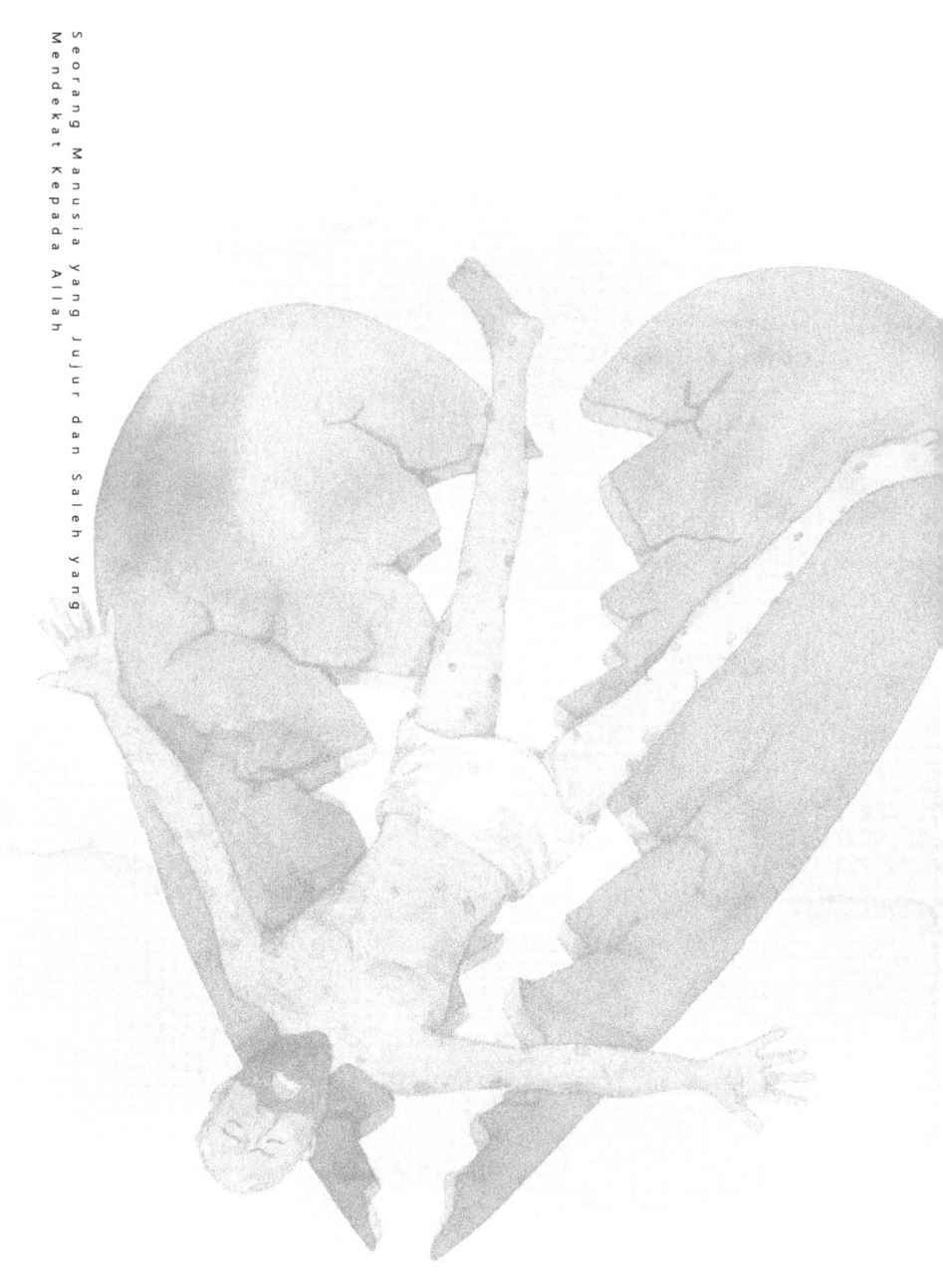

"Aku telah bosan hidup, aku hendak melampiaskan keluhanku, aku hendak
berbicara dalam kepahitan jiwaku." (Ayub 10:1)

1. Kesombongan

"Aku telah bosan hidup, aku hendak melampiaskan keluhanku, aku hendak berbicara dalam kepahitan jiwaku. Aku akan berkata kepada Allah: Jangan mempersalahkan aku; beritahukanlah aku, mengapa Engkau beperkara dengan aku" (Ayub 10:1-2).

Ayub berkata dia membenci hidupnya sendiri. Hal ini berarti dia sudah sangat lelah. Dia merasa sangat lelah untuk hidup. Pada awalnya, dia tidak mengeluh terhadap Allah meskipun dia kehilangan anak-anak dan kekayaannya. Tetapi saat dia mulai menderita dari barahnya, dia mulai mengeluh terhadap Allah, dan melalui pembicaraan dengan sahabat-sahabatnya, kejahatannya yang selama ini disembunyikan dalam hatinya menjadi terungkap.

Ayub merasa bahwa dia tidak melakukan kesalahan apapun dan hanya hidup dalam kebenaran. Namun sahabat-sahabatnya terus menerus memberitahu dia bahwa dia seorang pendosa yang mengeluarkan perkataan seperti angin ribut dan dia harus bertobat. Hal ini menambah kesakitannya karena dia tidak menerima nasihat mereka.

Jiwanya sangat lelah dan bermasalah untuk menjalaninya lagi. Dia berkata bahwa dia memiliki banyak hal untuk dikatakan akan tetapi dia menahan dirinya sendiri (Ayub 9:35). Tetapi dia lupa apa yang telah dia katakan dan sekarang berkata dia akan mengeluarkan semua keluhannya. Kejahatannya ditunjukkan lebih lagi.

Ayub mempunyai kesombongan pikiran dengan berpikir bahwa dia lebih baik daripada sahabat-sahabatnya. Itulah sebabnya mengapa dia tidak dapat menemukan betapa tidak benarnya dia. Salah seorang dari sahabatnya mengajar dia dengan perkataan kebenaran, tetapi Ayub tidak menerimanya. Karena dia berpikir dia lebih baik daripada sahabat-sahabatnya, dia tidak mau menerima nasihat mereka.

Ayub berkata dalam hati kepada kepada sahabatnya, "Aku dalam keadaan seperti ini, tetapi Aku memiliki lebih banyak kekayaan dan pengetahuan dari pada kalian, dan Aku memiliki keluarga yang bahagia, dan Aku telah memberi nasihat kepada banyak orang. Mengapa kamu melihat hanya pada keadaan saat ini untuk mencoba mengajarkan aku sebuah pelajaran? Aku tidak mau berurusan dengan kalian."

Ayub mendengar banyak nasihat dari sahabatnya, tetapi dia tidak menerima satu pun dari nasihat tersebut. Hatinya menjadi lebih keras lagi dan dia mengabaikan sahabat-sahabatnya dan tidak akan berbicara kepada mereka. Dia sekarang berbicara langsung pada Allah tentang apa yang telah sahabatnya katakan kepadanya.

2. Salah Menganggap Allah Adalah Seorang yang Mengasihi Orang Fasik

"Apakah untungnya bagi-Mu mengadakan penindasan, membuang hasil jerih payah tangan-Mu, sedangkan Engkau mendukung rancangan orang fasik? Apakah Engkau mempunyai mata badani? Samakah penglihatan-Mu dengan penglihatan manusia? Apakah hari-hari-Mu seperti hari-hari manusia, tahun-tahun-

Mu seperti hari-hari orang laki-laki, sehingga Engkau mencari-cari kesalahanku, dan mengusut dosaku," (Ayub 10:3-6).

Apakah Allah seorang yang menindas dan menolak pekerjaan tangan-Nya? Ayub mengatakan bahwa Allah menciptakan dia untuk membuat dia menderita sakit dan pencobaan. Juga, dia berkata bahwa Allah sepertinya berkenan pada rencana orang fasik.

Karena hatinya sangat bercabang, dia berkata bahwa Allah adalah Allah yang jahat. Dia berpendapat bahwa Allah menciptakan seorang yang baik seperti dia menderita pencobaan, dan lalu Allah menyiksa dan memandang rendah orang benar dan mengasihi orang fasik.

Ayat 4 berkata bahwa Allah tidak memiliki mata manusia. Sebenarnya, manusia melihat pada penampilan luar, tapi Allah melihat ke dalam hati.

Yang dimaksudkan Ayub adalah sebagai berikut: "Allah, Engkau melihat sampai ke dalam hati, tetapi mengapa Engkau melihat padaku dengan mata manusia? Teman-temanku melihat pada penampilanku yang buruk dan menghukum aku seolah-olah aku penuh dosa dan jahat. Tetapi Engkau melihat ke dalam hati, sehingga Engkau harus tahu bahwa aku benar dan jujur. Sekarang mengapa Engkau tidak memberikanku berkat?"

Lalu apa yang dimaksud dengan "Apakah hari-hari-Mu seperti hari-hari manusia, tahun-tahun-Mu seperti hari-hari orang laki-laki, sehingga Engkau mencari-cari kesalahanku, dan mengusut dosaku?"

Ayub berkata bahwa Allah itu abadi, tidak memiliki awal dan akhir, dan kemudian Allah itu kekal selama-lamanya, tetapi manusia hidup hanya untuk sesaat. Ayub berkata bahwa Allah adalah abadi, tetapi kehidupannya hanyalah sesaat, sehingga bagaimana bisa Allah menganggap Ayub sebagai milik-Nya dan memberikan kesakitan sebesar ini padanya seperti yang dia terima sekarang?

Ayub berpikir, "Bagaimana bisa Allah sang Pencipta yang luar biasa dan kehidupan yang buruk ini bisa sama? Bagaimana bisa tahun-tahun-Mu menjadi tahun manusia sehingga Engkau menganggap aku bersalah? Bukankah kasih Allah untuk mengampuni manusia, sekalipun jika dia berdosa, karena hidupnya sangat singkat jika dibandingkan dengan kemuliaan Allah? Dan bagaimana bisa Engkau melakukan semua ini padaku yang bahkan bukan seorang yang berdosa?"

Pada awalnya Ayub terlihat mengagungkan Allah, tetapi sebenarnya, dia telah bersikap kasar terhadap Allah, berkata bahwa Dia tidak bermurah hati.

"Padahal Engkau tahu, bahwa aku tidak bersalah, dan bahwa tiada seorangpun dapat memberi kelepasan dari tangan-Mu?" (Ayub 10:7).

Ayub berkata bahwa Allah tahu dia tidak bersalah. Hingga sekarang, Ayub telah berkata bahwa Allah merupakan Allah yang jahat. Tetapi di sini dia berkata Allah tahu bahwa dia tidak bersalah. Jadi, kita dapat melihat bagaimana tidak konsisten dan menggelikan semua ini!

Lalu, mengapa Ayub berkata demikian? Hal itu karena dia memikirkan tentang dirinya sendiri sebelum pencobaan ini dimulai. Pada saat itu, seperti yang Allah ketahui, Ayub membantu orang miskin dengan hartanya. Dia juga menolong anak-anak yatim dan janda-janda, dan mendorong orang lain untuk berdiri sendiri. Sekalipun ketika Allah mengambil kekayaan dan anak-anaknya, dia tidak mengeluh tetapi hanya mengucap syukur kepada Allah. Dengan semua ini, Ayub mengatakan bahwa dia adalah seorang yang baik.

Karena Ayub tidak dapat menemukan kejahatan apapun dalam dirinya, dia memikirkan dirinya sendiri pada masa lalu saat dia mengendalikan hatinya dengan pendidikan, pengetahuan, dan sikap baiknya. Tetapi karena Allah melihat kejahatan jauh di dalam hati Ayub, Dia mengizinkan dakwaan Iblis dilaksanakan sehingga kejahatan Ayub dapat diungkapkan

Dalam ayat tersebut, Ayub berkata tidak ada seorang pun dapat melepaskan dirinya dari tangan Allah. Sebenarnya, tidak seorang pun dapat melarikan diri dari tangan Allah. Setiap orang harus menghadapi penghakiman setelah kehidupan, baik raja dan orang bangsawan.

Barangsiapa yang melakukan perbuatan baik akan mendapatkan kebangkitan hidup, dan barangsiapa yang melakukan perbuatan jahat akan mendapatkan penghakiman.

3. Salah Menganggap Allah Sebagai Pemburu Orang Benar

"Tangan-Mulah yang membentuk dan membuat aku, tetapi kemudian Engkau berpaling dan hendak membinasakan aku? Ingatlah, bahwa Engkau yang membuat aku dari tanah liat, tetapi Engkau hendak menjadikan aku debu kembali? Bukankah Engkau yang mencurahkan aku seperti air susu, dan mengentalkan aku seperti keju? Engkau mengenakan kulit dan daging kepadaku, serta menjalin aku dengan tulang dan urat. Hidup dan kasih setia Kaukaruniakan kepadaku, dan pemeliharaan-Mu menjaga nyawaku" (Ayub 10:8-12).

Ayub mengetahui bahwa dia merupakan ciptaan Allah. Tidak hanya mata, hidung, mulut, tulang, dan darah manusia, tetapi juga roh dan jiwa yang tidak kelihatan semuanya diciptakan oleh Allah. Di sini, 'Tangan-Mulah yang membentuk dan membuat aku' berarti untuk semua roh, jiwa dan tubuh manusia.

Ayub menanyakan kepada Allah sebuah pertanyaan, "Engkau telah menciptakan aku dengan lengkap, dan sekarang, mengapa Engkau mau menghancurkan aku?" Tetapi dalam ayat lainnya, dia menanyakan sebuah pertanyaan yang mempunyai arti sebaliknya. Hal ini karena Ayub menganggap bahwa Allah telah memperlakukan dia dengan sangat tidak baik. Sehingga dia mengungkapkan kekecewaannya.

Akibat dari yang Ayub telah katakan, "Ketika Engkau menciptakan aku, Engkau hanya menciptakan aku seolah-olah Engkau hanya membentuk sejumlah tanah liat. Itulah mengapa Engkau memperlakukan aku seperti debu tanah, bukankah demikian? Sama seperti seorang ibu membuang susu yang tidak berguna, Engkau membuat aku tidak hanya seperti susu yang tidak berguna tetapi mengentalkan aku seperti keju."

Untuk membentuk sejumlah tanah liat sangatlah mudah. Ayub berkata Allah mendandani dia begitu indah, dan kemudian Dia menghancurkan dia. Tetapi sekarang Ayub mengubah perkataannya dengan mengatakan Allah membuang dirinya begitu mudah karena Dia menciptakan dirinya seolah-olah Dia hanya mengunpulkan segumpal tanah liat.

Susu bagi bayi yang baru lahir sangatlah penting. Tetapi seorang ibu akan membuang keluar sisa susu setelah bayi selesai disusui. Jika terdapat banyak susu yang tersisa setelah menyusui sang bayi, sang ibu akan merasa sakit pada payudaranya. Juga, susu yang telah diperas akan berbau busuk dan mengental, sehingga kita tidak dapat menyimpannya. Ayub menganggap dirinya sama seperti susu yang tidak berguna. Hal ini merupakan ungkapan kiasan yang bagus karena tubuhnya telah dipenuhi dengan barah seluruhnya yang terus-menerus mengeluarkan nanah dan mengering.

Allah memberikan manusia kehidupan dan segala sesuatu bagi kehidupan mereka. Dikatakan, Dia menciptakan roh, jiwa, dan tubuh kita, dan juga menciptakan segala sesuatu termasuk matahari dan udara, sehingga dengan semua itu kita dapat mempertahankan hidup kita.

Ayub memiliki banyak pengetahuan dan kebijaksanaan. Meskipun dia tidak mengerti tentang roh dengan mendalam, setidaknya dia tahu bahwa ada seorang ahli dalam tubuh seorang manusia.

Ketika Ayub berkata 'rohku' dalam ayat ini, itu merujuk pada hatinya. 'Untuk menjaga hatinya' berarti bahwa dia tidak melakukan dosa, tetapi menolong janda-janda dan anak yatim dan menjalani kehidupan yang baik, karena dia telah mengenal Allah.

"Tetapi inilah yang Kausembunyikan di dalam hati-Mu; aku tahu, bahwa inilah maksud-Mu: kalau aku berbuat dosa, maka Engkau akan mengawasi aku, dan Engkau tidak akan membebaskan aku dari pada kesalahanku. Kalau aku bersalah, celakalah aku! dan kalau aku benar, aku takkan berani mengangkat kepalaku, karena kenyang dengan penghinaan, dan karena melihat sengsaraku" (Ayub 10:13-15).

Ketika Ayub berkata, "Jika Aku berdosa, maka Engkau akan

mencatat aku," hal ini benar. Tetapi ketika dia berkata, "dan Engkau tidak akan membebaskan aku dari pada kesalahanku," ini tidaklah benar. Jika kita bertobat dan berbalik, Allah berjanji kepada kita bahwa Dia akan mengampuni kita dan membuang pelanggaran kita sejauh timur dari barat (Mazmur 103:12; Ibrani 10:17).

Ayub juga berkata, "Jika aku seorang yang fasik, terkutuklah aku!" dan ini merupakan sesuatu yang pasti. Dikatakan juga, "Dan jika aku benar," dan ini berarti dia adalah seorang yang benar. Tetapi dia juga berkata, "Aku tidak berani mengangkat kepalaku. Aku dikenyangkan dengan rasa malu." Mengapa dia mengatakan hal ini?

Mereka yang memelihara sepuluh perintah Allah memiliki kepercayaan diri dan keberanian untuk bertanya pada Allah dan menerima jawaban. Apa yang Ayub katakan adalah bahwa dia seorang yang benar dan orang yang baik, tetapi karena dia ada dalam keadaan yang menyedihkan dimana dia kehilangan kekayaan dan anak-anaknya dan menderita dari barah yang menyelimuti tubuhnya, dan di atas semua itu, sahabat-sahabatnya merendahkan dia dan menyuruhnya bertobat, sehingga dia merasa sangat malu akan semua kenyataan ini.

Tetapi meskipun dalam keadaan seperti ini, jika kita percaya kepada Allah, kita tidak perlu menjadi malu di hadapan semua orang.

"Kalau aku mengangkat kepalaku, maka seperti singa Engkau akan memburu aku, dan menunjukkan kembali kuasa-Mu yang ajaib kepadaku" (Ayub 10:16).

'Untuk mengangkat kepala seseorang' secara rohani berarti kesombongan. Tentu saja, dalam hal ini bukan berarti Ayub sombong. Dia maksudkan bahwa jika dia berdebat sedikit saja dan bersikeras bahwa dia benar, Allah akan memburu dia seperti seekor singa. Ayub telah memberikan kesaksian bahwa dia percaya kepada Allah yang menakutkan dengan menyamakan Allah seperti seekor singa. Ayub berkata bahwa hanya seperti seeokor singa memburu mangsa saat dia lapar, Allah memburu dia sedemikian rupa, sekalipun jika dia seorang yang telah menjalani hidup yang baik.

Ayub sekarang berbicara tentang apa yang telah dia alami. Dia menganggap dia orang benar, tetapi jika dia mengangkat kepalanya dan berdebat dengan Allah bahwa dia benar, seluruh tubuhnya akan berdarah dan bernanah disertai dengan sakit yang luar biasa, sama seperti mangsa yang sedang diburu oleh seekor singa.

Jika kita berlaku sesuai dengan kebenaran dan mengikuti kehendak Allah, dengan sendirinya Allah akan bekerja untuk kita sehingga masalah seberat apapun dapat dipecahkan. Tetapi jika kita menanggapi dengan kejahatan dan berdebat hanya karena orang lain berlaku jahat, Allah tidak akan menolong kita. Hanya ketika kita sepenuhnya mengikuti kehendak Allah, Dia akan mulai bekerja dan Iblis sang musuh dan setan akan pergi.

"Engkau akan mengajukan saksi-saksi baru terhadap aku,—Engkau memperbesar kegeraman-Mu terhadap aku—dan pasukan-pasukan baru, bahkan bala tentara melawan aku. Mengapa Engkau menyebabkan aku keluar dari kandungan? Lebih baik aku binasa, sebelum orang melihat aku! Maka aku seolah-olah tidak pernah ada; dari kandungan ibu aku langsung dibawa ke kubur" (Ayub 10:17-19).

'Saksi-saksiMu" merujuk kepada malaikat-malaikat Allah.

"Engkau akan mengajukan saksi-saksi baru terhadap aku" berarti bahwa Allah melatih malaikat-malaikat-Nya, memasang Ayub sebagai target, dan menunjukkan kepadanya banyak dan lebih banyak kemarahan.

"Allah, mengapa Engkau menyebabkan aku keluar dari kandungan? Jika Engkau tidak membiarkan aku dilahirkan, aku pasti telah mati dan dikuburkan. Mengapa Engkau membiarkan aku hidup sehingga aku harus hidup dalam kesakitan ini?"

Ayub salah mengerti bahwa Allah yang membawa dia keluar dari kandungan dan mengizinkan dia lahir. Dalam pemeliharaan-Nya Allah memberikan manusia benih kehidupan mula-mula yang melaluinya kehidupan dikandung, tetapi keputusan untuk mengandung sepenuhnya tergantung kepada sang orangtua.

Allah mengendalikan kehidupan dan kematian, tetapi hanya dalam batas hukum alam rohani. Beberapa orang mengeluh terhadap Allah jika sesuatu hal berjalan dengan salah terhadap mereka dalam pernikahan, pekerjaan, atau dalam keluarga. Masalah tersebut ada karena kesalahan manusia. Semuanya tidak disebabkan oleh Allah, sehingga kita sebaiknya tidak menyebut nama Allah dalam kesia-siaan.

4. Pengabaian Diri Sendiri yang Dilakukan Ayub

"Bukankah hari-hari umurku hanya sedikit? Biarkanlah aku, supaya aku dapat bergembira sejenak, sebelum aku pergi, dan tidak kembali lagi, ke negeri yang gelap dan kelam pekat, ke negeri yang gelap gulita, tempat yang kelam pekat dan kacau balau, di mana cahaya terang serupa dengan kegelapan" (Ayub 10:20-22).

Dengan mengatakan 'beberapa hari,' Ayub maksudkan hidup manusia hanya sekitar 70 atau 80 tahun, dan seberapa lama lagi ia mungkin akan hidup.

Ayub mengatakan, "Allah, aku sudah tua dan tidak jauh dari hari kematianku. Jadi tolong jangan berlaku kejam terhadapku, Ubahlah pikiran-Mu dan berikan aku kebahagiaan selama aku hidup di dunia ini. Tanah yang aku jalani berikutnya begitu gelap dan tidak ada harapan, jadi sebelum aku pergi ke tanah itu, tolong biarkan aku hidup tanpa kesakitan. Tolong biarkan aku sendiri."

Ayub membicarakan tentang kehidupan yang akan datang, seperti yang dia ketahui dengan sangat baik, mengatakan dia akan pergi ke tanah kegelapan dan bayang-bayang pekat. Kita dapat mengerti bahwa Ayub tidak pernah tahu tentang surga dan neraka.

Itu sebabnya mengapa Ayub tidak memiliki pengharapan akan surga atau ketakutan akan neraka, yang merupakan suatu tempat penghukuman kekal.

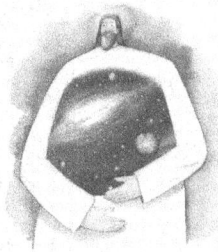

Bab 11

Zofar orang Naama Mengungkapkan Pendapat - Zofar Menghardik Ayub

1. Pentingnya Kata-Kata

2. Memarahi Ayub dengan Menjelaskan Kebenaran

3. Janganlah Kita Menjadi Penipu

4. Berkat dari Meninggalkan Kejahatan dan Menaati Firman Allah

"Dapatkah engkau memahami hakekat Allah? Menyelami batas-batas kekuasaan Yang Mahakuasa? Tingginya seperti langit—apa yang dapat kaulakukan? Dalamnya melebihi dunia orang mati—apa yang dapat kauketahui?" (Ayub 11:7-8) .

1. Pentingnya Kata-Kata

"Maka berbicaralah Zofar, orang Naama: Apakah orang yang banyak bicara tidak harus dijawab? Apakah orang yang banyak mulut harus dibenarkan? Apakah orang harus diam terhadap bualmu? Dan kalau engkau mengolok-olok, apakah tidak ada yang mempermalukan engkau?" (Ayub 11:1-3).

Zofar menunjukkan bahwa karena perkataan Ayub banyak dan dia banyak berbicara, dia tidaklah benar. Ketika seseorang mempunyai rasa sakit hati dan kemarahannya sudah naik, dia tentu saja akan banyak bicara, dan tidak mampu untuk mengucapkan perkataan kebenaran.

"Ayub! Karena engkau berbicara sangat banyak, bagaimana mungkin aku tidak memiliki perkataan untuk menjawab engkau? Siapa yang banyak bicara membuat banyak kesalahan, dan bagaimana engkau dapat berkata bahwa engkau benar? Bagaimana orang harus diam terhadap bualmu, dan jika engkau mengolok-olok, bagaimana bisa tidak ada seorang pun yang memarahinu?"

Amsal 10:19 berkata, *"Di dalam banyak bicara pasti ada pelanggaran, tetapi siapa yang menahan bibirnya, berakal budi."* Hal ini berarti siapa berbicara banyak membuat banyak kesalahan dan mereka menjadi tidak bijaksana.

Amsal 18:21 mengatakan, *"Hidup dan mati dikuasai lidah, siapa suka menggemakannya akan memakan buahnya."* Ayat ini memberi tahu kita tentang pentingnya kuasa perkataan.

Kita sebagai orang yang percaya kepada Allah harus selalu memiliki perkataan positif tidak peduli berapa banyak penderitaan dan kesukaran yang kita alami. Jika kita mengucapkan kata-kata negatif seperti, "Ini sulit. Saya lelah dengan semua ini. Saya tidak dapat memikul semua ini lagi," maka lebih banyak kesulitan akan terjadi dan kita akan lebih lagi menjadi lelah. Meskipun dalam situasi yang sangat sulit, Allah dapat mulai bekerja untuk kita hanya jika kita mengakui secara positif dengan iman seperti, "Saya percaya kepada-Mu, Tuhan, bahwa Engkau akan melakukannya."

Ayat 3 mengatakan. "Apakah orang harus diam terhadap bualmu? Dan kalau engkau mengolok-olok, apakah tidak ada yang mempermalukan engkau?" Apa artinya ini?

Ayub telah mengatakan bahwa dia adalah seorang yang berbudi dan benar, dan mengabaikan serta memandang rendah kepada sahabat-sahabatnya dengan mengatakan bahwa dia lebih baik dari pada mereka semua. Dan Zofar menanyakan bagaimana mungkin sahabat-sahabat Ayub dapat tetap tinggal diam mendengar perkataan seperti ini dari Ayub.

1 Korintus 13:4 berkata, *"Kasih itu tidak sombong,"* dan 1:31 berkata, *"Karena itu seperti ada tertulis: 'Barangsiapa yang bermegah, hendaklah ia bermegah di dalam Tuhan.'"*

Manusia duniawi sombong akan anak-anak mereka, pasangan mereka, dan akan hal lainnya. Tetapi orang lain yang mendengar hal ini menjadi benar-benar iri, meskipun tampaknya mereka terkagum-kagum. Terutama, orang percaya tidak perlu membual seperti itu.

Tetapi jika kita telah menerima sebuah jawaban untuk suatu masalah tertentu melalui doa, kita dapat bermegah tentang hal itu. Itu untuk menanamkan iman dalam pribadi orang lain dan untuk menanamkan hidup dengan membuat dia percaya kepada Allah yang hidup, sehingga adalah baik untuk bermegah dalam Tuhan sebanyak mungkin.

Ayub mempermalukan sahabat-sahabatnya dan Allah. Dia banyak mengucapkan kata-kata yang menghina Allah. Jika kita sombong, mengolok-olok, dan marah hanya karena orang lain berbuat begitu, kita tidak ada bedanya dengan orang tersebut. Oleh karena itu, kita harus dapat mengerti dan merangkul orang lain dengan kasih dan sifat murah hati. Meskipun kita dapat melihat pelanggaran seseorang, kita sebaiknya tidak mengungkapkan hal ini kepada orang lain melainkan menjaganya tetap sebagai rahasia sementara kita memuji tindakan baiknya.

2. Memarahi Ayub dengan Menjelaskan Kebenaran

"Katamu: Pengajaranku murni, dan aku bersih di mata-Mu. Tetapi, mudah-mudahan Allah sendiri berfirman, dan membuka mulut-Nya terhadap engkau, dan memberitakan kepadamu rahasia hikmat, karena itu ajaib bagi pengertian. Maka engkau akan mengetahui, bahwa Allah tidak memperhitungkan bagimu sebagian dari pada kesalahanmu" (Ayub 11:4-6).

Kita tidak berani berkata bahwa kita benar dalam pemandangan Allah, tetapi Ayub bersikeras bahwa dia benar dalam pemandangan Allah. Ketika sahabat-sahabatnya mendengarkan dia, mereka semua tercengang.

"Ayub! Engkau tidak mencoba bertobat dan berbalik tetapi tetap bersikeras terhadap pendirianmu bahwa engkau benar dan tidak bercacat cela. Jika engkau benar-benar tidak berdosa, bagaimana mungkin Allah mendengar dakwaan dari Iblis dan mengizinkan pencobaan sebesar ini? Lalu, apakah hal ini berarti bahwa engkau benar dan Allah salah?"

Allah menciptakan surga dan bumi dan segala sesuatu yang ada di dalamnya dengan perkataan-Nya, dan Dia memberikan kita Alkitab. Dalam Alkitab terkandung peraturan-peraturan tentang alam rohani. Alkitab memberitahu kita tentang awal dan akhir, bagaimana kita dapat menerima berkat dan keselamatan, dan dalam keadaan apa kita menerima kutuk.

Alkitab mengandung keajaiban dan hikmat yang tak berkesudahan dari Allah. Kita sebagai manusia tidak akan pernah dapat mengukur betapa besarnya pengetahuan Allah itu.

Dalam pendapat Zofar, kekuatan Allah tidak terbatas, jadi Dia bisa saja mengambil nyawa Ayub karena Ayub berbicara sangat banyak melawan Allah. Tetapi Allah hanya melihatnya saja. Itulah sebabnya mengapa Zofar berkata bahwa jika Allah tidak sebaik seperti yang telah Dia lakukan, Ayub mungkin telah mati. Tetapi karena Dia membiarkan Ayub hidup sampai waktu itu, kemurahan-Nya jauh lebih besar dari pada beratnya dosa Ayub. Zofar memberitahu Ayub untuk menyadari kenyataan ini.

"Dapatkah engkau memahami hakekat Allah? Menyelami batas-batas kekuasaan Yang Mahakuasa? Tingginya seperti langit—apa yang dapat kaulakukan? Dalamnya melebihi dunia orang mati—apa yang dapat kauketahui? Lebih panjang dari pada bumi ukurannya, dan lebih luas dari pada samudera" (Ayub 11:7-9).

Karena Ayub tidak mengerti akan keajaiban dan kekuatan Allah, dia mengeluh terhadap Allah dan mengutuk orang tuanya sendiri. Jika kita mengerti akan keajaiban dan kekuatan Allah, kita tidak akan menyerah meskipun dalam pencobaan dan pengujian, tetapi menerima jawaban melalui doa-doa kita dan memberi kemuliaan kepada Allah.

Tentu saja, bahkan Zofar yang mengatakan hal ini tidak mengerti benar tentang Allah. Kita menjadi tahu dan mengerti kehendak Allah sampai batas pertumbuhan iman kita. Roh Kudus mencari bahkan hal-hal yang terdalam tentang Allah. Karena Roh Kudus mengungkapkan kepada kita apa yang ada di dalam kita, sehingga kita dapat secara jelas mengerti tentang Allah.

Sesuai dengan pengertiannya yang luas bahwa perkataan kebenaran dari Allah mengisi hati kita dan bekerja di dalamnya, dan sesuai dengan seberapa besar iman kita, kita dapat mengerti Allah.

Begitu pula, Zofar berkata bahwa Allah lebih tinggi dari langit dan lebih dalam dari neraka. Dia pikir Neraka adalah tempat bagi orang yang sudah mati, di mana mereka tertidur untuk selamanya, dan merupakan tempat seperti lembah kematian yang gelap. Itulah sebabnya mengapa Zofar berkata ini adalah tempat yang sangat dalam. Dia maksudkan bahwa sebagaimana mereka tidak tahu tingginya surga dan dalamnya neraka, Allah bahkan lebih tinggi dan lebih dalam lagi.

Mengenai ukuran Allah, Zofar berkata bahwa kemurahan-Nya lebih panjang dari bumi dan lebih lebar dari lautan. Yaitu, maksud Zofar, "Ayub, engkau tidak dapat mengerti hati dan pikiran Allah yang memeluk seluruh alam semesta, dan mengapa engkau menganggap dirimu tahu akan semua hal itu?"

3. Janganlah Kita Menjadi Penipu

"Apabila Ia lewat, melakukan penangkapan, dan mengadakan pengadilan, siapa dapat menghalangi-Nya? Karena Ia mengenal penipu dan melihat kejahatan tanpa mengamat-amatinya Jikalau orang dungu dapat mengerti, maka anak keledai liarpun dapat lahir sebagai manusia"(Ayub 11:10-12).

'Mengadakan sebuah pengadilan' berarti membuka sebuah pengadilan. Yaitu, jika Allah memulai sebuah sidang pengadilan, siapa yang dapat menghentikannya? Di sini, 'pengadilan' melambangkan kedaulatan Allah.

Tetapi Allah adalah Allah yang memerintah atas umat manusia menurut hukum alam rohani. Jika anak-anak Allah yang telah menerima Roh Kudus melakukan dosa atau berbuat yang tidak benar, Allah mengizinkan ujian dan pencobaan untuk memurnikan mereka. Hal ini untuk membimbing mereka berbalik dan memimpin mereka pada jalan keselamatan.

Di ayat 11, Zofar berkata, "Karena Ia mengenal penipu." Seorang penipu merujuk kepada orang yang mempunyai banyak kebohongan dan kemustahilan, menyembah berhala, tidak dapat diandalkan dan yang melanggar janjinya.

Jika orang-orang di sekitar kita tidak mempercayai kita, itu berarti kita bukanlah orang benar. Mereka yang mengubah pikiran mereka sesering mungkin juga adalah penipu dan tidak dapat diandalkan. Orang-orang tersebut suatu saat akan menyesali bahwa mereka hidup dalam kesia-siaan.

Ayub tidak mempunyai impian dan pengharapan. Dia hanya mengeluh dan ingin segera mati. Itulah mengapa Zofar mengatakan bahwa Ayub seorang penipu.

Tentu saja, Ayub sedang melalui pencobaan untuk menerima berkat yang lebih sempurna, tetapi sahabat-sahabatnya tidak mengerti semua ini. Mereka hanya menduga bahwa Allah telah menghukum dia karena dia jahat, dan mereka hanya menghukum dia.

Sekarang, mari kita melihat kepada manusia penipu di dunia ini dan manusia penipu menurut kebenaran.

Manusia penipu di dunia adalah mereka yang tidak memiliki impian. Segalanya telah dihancurkan dalam kehidupan mereka, sehingga mereka telah menyerah pada diri mereka sendiri. Mereka hanya menjalani hidup mereka secara sembarangan. Dari mulut mereka akan keluar perkataan kebohongan, kemustahilan, ketidakbenaran dan kesia-siaan.

Lalu, orang seperti apa yang dimaksud sebagai manusia penipu menurut kebenaran?

Pertama, seorang manusia penipu mengacu kepada mereka yang tidak membuang hal-hal dunia sekalipun mereka mengerti apa sesungguhnya hidup kekal dan hidup benar itu. Mengetahui akan hal yang benar, namun mereka tetap berpegang teguh pada hal-hal dunia yang sia-sia. Pada akhirnya apa yang mereka dapat hanyalah kematian.

Kedua, mereka adalah orang-orang yang mencemarkan Allah walaupun mereka adalah orang yang percaya kepada Allah, karena mereka tidak mengerti dengan baik kehendak Allah. Orang-orang ini tidak melakukan kehendak Allah dengan baik, sehingga mereka tidak dapat menerima keselamatan. Karena mereka selalu berpegang teguh pada hal yang tak berarti, mereka akhirnya akan menuju pada jalan kematian (Matius 7:21).

Ketiga, adalah orang yang mengatakan bahwa mereka percaya kepada Allah tetapi mereka sangat keras kepala atau melakukan kejahatan. Mereka semua yang melakukan kejahatan adalah manusia penipu. Meskipun mereka percaya akan Allah, hal ini sangat sulit bagi mereka untuk mendapatkan keselamatan.

Allah melihat pada hati kita. Dia memperhatikan kita dengan mata-Nya dan menghitung bahkan setiap helai rambut yang ada di kepala kita. Ketika Yunus tidak mematuhi Dia dan pergi ke bagian bawah kapal, Allah tetap memperhatikan dia. Sekalipun kita mencuri sesuatu di dalam kegelapan malam, Allah melihat kita.

Ayat 12 berkata, "Jikalau orang dungu dapat mengerti, maka anak keledai liar pun dapat lahir sebagai manusia."
'Menjadi pandai' berarti memiliki kapasitas untuk pikiran dan alasan khususnya sampai pada tingkatan yang tinggi. Pengertian rohaninya adalah 'pengertian yang lengkap dan pengetahuan telah dikumpulkan dalam kehidupan seseorang.'
Jika kita pandai, kita tidak bisa menjadi manusia penipu. Orang-orang menyembah berhala karena mereka adalah manusia penipu. Jika kita mempunyai kepandaian, kita tahu Allah Bapa yang telah melahirkan kita. Mereka yang mempunyai akal sehat tidak akan menundukkan kepalanya kepada berhala. Apakah Anda akan berlutut pada seekor babi jika seseorang menyuruh Anda? Jika Anda mempunyai akal sehat, Anda tidak akan melakukannya.

Anak dari seekor keledai liar akan melompat ke sana-sini jika dia tidak diikat. Anak keledai itu mungkin tertangkap dalam perangkap atau dimakan oleh binatang buas. Kita sebaiknya tidak berlaku seperti anak keledai yang bodoh, tetapi mematuhi firman Allah dan takut akan dia sesuai dengan hukum dunia rohani.

4. Berkat dari Meninggalkan Kejahatan dan Menaati Firman Allah

"Jikalau engkau ini menyediakan hatimu, dan menadahkan tanganmu kepada-Nya; jikalau engkau menjauhkan kejahatan dalam tanganmu, dan tidak membiarkan kecurangan ada dalam kemahmu" (Ayub 11:13-14).

Zofar menyuruh Ayub untuk mengarahkan hatinya kepada kebenaran dan menadahkan tangannya kepada TUHAN. Ayub sudah diberitahu banyak hal bahwa dia tidaklah benar menurut kebenaran. Di sini, 'menadahkan tangan seseorang' berarti menyerah kepada Allah, yaitu menyangkal diri sendiri.

Zofar memberitahu Ayub untuk mengarahkan hatinya. Sebagai contoh, jika dia pergi ke barat sementara Allah menyuruh dia untuk pergi ke timur, dia harus mengubah arahnya dan pergi ke timur. Zofar menasihati Ayub agar meninggalkan semua perbuatan salah yang ada di tangannya.

Mengapa Zofar mengatakan perbuatan salah di dalam tangannya, bukan perbuatan salah yang di dalam hatinya? Pada jaman Perjanjian Lama, mereka diselamatkan oleh perbuatan. Berapa banyak dosa yang dilakukan manusia dengan tangan mereka? Apa yang ada dalam hati dikeluarkan melalui tangan.

Begitu juga, "jangan biarkan kejahatan tinggal dalam kemahmu" berarti kita harus membuang jauh-jauh semua ketidakbenaran dari dalam hati, keluarga, tempat kerja, dan lahan bisnis kita.

Zofar juga menjelaskan berkat apa saja yang akan diterima jika Ayub mau membalikkan hatinya, menyerah kepada Allah, dan meninggalkan semua kejahatan yang ada dalam tangannya.

"Maka sesungguhnya, engkau dapat mengangkat mukamu tanpa cela, dan engkau akan berdiri teguh dan tidak akan takut, bahkan engkau akan melupakan kesusahanmu, hanya teringat kepadanya seperti kepada air yang telah mengalir lalu. Kehidupanmu akan menjadi lebih cemerlang dari pada siang hari, kegelapan akan menjadi terang seperti pagi hari" (Ayub 11:15-17).

"Engkau dapat mengangkat mukamu tanpa cela" berarti bahwa dia dapat mengangkat kepalanya dengan tegak di hadapan Allah tanpa ada rasa malu. Manusia merasa malu dan tidak percaya diri di hadapan Allah karena dosa dan perasaan bersalah mereka.

Mengapa Ayub kehilangan seluruh miliknya dan anak-anaknya dan mengapa dia menderita barah? Hal itu adalah supaya Ayub dapat menyadari kejahatan dalam hatinya dan membuangnya, sehingga ia bisa menerima berkat-berkat yang lebih besar lagi.

Tetapi Zofar tidak mengerti maksud tersembunyi yang ada dalam kasih Allah. Sehingga, dia salah mengerti bahwa Ayub sangat menderita karena dia telah berbuat dosa dan karena dia tidak hidup sesuai dengan perintah Allah.

Mazmur 66:18 berkata, *"Seandainya ada niat jahat dalam hatiku, tentulah TUHAN tidak mau mendengar."* Yesaya 59:1-3 berkata bahwa jika dosa kita membangun sebuah tembok pemisah antara kita dengan Allah, Allah tidak akan mendengar kita meskipun kita berseru kepada-Nya.

Zofar mendengar kebenaran dan dia mencoba untuk membuat Ayub menyadari kebenaran ini. Jika kita tinggal dalam perintah Allah, kita tidak perlu menjadi malu, sehingga kita tidak perlu takut dan menjadi yakin (1 Yohanes 3:21-22). Manusia menjadi takut, gelisah, menderita karena dosa-dosa mereka.

Lebih lagi, ayat 16 berkata, "Engkau akan melupakan kesusahanmu." Jika sungai mengalir menuju laut, kita tidak dapat membawa air tersebut kembali karena air yang baru terus menerus datang mengalir. Yaitu, ini adalah tentang aliran waktu.

Andaikan Anda mempunyai penyakit atau masalah di dalam keluarga atau tempat kerja, tetapi setelah beberapa waktu semua pencobaan itu berlalu. Jika Anda sekarang tinggal dalam hidup yang baru, Anda tidak akan merasa sedih akan masa lalu. Jika Anda sekarang memiliki waktu yang baik, Anda akan bersukacita mengingat masa lalu.

Zofar melanjutkan perkataannya, "Kehidupanmu akan menjadi lebih cemerlang dari pada siang hari, kegelapan akan menjadi terang seperti pagi hari." Apa artinya ini?

Dalam Ayub 11:14, kejahatan dalam tangan merupakan sesuatu hal yang dapat kita buang jauh-jauh dengan cara menyesal dan berbalik ketika kebenaran Allah datang kepada kita. Sehingga, kita dapat membuang kejahatan dalam tangan, dan tidak akan ada lagi ketidakbenaran dalam keluarga, kantor, dan dalam area bisnis kita. Oleh karena itu, "Kehidupanmu akan menjadi lebih cemerlang dari pada siang hari" berarti bahwa ketika cahaya kehidupan kebenaran datang, kegelapan yang menaungi dunia berlalu dan kehidupan dalam kegelapan akan berlalu, dan kita sekarang dapat berjalan dalam kebenaran dan hidup dalam terang.

"Kegelapan akan menjadi terang seperti pagi hari" secara rohani berarti bahwa saat kita menerima Yesus sebagai Juru Selamat dan cahaya kehidupan datang menghampiri kita, sehingga semua pencobaan dan pengujian dan kegelapan, akan menjadi terang seperti pagi hari. Pagi hari melambangkan kehidupan baru dan harapan baru untuk mendapatkan hari baru.

Begitu pula, hal ini berarti bahwa ketika seseorang yang tidak memiliki pengharapan berjumpa dengan Allah, pencobaan dan pengujiannya akan pergi, dia menerima kekuatan baru, dan hari yang baru akan menghampiri dia.

"Engkau akan merasa aman, sebab ada harapan, dan sesudah memeriksa kiri kanan, engkau akan pergi tidur dengan tenteram; engkau akan berbaring tidur dengan tidak diganggu, dan banyak orang akan mengambil muka kepadamu. Tetapi mata orang fasik akan menjadi rabun, mereka tidak dapat melarikan diri lagi; yang masih diharapkan mereka hanyalah menghembuskan nafas" (Ayub 11:18-20).

"Engkau akan merasa aman, sebab ada harapan" berarti bahwa sebagaimana masalah yang sulit dapat dipecahkan dan Anda mampu untuk memulai hari baru, Anda mempunyai pengharapan. Seandainya seseorang yang pernah mempunyai kesulitan keuangan sanggup membuka sebuah toko. Maka, dia dapat bekerja dengan banyak pengharapan. Karena pengharapan itu ada, kita dapat selalu berdiri lebih teguh dalam kebenaran. Secara rohani, berdiri teguh adalah berdiri diatas batu karang firman Allah.

"Dan sesudah memeriksa kiri kanan, engkau akan pergi tidur dengan tenteram" berarti bahwa jika semua kefasikan hilang dari keluarga, kantor, dan area bisnis kita oleh dengan cara membuang kejahatan dalam tangan kita, Allah menjaga kita dengan mata-Nya yang menyala-nyala, penghuni surga dan para malaikatnya, dan dengan tembok perlindungan Roh Kudus yang berapi-api, maka kita dapat berbaring tidur dengan perasaan damai. Ujian dan pencobaan tidak akan dapat berbuat apa-apa terhadap kita, dan kita hanya akan memiliki kedamaian.

Jika kita hidup dalam kebenaran sepenuhnya, yaitu jika kita berdiri di atas batu karang iman yang teguh, kita akan menyerahkan semuanya dalam tangan Allah, sehingga kita beroleh kedamaian dalam hati.

Ayat 19 berkata, "Engkau akan berbaring tidur dengan tidak diganggu, dan banyak orang akan mengambil muka kepadamu." Jika kita berdiri di atas iman yang teguh, segala kekuatiran dan kegelisahan akan meninggalkan kita. Batu karang ini sangat kuat dan tidak dapat dipecahkan. Batu dalam hal ini adalah Yesus Kristus dalam pengertian rohani.

Dalam kehidupan Kekristenan kita, jika terdapat suatu masalah, kita harus menyadari bahwa kita masih belum berdiri diatas batu karang iman yang teguh.

"Engkau akan berbaring tidur dengan tidak diganggu" berarti bahwa jika kita berdiri diatas batu karang iman yang teguh, iblis sang musuh dan Setan tidak dapat bekerja atas kita, jadi dalam situasi apa pun, kita akan bebas dan damai bahkan ketika kita tidur.

"Dan banyak orang akan mengambil muka kepadamu"

berarti bahwa kita akan beroleh kehormatan, kasih, kekayaan, dan banyak hal lainnya dari banyak orang.

Ayat ini juga mengatakan, "Tetapi mata orang fasik akan menjadi rabun, mereka tidak dapat melarikan diri lagi." Mata orang-orang yang tidak hidup dalam kebenaran akan rabun, dan di sini, mata tersebut berarti mata rohani.

Yaitu, karena hatinya jahat, mereka tidak menerima firman Allah atau mencoba untuk mempercayainya. Sehingga, mereka tidak mengerti akan kebenaran. Pada akhirnya, karena mereka buta secara rohani, mereka tidak dapat menemukan jalan keluar.

Lalu, di mana kita dapat menemukan jalan untuk kita keluar? Kita harus keluar dari rawa kematian kepada jalan kehidupan yang membimbing kepada hidup yang kekal.

Kita harus berlari bukan kepada ujian dan pencobaan, tetapi pada cahaya, tetapi bila mata rohani kita menjadi rabun, kita tidak dapat menemukan jalan untuk keluar. Jika kita tidak hidup dalam kebenaran dan tidak membuang dosa-dosa kita, mata rohani kita akan rabun.

Itu sebabnya dikatakan, "pengharapan mereka merupakan nafas terakhir mereka." Manusia yang jahat akan menumpuk dari kejahatan demi kejahatan, dan pada akhirnya, mereka kehilangan kekuatan dan jatuh. Mereka tidak dapat ditolong kecuali menuju pada kematian, yang disebut neraka.

Bab 12
Tanggapan dari Ayub yang Terluka Perasaannya

1. Bantahan Ayub yang Sarkastis kepada Sahabat-sahabatnya

2. Menganggap Allah Sebagai Allah yang Memberkati Orang Fasik

3. Ayub Mengangkat Kebesaran Allah

4. Apa Sebenarnya yang Ingin Ayub Katakan?

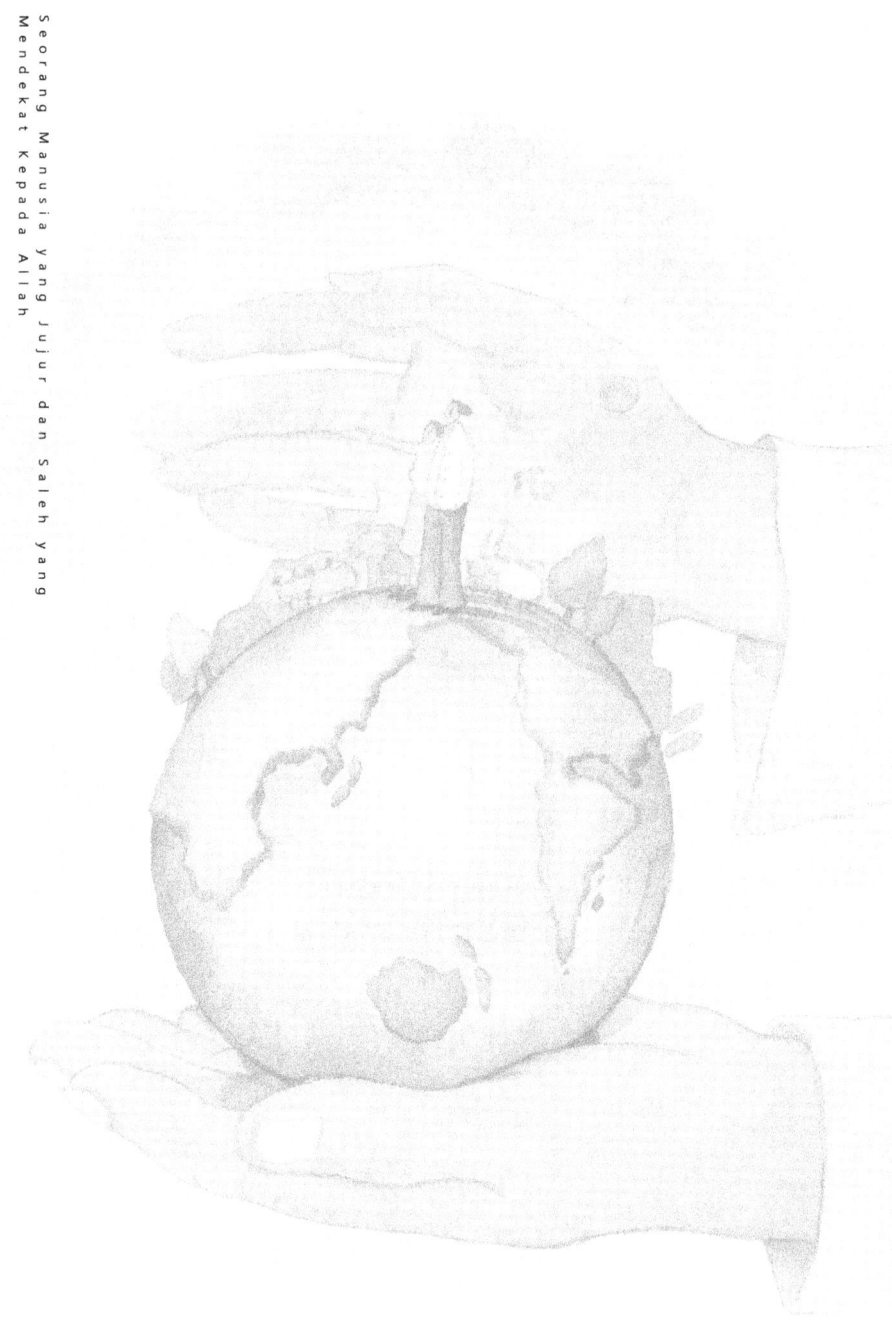

"Bahwa di dalam tangan-Nya terletak nyawa segala yang hidup dan nafas setiap manusia?" (Ayub 12:10)

1. Bantahan Ayub yang Sarkastis kepada Sahabat-sahabatnya

"Tetapi Ayub menjawab: 'Memang, kamulah orang-orang itu, dan bersama-sama kamu hikmat akan mati! Akupun mempunyai pengertian, sama seperti kamu, aku tidak kalah dengan kamu; siapa tidak tahu hal-hal serupa itu?'" (Ayub 12:1-3)

Pada pasal sebelumnya, Zofar menyalahkan Ayub, dan di dalam pasal 12, Ayub memberikan bantahan kepada sahabat-sahabatnya. Kedua belah pihak saling berdebat mengatakan bahwa mereka benar.

Anda seharusnya tidak berpikir ini sekedar perbincangan antara Ayub dan sahabat-sahabatnya, sehingga Anda dapat menyadari dan menjadi waspada akan sifat alami dari hati Anda. Anda harus menempatkan diri Anda sendiri di posisi Ayub dan teman-temannya. Saat Anda menemukan bahwa Anda memiliki hati yang sama seperti Ayub dan hati yang sama seperti sahabat-sahabatnya, Anda dapat bertobat dan berbalik untuk menerima berkat yang sama seperti yang Ayub terima.

Teman-teman Ayub memiliki pengetahuan yang tinggi dan hikmat sama seperti Ayub, akan tetapi Ayub tidak dapat menerima apa yang mereka katakan. Ayub merasa sahabat-sahabatnya sangat menggelikan. Mereka hanya mencoba untuk menyalahkan Ayub, mengatakan bahwa mereka benar dan Ayub salah, sehingga dia menjadi kesal dan semakin kesal.

Ayub tidak menyukai kenyataan bahwa sahabat-sahabatnya mencoba untuk mengajari dia sesuatu. Sehingga dia berbicara secara sarkastis saat dia berkata bahwa perkataan sahabat-sahabatnya adalah benar dan perkataannya adalah salah, dan bahwa dia bukanlah manusia. Dan, dia berkata dengan cara yang sangat sarkastis bahwa jika mereka mati kebijaksanaan akan mati juga.

Apa maksud sebenarnya dari perkataan Ayub, "Sungguh benar kamu adalah manusia"?

Pernahkah Anda berdebat dengan seseorang, dan ketika Anda tidak dapat meyakinkan orang tersebut agar menerima sudut pandang Anda atau jika Anda tidak dapat memenangkan perdebatan tersebut, pernahkah Anda sekedar untuk mengakhiri pembicaraan dengan mengatakan, "Baik kalau begitu, Anda memang benar!"? Karena Anda merasa beberapa pembicaraan dua arah yang masuk akal sangat mustahil terjadi, maka Anda memilih untuk mengakhiri pembicaraan. Di sini, Ayub merasakan hal yang sama.

Ayub pikir sahabat-sahabatnya menganggap diri mereka memiliki pengetahuan dan kebijaksanaan, dan mereka memandang rendah padanya dan mencoba untuk menasihati dia. Karena itulah Ayub sangat kesal. Sehingga, dia berbicara dengan perkataan sinis, "Engkau memiliki banyak kebijaksanaan! Jika engkau mati, maka kebijaksanaan akan mati, juga!"

Sebelumnya, sahabat-sahabat Ayub berkata Ayub memiliki bibir seperti angin ribut. Angin jahat yang dapat menghancurkan rumah, pohon-pohon, dan manusia, dan Ayub, yang memiliki bibir seperti angin ribut tidak dapat berhenti berbicara. Jika dia benar-benar telah mengakui bahwa sahabat-sahabatnya adalah "manusia" sesungguhnya, dia seharusnya tetap diam, tetapi dia malah terus berdebat.

Yang dia maksudkan sebenarnya adalah bahwa dia juga memiliki pengetahuan dan pengertian, dan bahwa dia tidak lebih buruk dari pada sahabat-sahabatnya. Dia maksudkan, "Aku juga bijaksana, sehingga apa kekuranganku dibandingkan engkau? Apakah kamu berpikir bahwa Aku belum mengetahui apa yang telah engkau katakan kepadaku?"

"Aku menjadi tertawaan sesamaku, aku, yang mendapat jawaban dari Allah, bila aku berseru kepada-Nya; orang yang benar dan saleh menjadi tertawaan. Penghinaan bagi orang yang celaka,—demikianlah pendapat orang yang hidup aman—suatu pukulan bagi orang yang tergelincir kakinya" (Ayub 12:4-5).

Mengapa Ayub membawa Allah ke dalam perdebatan ini? Kita juga melakukan hal yang sama seperti ini. Ketika kita berdebat dengan seseorang, kita bertengkar dan menjadi kesal, dan mendadak kita membawa masuk pihak ketiga.

Kita berkata bahwa seorang pendeta tertentu atau seorang diaken tertentu mengatakan hal ini atau hal itu, atau kita bahkan mengutip firman Allah. Allah memberitahu kita untuk tidak berdebat, jika kita berdebat dengan sengit dan kemudian menjadi sangat marah sehingga muka kita berubah menjadi merah padam, dan berkata, "Firman Allah berkata seperti ini. . ."

Oleh karena itu, siapa yang berdebat sebaiknya tidak berkata, "Firman Allah berkata seperti ini." Kebenaran mengatakan kepada kita untuk tidak berdebat, dan kita melanggar kebanaran jika kita berdebat dengan orang lain. Jika kita menyebutkan firman Allah sementara kita melanggar kebenaran, hal ini tidak akan berdampak sama sekali.

Ayat 4 berkata, "Barang siapa yang berseru kepada Allah dan Dia akan menjawabnya." Hal ini tidak berarti bahwa Ayub berkomunikasi dengan Allah. Ayub tahu tentang Allah dengan cara mendengar tentang Dia dari nenek moyangnya. Dia mendengar bahwa Allah itu ada dan bahwa Dia merupakan Allah Yang Mahakuasa melalui nenek moyangnya. Jadi ketika dia melakukan sesuatu hal yang salah, dia memberikan korban persembahan pengampunan dosa, dan juga memberikan korban persembahan atas nama anak-anaknya.

Oleh karena itu, 'Berseru kepada Allah dan Dia menjawabnya' artinya adalah Ayub memberikan korban persembahan pengampunan dosa. Ayub meratap bahwa dia, yang jujur dan tidak bersalah, memberikan korban persembahan pengampunan dosa dan dia sekarang jadi bahan tertawaan tetangganya. Dia telah direndahkan oleh istrinya dan juga dianggap hina oleh teman-temannya. Kita harus tahu bahwa perkataan Ayub ini tidak sepenuhnya benar.

Jika Anda menyembah dalam roh dan kebenaran dan berkomunikasi dengan Allah, akankah Anda menjadi pusat tertawaan oleh tetangga Anda? Para kepala keluarga yang melayani Allah dengan sungguh-sungguh akan dikenal dan dipuji oleh tetangga mereka. Mereka tidak akan pernah diolok-olok atau ditertawakan. Karena mereka mengasihi Allah dan juga menerima kasih dari Allah, bahkan orang Kafir pun menghargai mereka.

Firaun dari Mesir bahkan pernah menundukkan kepalanya di hadapan Musa, dan ketika orang Israel menggerutu terhadap Musa, Allah ada di samping Musa.

Mungkin akan ada hukuman-hukuman sementara bagi orang benar untuk menyelesaikan kehendak Allah, tetapi bahkan orang yang menghukum mereka tidak dapat benar-benar merendahkan mereka dan mengejek mereka dari dalam hati mereka. Seorang manusia yang jujur dan tidak bersalah tidak pernah bisa direndahkan dan dipandang hina.

Berikutnya, dikatakan, "Penghinaan bagi orang yang celaka, demikianlah pendapat orang yang hidup aman suatu pukulan bagi orang yang tergelincir kakinya."

Mereka yang memiliki pengetahuan, ketenaran, kekuasaan dan kekayaan memiliki kedamaian pikiran. Sehingga, bahkan ketika mereka melihat seorang lain menderita malapetaka, mereka mungkin berpikir mereka tidak dapat melakukan sesuatu dengan hal itu dan tetap tinggal dalam damai tanpa perlu khawatir terhadap apapun.

Ayub berpikir bahwa dia telah melakukan kesalahan yang mengakibatkan malapetaka dan menderita, sementara teman-temannya tetap hidup damai tanpa kekuatiran. Di sini Ayub maksudkan bahwa teman-temannya yang terus menerus hidup dalam kesenangan sedang mengabaikan dia dan memperlakukan dirinya dengan buruk.

Di lain sisi, dia berkata, "Suatu pukulan bagi orang yang tergelincir kakinya." Ayub adalah orang yang kakinya tergelincir saat ini. Yaitu, dia maksudkan bahwa dia jujur dan tidak bersalah, dan malapetaka sedang menanti dia. Hal ini merupakan penyalahgunaan dari firman kebenaran.

Tidak semua apa yang dikatakan teman-temannya adalah benar, akan tetapi ada juga hal-hal yang benar. Jika saja Ayub berkata 'Amin' pada semua itu serta taat, malapetaka yang dialaminya akan pergi dari padanya. Tetapi Ayub tetap bersikeras bahwa dia benar dan memandang rendah teman-temannya bahkan ketika mereka menjelaskan dengan kebenaran. Sehingga, dia tidak dapat menghindari terus menjalani penderitaan akibat bencana.

2. Menganggap Allah Sebagai Allah yang Memberkati Orang Fasik

"Tetapi amanlah kemah para perusak, dan tenteramlah mereka yang membangkitkan murka Allah, mereka yang hendak membawa Allah dalam tangannya" (Ayub 12:6).

Manusia duniawi yang tidak mengenal kebenaran kadang-kadang berkata, "Orang baik tidak bisa makmur. Malahan orang jahat lebih makmur."

Tetapi Allah yang adil pastinya akan mengasihi orang baik dan orang benar, bukan orang jahat. Allah tidak akan membuat orang jahat makmur.

Tetapi bagaimana bisa Ayub menghakimi Allah sebagai Allah yang jahat? Dia berkata, "Tetapi amanlah kemah para perusak, dan tenteramlah mereka yang membangkitkan murka Allah, mereka yang hendak membawa Allah dalam tangannya"

Dia mengatakan bahwa Allah membawa bencana atas dia meskipun dia hidup seperti orang benar. Tentu saja, pada awalnya Ayub tidak menunjukan kejahatannya. Karena perasaannya telah berbelok jauh, hal ini yang menyebabkan dia berpaling sejauh ini.

Hal yang sama terjadi bagi sebagian orang percaya. Pada awalnya mereka mengakui bahwa mereka mengasihi Allah dan bertekun dalam hidup Kekristenan. Tetapi pada satu titik, jika mereka tidak menerima jawaban atas doa mereka, mereka berhenti berdoa. Jika orang lain mencoba memberikan mereka nasihat tentang iman, mereka menanggapi hal ini dengan perkataan yang tidak benar tinggal dalam pemandangan Allah.

Jika demikian, mereka harus cepat bertobat dan berbalik sehingga Iblis sang musuh dan setan akan pergi meninggalkan mereka. Kalau tidak, mereka akan mengembangkan lebih banyak sakit hati melalui pikiran mereka, dan pada akhirnya mereka tidak dapat menguasai dirinya sendiri.

Kemudian, bahkan jika mereka ingin bertobat, mereka tidak dapat melakukannya. Sehingga, mereka mengucapkan perkataan seperti angin ribut yang melawan kebenaran seperti yang Ayub lakukan. Jika mereka tetap mengecewakan Allah, mereka tidak akan dilindungi oleh Allah lagi dan bencana akan datang.

Beberapa mengatakan, "Pendeta, coba lihat pada dunia. Betapa makmurnya para perampok, penipu dan orang tidak benar itu!"

Tetapi orang kaya masuk ke neraka dan Lazarus pengemis yang takut akan Allah masuk ke surga setelah mereka mati. Tentu saja, merupakan berkat untuk hidup sesuai dengan firman Allah dan masuk ke surga, sekalipun jika seseorang harus hidup sebagai pengemis. Kita tidak dapat mencegah jatuh ke dalam neraka hanya karena banyaknya kekayaan jasmani yang ada di hidup yang sementara ini.

Tentu saja, jika mereka menipu orang lain dan mengumpulkan uang dengan cara yang salah, bagaimana mereka bisa memiliki kedamaian dalam pikiran mereka? Mereka selalu memiliki kekhawatiran. Begitu juga, jika kejahatan mereka terlalu banyak, mereka akan menghadapi malapetaka yang tiba-tiba.

3. Ayub Mengangkat Kebesaran Allah

"Tetapi bertanyalah kepada binatang, maka engkau

akan diberinya pengajaran, kepada burung di udara, maka engkau akan diberinya keterangan. Atau bertuturlah kepada bumi, maka engkau akan diberinya pengajaran, bahkan ikan di laut akan bercerita kepadamu. Siapa di antara semuanya itu yang tidak tahu, bahwa tangan Allah yang melakukan itu" (Ayub 12:7-9).

Allah menunjukkan ketuhanan-Nya dengan kuasa-Nya dan menciptakan segala sesuatu. Itu sebabnya mengapa tidak ada seorang pun dapat memberikan alasan pada Hari Penghakiman dengan mengatakan bahwa mereka tidak percaya kepada Allah karena mereka tidak mengetahui bahwa Allah itu ada. Sebab apa yang tidak nampak dari pada-Nya, yaitu kekuatan-Nya yang kekal dan keilahian-Nya, dapat nampak kepada pikiran dari karya-Nya sejak dunia diciptakan, sehingga mereka tidak dapat berdalih (Roma 1:20).

Hanya dengan melihat binatang kita dapat mengerti bahwa Allah itu ada. Karena binatang yang kuat memangsa binatang lemah, maka binatang yang lemah seharusnya menjadi punah. Tapi tidak demikian. Hal ini karena binatang yang kuat tidak memperanakkan keturunan dalam jumlah yang besar. Binatang yang lebih lemah mempunyai tingkat kelahiran yang tinggi, sehingga kita dapat melihat banyak keturunannya.

Mengapa Anda tidak bertanya pada burung pipit bagaimana mereka bisa terbang? Bagaimana lalat dapat terbang? Peradaban umat manusia telah berkembang sangat pesat dan sanggup membuat pesawat. Terdapat banyak bagian dalam pesawat, tetapi tanpa bahan bakar, pesawat tidak dapat terbang.

Umat manusia tidak dapat menciptakan bahkan seekor lalat sekalipun. Perlengkapan apa yang dimiliki burung pipit dan lalat sehingga mereka dapat terbang? Kita dapat merasakan sebuah sentuhan ketuhanan dari semua ini. Kita dapat mengerti bahwa Allah itu hidup.

Ayub mengakui kekuasaan Allah ini. Jika Anda dapat bertanya pada lalat, "Bagaimana kamu dapat terbang?" lalu, lalat akan menjawab, "Allah yang membuat aku seperti ini."

Jika Anda tidak dapat percaya kepada Allah, mengapa Anda tidak bertanya pada bumi? "Hai bumi, kekuatan seperti apa yang engkau miliki ketika kami menaburkan benih, benih menumbuhkan kuncup, tumbuh, berbunga, dan menghasilkan buah di dalam engkau? Bagaimana bisa bahwa ketika kami menggali kami mendapatkan emas, batu bara, dan minyak bumi darimu?"

Jika bumi dapat menjawab, dia akan berkata, "Allah yang memberikan aku kuasa." Jika tanah dapat menjawab Anda, dia akan berkata bahwa Allah yang membuat dia seperti itu.

Begitu juga, terdapat banyak jenis ikan di laut. Bahkan ikan paus besar dan hiu dapat berenang sangat cepat dan bergerak dengan lincahnya. Meskipun umat manusia memiliki teknologi yang maju, kita tidak dapat hidup di bawah air. Semua hal ini dikerjakan oleh kuasa Allah dalam pemeliharaan-Nya.

"Bahwa di dalam tangan-Nya terletak nyawa segala yang hidup dan nafas setiap manusia? Bukankah telinga menguji kata-kata, seperti langit-langit mencecap makanan? Konon hikmat ada pada orang yang tua, dan pengertian pada orang yang lanjut umurnya. Tetapi pada Allahlah hikmat dan kekuatan, Dialah yang mempunyai pertimbangan dan pengertian. Bila Ia membongkar, tidak ada yang dapat membangun kembali; bila Ia menangkap seseorang, tidak ada yang dapat melepaskannya" (Ayub 12:10-14).

'Semua yang hidup' berarti segala sesuatu yang hidup termasuk semua tumbuh-tumbuhan dan binatang-binatang. 'Hidup' yang Ayub maksudkan disini adalah kemampuan untuk berpikir. Hal ini merupakan kekuatan untuk memberi alasan dan berpikir.

'Nafas'dikatakan untuk menyatakan pengertian akan segala hal dan dasar dari hukum alam. Inilah yang dimaksud Ayub: Binatang tidak memiliki kemampuan untuk mengerti dan menyadari hal yang mendasar dari segala sesuatu. Allah memberikan semua yang hidup jiwa, sehingga mereka memiliki kemampuan untuk berpikir, tetapi Allah juga memberikan manusia roh untuk membuat mereka mengerti hukum alam dan prinsip segala sesuatu. Semua hal ini merupakan dalam pemeliharaan Allah.

Selanjutnya, kita diberikan lidah untuk mengecap rasa yang berbeda-beda, kita memiliki kemampuan untuk mendengar dengan telinga sehingga kita dapat membedakan suara. Dikatakan 'hikmat ada pada orang tua memiliki pengertian' berarti bahwa manusia mendapatkan lebih banyak kebijaksanaan melalui pengalaman setelah mereka lanjut umurnya.

'Manusia yang tua' mengacu pada aliran waktu, dan 'orang yang lanjut umurnya' berarti seseorang yang berumur panjang dan dengan kesehatan yang baik. 'Hikmat dan kekuatan' berarti seseorang yang cerdas dan berpikiran jernih tentang prinsip-prinsip sesuatu. Yakni, hal ini berarti seseorang mempunyai kemampuan untuk membedakan berbagai hal, dan dia menyempurnakan dirinya sendiri dengan lengkap dengan kemampuan itu melalui tahun-tahun kehidupannya.

'Pertimbangan' merupakan semua hikmat dan akal untuk menggenapi beberapa hal tertentu. Di sini, Ayub berkata bahwa Allah memiliki hikmat dan kekuatan, dan juga pertimbangan dan pengertian. Sampai bagian ini, apa yang Ayub katakan merupakan hal yang masuk akal dan benar.

4. Apa Sebenarnya yang Ingin Ayub Katakan?

Tetapi segera setelahnya, dia mengungkapkan apa yang benar-benar ingin dia sampaikan. Ayat 14 berkata, "Bila Ia membongkar, tidak ada yang dapat membangun kembali; bila Ia menangkap seseorang, tidak ada yang dapat melepaskannya."

Apa artinya ini?

Allah tidak membongkar atau memenjarakan manusia. Tetapi ketika manusia melanggar hukum dari alam rohani, Allah harus memalingkan wajah-Nya dari mereka, lalu kemudian Iblis dan setan mulai membawa ujian dan pencobaan untuk membuat mereka menderita.

Bahkan jika manusia telah melakukan dosa atau kesalahan, jika mereka bertobat dan berbalik kembali, Allah akan mengangkat mereka kembali. Meskipun Petrus menyangkal Tuhan Yesus tiga kali, hal itu bukanlah dari dalam hatinya sehingga dia telah melakukan penyangkalan tersebut. Sehingga, ketika dia bertobat, dia telah diampuni dan dilahirkan kembali, dan menjadi seorang rasul yang berkuasa.

"Bila Ia membendung air, keringlah semuanya; bila Ia melepaskannya mengalir, maka tanah dilandanya. Pada Dialah kuasa dan kemenangan, Dialah yang menguasai baik orang yang tersesat maupun orang yang menyesatkan. Dia yang menggiring menteri dengan telanjang, dan para hakim dibodohkan-Nya" (Ayub 12:15-17).

Ayub mengetahui bahwa Allah juga menghentikan aliran dari Sungai Yordan. Ayub mengatakan bahwa seperti Sungai Yordan berhenti mengalir dan bangsa Israel dapat menyeberanginya, Allah dapat mengendalikan atau mengeringkan air.

"Kemudian Allah membawa mereka keluar, dan mereka menyebar ke seluruh bumi" yang berarti bahwa ketika terjadi air bah, di sana akan terjadi longsor dan bencana lainnya yang membanjiri bumi. Ayub mengatakan bahwa Allah adalah Allah yang menakutkan dan jika Dia sekali saja menghancurkan seperti ini, kita tidak dapat memperbaikinya. Yang dimaksudkan Ayub adalah Allah jugalah yang menyebabkan manusia tersesat, atau menyebabkan manusia menyesatkan orang lain, dan karena Allah-lah sehingga Ayub sendiri juga menderita ejekan dan penghinaan.

Akibatnya Ayub berkata kepada sahabat-sahabatnya, "Sahabat, tidakkah engkau mengenal Allahmu? Setelah mendengarkan penjelasanku tidakkah engkau menyadari siapa sebenarnya yang berlaku salah? Bukankah Allah jahat? Jika engkau benar-benar bijaksana, engkau dapat membuat keputusanmu sendiri."

Dari sini, hati Ayub yang sebenarnya terungkap. Pikiran Ayub yang bercabang mencoba untuk membuat sahabat-sahabatnya berpikir bahwa Allah itu jahat. Ayub telah mengangkat Allah sedemikian besar dan sekarang dia memulai menjatuhkan Dia.

Sekarang, apa yang dimaksud dengan "Dia membuat penasihat berjalan dengan kaki telanjang dan membuat orang bodoh menjadi hakim"?

'Menasihati' adalah untuk membuat rencana. Penasihat harus mempunyai kebijaksanaan .

Ayub mendengar tentang sejarah bangsa Israel dari nenek moyangnya. Ketika Allah mengangkat kebijaksanaan, tidak menjadi masalah rencana seperti apa yang dibuat penasihat yang bukan orang Yahudi, tentara mereka semuanya ditangkap dengan sekejap. Ayub mengetahui tentang peperangan di mana ratusan ribu tentara menyerang Israel, tapi ketika Allah menentang mereka, orang bukan Yahudi saling bertempur diantara mereka sendiri dan melarikan diri.

Oleh karena itu, meskipun penasihat menemukan strategi yang bagus, jika Allah mengangkat kebijaksanaan, mereka akan kalah dalam peperangan.

Begitu juga, Ayub berpendapat bahwa Allah membuat bodoh para hakim. Hakim harus menilai dan membuat keputusan sesuai dengan keadilan. Dan Ayub maksudkan bahwa Allah membiarkan hakim membuat keputusan yang bodoh.

Apa yang sebenarnya Ayub ingin katakan disini?

Ayub mencoba untuk membuat sahabat-sahabatnya menyadari bahwa, karena Allah tidak adil, Dia telah membuat Ayub menderita dengan sangat meskipun sebelumnya benar dan tidak bersalah. Dia menyatakan bahwa karena Allah membimbing para hakim untuk membuat keputusan yang bodoh, Dia juga merupakan seorang Hakim yang bodoh.

"Dia membuka belenggu yang dikenakan oleh raja-raja dan mengikat pinggang mereka dengan tali pengikat. Dia yang menggiring dan menggeledah para imam, dan menggulingkan yang kokoh. Dia yang membungkamkan orang-orang yang dipercaya, menjadikan para tua-tua hilang akal. Dia yang mendatangkan penghinaan kepada para pemuka, dan melepaskan ikat pinggang orang kuat. Dia yang menyingkapkan rahasia kegelapan, dan mendatangkan kelam pekat pada terang" (Ayub 12:18-22).

"Dia membuka belenggu yang dikenakan oleh raja-raja dan mengikat pinggang mereka dengan tali pengikat" yang berarti mematahkan kekuasaan dari raja-raja tersebut. Jika Allah mengangkat wibawa, raja tersebut tidak dapat tidak akan ditangkap. Sebagai contoh, ketika para raja ditangkap oleh pemberontak atau musuh, mereka kehilangan kekuasaan mereka. Lengan mereka ditempatkan pada kedua sisinya dan diikat dengan cara demikian. Jika lengan mereka diikat pada kedua sisinya, mereka tidak dapat menggunakan kekuatan mereka.

Juga, Ayub mendengar tentang imam yang benar yang juga ditangkap atau dibunuh disepanjang sejarah. Dia juga melihat seseorang yang berkuasa jatuh pada suatu hari. Ayub mengatakan bahwa semua hal ini dilakukan oleh Allah.

Ayat 20 berkata, "Dia yang membungkamkan orang-orang yang dipercaya."

Apa artinya itu?

Ayub berpikir bahwa dia setia di hadapan Allah, tetapi Allah meninggalkan dia. Tetapi Allah sama sekali tidak membungkamkan perkataan-perkataan orang yang setia.

Ketika Saul menyerang orang Amalek, Allah menyuruhnya untuk menghancurkan semuanya, termasuk orang-orang dan hewan-hewannya. Tetapi Saul tidak mematuhi perkataan Allah dan menangkap dan membawa kembali raja musuh dan hewan-hewan pilihan. Ketika Samuel bertanya padanya apa yang terjadi, dia berkata bahwa dia membawa mereka untuk memberikan korban persembahan kepada Allah. Dengan pemikiran manusia, kita mungkin berpikir bahwa Saul melakukan sesuatu yang baik. Tetapi ada sebuah maksud rohani dalam apapun yang Allah perintahkan, dan Saul tidak mematuhi Allah dengan pemikirannya sendiri.

Ayat itu juga berkata, "Dan menjadikan para tua-tua hilang akal." Allah tidak menghilangkan akal para tua-tua. Dia ingin mereka menjadi sehat dan Dia ingin menambahkan hikmat dan pengetahuan kepada mereka. Mengapa Allah ingin mengambil akal para tua-tua?

Ketika manusia menjadi tua, mereka kehilangan kekuatan ingatan atau ketajaman akal mereka. Ayub sedang berkata bahwa Allah membuat mereka kehilangan daya ingat mereka, tetapi sebenarnya adalah manusialah yang membuat diri mereka seperti itu.

Sekarang, apa maksudnya bahwa, "Dia yang mendatangkan penghinaan kepada para pemuka, dan melepaskan ikat pinggang orang kuat"?

Para pemuka tersebut adalah para pemimpin. Allah tidak akan memberikan pencobaan kepada para pemuka/bangsawan. Di sini, "ikat pinggang" juga merupakan perlambang. Sebagai contoh, ikat pinggang Samson adalah rambutnya. Ketika rambutnya dicukur, dia kehilangan kekuatannya, dan dia harus menderita penghinaan dan kejijikan.

Kemudian, apakah ikat pinggang kuat Ayub? Itu adalah pengetahuan, hikmat, dan kekayaannya yang dengan itu dia bisa mengajar orang lain.

Ayub berkata bahwa Allah melepaskan ikat pinggang orang kuat. Disini, Ayub tahu bahwa jika dia secara langsung berkata bahwa dialah orangnya, sahabat-sahabatnya akan langsung mendebatnya, maka dia menjelaskannya secara tidak langsung. Yakni, dia maksudkan adalah bahwa "Allah adalah Allah yang seperti ini, dan karena itu Dia melepaskan ikat pinggangku."

Ayat 22 berkata, "Dia yang menyingkapkan rahasia kegelapan." Apa artinya itu?

'Berada dalam kegelapan' berarti bahwa sesuatu sedang disembunyikan. Ayub sebenarnya memiliki sedikit pengetahuan tentang Allah hanya dengan sekedar mendengar dari nenek moyangnya.

Dengan pengetahuan yang sedikit tersebut, Ayub percaya dan mematuhi Allah sebaik yang dia bisa, dan percaya sekarang sebuah rahasia dalam rencana Allah telah diungkapkan. Dan pencobaan-pencobaan dan penderitaan berat datang menimpanya. Inilah yang dimaksud Ayub. Dia sedang mengkritik Allah sebagai seorang Allah yang telah menakdirkan segala sesuatu.

Ayat ini juga berkata, "Dan mendatangkan kelam pekat pada terang." Ini berarti bahwa Ayub biasanya hidup dalam terang, dalam dunia yang terang benderang, tetapi dalam sekejap kematian datang menimpanya. Dia ingin berkata bahwa dia biasa hidup dalam terang, tetapi sebuah situasi seperti kematian datang menimpanya.

Kemudian, hal apakah yang Allah ungkapkan dari kegelapan? Allah mengungkapkan dosa-dosa kita yang berada dalam kegelapan.

Dengan melakukan hal demikian, Allah membiarkan kita menemukan dosa-dosa kita yang tersebunyi dalam kegelapan, dan membimbing kita untuk membuangnya dan dijadikan baru kembali. Allah tidak membawa kematian kepada terang, tetapi Dia memberikan kehidupan pada kegelapan untuk meneranginya.

Sebelum kita mengenal Allah, kita biasa hidup dalam kegelapan dunia. Tetapi sejak Allah mulai memberikan terang dari atas, kita membuka pintu gerbang hati kita dan menerima firman Allah. Dengan demikian, kita keluar dari kegelapan kepada dunia terang, dan kita memperoleh hidup dan menjalani jalan menuju hidup yang kekal. Allah adalah Allah yang baik, tetapi pengertian Ayub tentang Allah adalah kebalikannya.

"Dia yang membuat bangsa-bangsa bertumbuh, lalu membinasakannya, dan memperbanyak bangsa-bangsa, lalu menghalau mereka. Dia menyebabkan para pemimpin dunia kehilangan akal, dan membuat mereka tersesat di padang belantara yang tidak ada jalannya. Mereka meraba-raba dalam kegelapan yang tidak ada terangnya; dan Ia membuat mereka berjalan terhuyung-huyung seperti orang mabuk" (Ayub 12:23-25).

"Dia yang membuat bangsa-bangsa bertumbuh, lalu membinasakannya, dan memperbanyak bangsa-bangsa, lalu menghalau mereka." Kita dapat melihat ini dengan jelas melalui sejarah.

Ketika bangsa Israel pergi ke tanah Kanaan, mereka merupakan bangsa dengan kekuasaan yang kecil, tetapi ketika masa Raja Daud, mereka menjadi sangat kuat sehingga mereka mendapatkan penghormatan dari negara-negara lain. Tetapi kadang-kadang, bangsa Israel ini menyembah berhala, dan menjadi tawanan atau hampir dimusnahkan.

Bahkan Kerajaan Romawi runtuh. Juga, Jerman, Jepang, dan Italia mencoba untuk menguasai dunia pada Perang Dunia Kedua tetapi semuanya runtuh seketika.

Bukanlah Allah yang membuat suatu bangsa maju atau jatuh, atau diktator memerintah negara-negara tertentu. Tetapi Ayub berkata bahwa segala sesuatu terjadi menurut takdir Allah. Jika demikian, Allah tidak akan dapat membuat penghakiman apa pun pada Hari Penghakiman. Mereka yang jatuh ke neraka akan berbantah dengan Allah dan berkata, "Allah, Engkaulah yang

membuatku menjadi jahat dan membuatku melakukan dosa!"
Kemudian, apa yang akan dapat dikatakan Allah?

Jika seseorang gagal dalam bisnisnya, dialah yang menyebabkan hal itu terjadi. Tidak boleh ada orang bodoh mana pun yang berkata Allah membuat bisnis mereka gagal.

Akhirnya, marilah kita melihat ayat, "Dia menyebabkan para pemimpin dunia kehilangan akal, dan membuat mereka tersesat di padang belantara yang tidak ada jalannya. Mereka meraba-raba dalam kegelapan yang tidak ada terangnya; dan Ia membuat mereka berjalan terhuyung-huyung seperti orang mabuk."

Untuk menjadi seorang ketua, seseorang harus memiliki hikmat. Dia harus cepat dalam berpikir, dan harus berpikir dengan dalam. Dia harus baik dalam segala hal tanpa membuat kesalahan. Jika seorang pemimpin tidak memiliki kepintaran seperti itu, dia tidak akan dapat berfungsi sebagai seorang pemimpin untuk waktu yang lama.

Ayub menjelaskan dengan sebuah perumpamaan bahwa dia dulunya adalah seorang guru akan segalanya tetapi sekarang bukan apa-apa sejak Allah mengambil kepintarannya.

Dia maksudkan bahwa Allah membuatnya berkelana dalam lembah kematian, tempat yang gelap, dan membuatnya berjalan terhuyung-huyung seperti seorang yang mabuk.

Pada mulanya, Ayub mengenal kemahakuasaan Allah dan berkata hal-hal yang benar, tetapi kemudian dia mulai berkata apa yang tidak benar. Ketika seorang yang mabuk berjalan, dia terhuyung-huyung, tetapi dia sendiri tidak berpikir bahwa dia terhuyung-huyung, karena dia merasa dia berjalan lurus menuju ke tujuan.

Jika seseorang di samping mereka berkata, "Mengapa kamu begitu mabuk? Berjalanlah lurus!" dia mungkin akan berkata,

"Saya tidak mabuk dan saya sedang berjalan lurus. Jadi, mengapa kamu berkata bahwa saya berjalan terhuyung-huyung?"

Ayub berada dalam situasi yang sama seperti seseorang yang sedang terhuyung-huyung. Ketika sahabat-sahabatnya mengatakan, "Kamu adalah orang berdosa dan jahat," Ayub menjawab, "Saya bukan seorang berdosa. Saya orang yang benar dan tidak bersalah. Kamulah yang jahat, dan Allah yang menempatkan saya dalam situasi ini."

Ayub menyimpulkan bahwa Allah adalah Allah yang jahat berpikir bahwa Allah telah menakdirkan segalanya, bahkan dengan menggunakan perbandingan seorang yang sedang mabuk.

Bab 13
Ayub Berbantah di Hadapan Allah

1. Kesombongan Ayub
2. Hati Licik yang Sering Berubah
3. Memberikan Alasan-alasan
4. Ayub Mendengarkan Kebenaran Seolah-olah Itu adalah Amsal
5. Ayub Membela Dirinya
6. Mengingat Dosa-Dosa Masa Muda

"Sesungguhnya, semuanya itu telah dilihat mataku, didengar dan dipahami telingaku. Apa yang kamu tahu, aku juga tahu, aku tidak kalah dengan kamu. Tetapi aku, aku hendak berbicara dengan Yang Mahakuasa, aku ingin membela perkaraku di hadapan Allah." (Ayub 13:1-3)

1. Kesombongan Ayub

"Sesungguhnya, semuanya itu telah dilihat mataku, didengar dan dipahami telingaku. Apa yang kamu tahu, aku juga tahu, aku tidak kalah dengan kamu. Tetapi aku, aku hendak berbicara dengan Yang Mahakuasa, aku ingin membela perkaraku di hadapan Allah" (Ayub 13:1-3).

"Sesungguhnya, semuanya itu telah dilihat mataku, didengar dan dipahami telingaku" berarti bahwa Ayub tahu tidak hanya apa yang telah dikatakan sahabat-sahabatnya tetapi juga apa yang telah dia katakan. Apa artinya ini?

Seandainya ada seseorang yang diuji dalam pencobaan, dan Anda menasihatinya dengan firman Allah. Tetapi, dia tidak menerimanya. Malahan, dia berkata, "Saya tahu segalanya yang kamu kamu katakan. Saya telah mendengar dan melihat semuanya dan membaca Alkitab berkali-kali. Jadi, saya tahu." Jika dia memang melakukan hal itu itu berarti bahwa dia sombong.

Sekarang, Ayub menjawab dengan cara demikian.

Dia berkata, "Saya tahu apa yang kalian ketahui. Saya tidak tahu lebih sedikit dibandingkan kalian. Saya bahkan tidak mau berurusan dengan kalian. Saya tidak ingin mendengarkan kalian. Saya akan berbicara dengan Allah Yang Mahakuasa dan berbantah dengan Dia."

Ayub berkata bahwa dia lebih baik dibandingkan sahabat-sahabatnya. Sahabat-sahabatnya, dengan kasih mereka padanya, mencoba untuk membuat Ayub menjadi sadar dengan sendirinya dan membuat dia berjalan dengan layak dalam pemandangan Allah.

Tetapi Ayub sama sekali tidak mendengarkan sahabatnya. Dia menjauhkan diri dari mereka. Ini karena sahabatnya tidak menasihati dia dengan suara yang tepat melainkan dengan emosi panas mereka. Ayub tidak dapat mempercayai teman-temannya. Mereka yang memegang firman Allah akan menerima setiap nasihat dengan sebuah kata 'Amin' jika hal tersebut adalah kebenaran.

2. Hati Licik yang Sering Berubah

Ayub berkata bahkan jika dia berteriak kepada Allah, Dia tidak akan mendengar (Ayub 5:1), dan bahkan jika Allah menjawabnya, dia tidak akan percaya kepada-Nya (Ayub 9:16). Dia juga lupa bahwa ia pernah berkata bahwa mustahil untuk berbantah dengan Allah, tetapi sekarang, dia berkata bahwa dia ingin berbantah dengan Allah (Ayub 9:14-16).

Hal ini karena Ayub berbicara secara spontan tanpa menyadari hatinya ketika kata-kata keluar dari mulutnya. Inilah hati yang licik yang menyebabkan kebingungan luar biasa.

Banyak orang tidak mengingat apa yang telah mereka telah katakan. Anda mungkin telah lupa apa yang Anda katakan, atau Anda salah mendengar sesuatu yang dikatakan.

Juga, ketika Anda berkata sesuatu, Anda harus mengatakan apa yang ada dalam hati Anda, tetapi karena Anda hanya mengucapkan pikiran instan Anda, kemudian Anda tidak dapat mengingat apa yang telah Anda katakan. Mereka yang mengucapkan pikiran-pikiran mereka tidak dapat memenuhi apa yang mereka katakan. Hal ini karena mereka tidak mengingat apa yang mereka katakan. Tetapi malahan, mereka bersikeras pada apa yang tidak benar dan berbantah satu sama lain.

Kita harus jujur dan benar. Kita harus mengucapkan hanya apa yang dapat kita lakukan dan apa yang benar. Jika kita mengucapkan sesuatu, kita harus memenuhinya. Kita dapat mengerti bagaimana Ayub menjadi begitu keras kepala. Jika kita mempunyai hati yang sempurna, tidak berubah-ubah, dan benar kita tidak akan bertindak seperti itu.

"Sebaliknya kamulah orang yang menutupi dusta, tabib palsulah kamu sekalian. Sekiranya kamu menutup mulut, itu akan dianggap kebijaksanaan dari padamu" (Ayub 13:4-5)

Ayub mengenal sahabat-sahabatnya dengan sangat baik. Karena mereka tidak sepenuhnya benar dan kadang-kadang berbohong, dia tidak mau mendengarkan mereka.

1 Yohanes 1:6 mengatakan, *"Jika kita katakan, bahwa kita beroleh persekutuan dengan Dia, namun kita hidup didalam kegelapan, kita berdusta dan kita tidak melakukan kebenaran"*. Jika kita mengakui iman kita kepada Allah tetapi melakukan dosa dan hidup dalam kegelapan, Alkitab berkata bahwa kita adalah pembohong.

Ayub tidak mendengarkan nasihat sahabat-sahabatnya. Dia memandang rendah mereka. Dia sekarang juga berkata bahwa mereka penuh dengan omong kosong. Ayub tahu bahwa sahabat-sahabatnya adalah orang-orang munafik dan karenanya perkataan dan perbuatan mereka sangat berbeda.

Malahan Ayub sekarang menasihati mereka untuk diam. Jika Anda berbicara banyak, Anda membuat kesalahan, dan jika Anda membuat banyak kesalahan, Anda tidak dapat memperoleh kepercayaan dari orang lain.

Seperti yang telah kita pelajari, Ayub sangat baik dalam hikmat dan pengetahuan, dan dia juga memiliki pendidikan yang baik, jadi siapa yang merasa cukup berani untuk berdiri di hadapannya dan mengubahnya? Kecuali Allah telah bekerja melalui barah yang parah, dia tidak akan menyerah di hadapan Allah.

Mari kita menempatkan diri kita dalam posisi Ayub saat ini. Andaikan kita berada dalam kesulitan dan pencobaan dan banyak orang menasihati kita dengan firman Allah. Hati jenis apa yang akan kita miliki? Apakah Anda menerimanya dengan sebuah 'Amin', atau apakah harga dirimu terluka, dan Anda memandang rendah mereka?

Katakanlah seorang diaken tertentu menderita beberapa kesulitan, seseorang menasihati dia dengan kebenaran. Jika diaken ini berpikir, "Anda tidak lebih baik dari saya, dan mengapa Anda begitu berani memberitahukan pada saya apa yang harus saya kerjakan!" Maka, diaken ini harus menyadari betapa jahatnya dia. Tidak penting dari mulut siapa itu diucapkan, jika perkataan tersebut adalah kebenaran, kita harus mau menerimanya dengan rendah hati.

3. Memberikan Alasan-alasan

"Dengarkanlah pembelaanku, dan perhatikanlah bantahan bibirku. Sudikah kamu berbohong untuk

Allah, sudikah kamu mengucapkan dusta untuk Dia? Apakah kamu mau memihak Allah, berbantah untuk membela Dia? Apakah baik, kalau Ia memeriksa kamu? Dapatkah kamu menipu Dia seperti menipu manusia?" (Ayub 13:6-9).

'Perbedaan pendapat' dalam suatu diskusi yang mana alasan-alasan dikemukakan untuk dan dalam beberapa masalah atau usulan. 1 Timotius 6:20 berkata. "Hai Timotius, peliharalah apa yang telah dipercayakan kepadamu. Hindarilah omongan yang kosong dan yang tidak suci dan pertentangan-pertentangan yang berasal dari apa yang disebut pengetahuan.'"

Allah memerintahkan kita untuk tidak berdebat, tetapi Ayub berkata bahwa dia ingin berdebat dengan Allah, serta memberitahukan sahabat-sahabatnya untuk mendengarkan pernyataannya.

'Pernyataan' merupakan gagasan atau pendapat yang mereka ungkapkan dalam suatu perbedaan pendapat atau diskusi. Di sini, Ayub maksudkan bahwa dia tidak memiliki sesuatupun yang salah dalam dirinya. Berdebat tidaklah benar menurut kebenaran.

Jika kita mengerti kebenaran dan dapat membedakan kebenaran dari ketidakbenaran maka kita dapat mengerti bahwa mereka yang tidak benar mencoba untuk membantah dan memberikan pernyataan mereka dan alasan-alasan untuk mendukung pendapat mereka. Mereka yang hidup dalam kebenaran, sekalipun jika mereka di kritik oleh orang lain, mereka hanya memandang kepada Allah yang merupakan Hakim Sejati dan bertahan menjalaninya. Mereka hanya memegang firman Allah. Mereka tidak mencoba untuk balik membantah atau membenarkan diri mereka sendiri. Mereka hanya menyerahkan semuanya ke dalam tangan Allah agar Allah sendiri dapat bekerja untuk menyelesaikannya.

Jesus menyerahkan semuanya kepada Allah dan berdoa ketika Dia dituduh secara salah. Dia tidak pernah memberikan bantahan atau balik berdebat.

Berikutnya, Ayub berkata, "Sudikah kamu berbohong untuk Allah, dan sudikah kamu mengucapkan dusta untuk Dia?" Berbohong adalah tindakan tidak jujur.

Ayub telah berkata, "Kamu berkata bahwa Aku seorang yang tidak benar. Akan tetapi kamu dirimu sendiri tidak bertindak sesuai kebenaran, dan kamu malah memarahi aku. Oleh karena itu, bukankah engkau juga pendusta? Sudikah kamu berbohong untuk Allah? Apa kamu mencoba untuk menipu keahlian Allah? Allah mengetahui hatimu."

Lalu, apa yang dimaksud dengan "Sudikah kamu mengucapkan dusta untuk Dia?" Untuk menunjukkan keberpihakan adalah kecenderungan seseorang lebih berkenan kepada salah satu pihak lebih dari pada kepada pihak yang lainnya.

Jadi, dalam kata lain disebutkan, "Bagaimana mungkin engkau, yang adalah pembohong, bertingkah laku seolah-olah engkau memihak kepada Allah? Bagaimana engkau dapat berdiri dalam rumah Allah dan berbantah dengan aku tentang firman Allah?"

"Allah melihat hatimu. Sekalipun engkau dapat menipu orang banyak, tetapi dapatkah engkau menipu Allah yang menyelidiki hatimu?"

Ayub memberikan serangan sarkastis terhadap titik kelemahan sahabat-sahabatnya. Ayub mencoba membuat mereka berhenti berkata-kata. Ayub memiliki balok di dalam matanya tetapi di tidak dapat menemukannya, dan dia sedang menunjukkan selumbar di mata saudaranya.

4. Ayub Mendengarkan Kebenaran Seolah-olah Itu adalah Amsal

"Kamu akan dihukum-Nya dengan keras, jikalau kamu diam-diam memihak. Apakah kebesaran-Nya tidak akan mengejutkan kamu dan ketakutan kepada-Nya menimpa kamu? Dalil-dalilmu adalah amsal debu, dan perisaimu perisai tanah liat. Diam! Aku hendak bicara, apapun yang akan terjadi atas diriku!" (Ayub 13:10-13).

Jangan menunjukan keberpihakan diam-diama, kita harus menghilangkan kemunafikan dan memandang kepada Allah dengan kerendahan dan kesungguhan hati. Jika kita berlutut merendahkan diri kepada Allah, kita akan akan mendengar suara Allah. Jika kita sombong, kita tidak dapat mendengar suara-Nya.

"Perbuatanmu tidaklah benar, dan bagaimana engkau berani menyalahkanku? Jika kau berlutut merendahkan diri kepada Allah dan memandang-Nya, engkau akan dapat mendengar kemarahan-Nya kepadamu!"

Ayub mengira Allah sangat mulia dan juga menakutkan. Dia mengetahui tentang martabat Allah. Ayub tidak tahu Allah pengasih. Dia takut akan Allah dan mengenalnya hanya sebagai Allah yang mentakdirkan segala sesuatu.

Kemudian, Ayub berkata, "Dalil-dalilmu adalah amsal

debu, dan perisaimu perisai tanah liat." Sahabat-sahabat Ayub mencoba sebaik mungkin untuk membuat Ayub untuk menyadari sesuatu tentang firman Allah. Tetapi Ayub tidak menerima apa yang mereka katakan sebagai kebenaran, tetapi hanya sekedar amsal atau nasihat. Jadi, bagaimana dia dapat membangun dirinya sendiri dan berubah?

Hingga saat ini, Ayub dan sahabat-sahabatnya tetap berdebat dan berselisih satu dengan yang lain. Ketika Ayub menyerang, sahabatnya bertahan. Ketika sahabatnya menyerang, Ayub mempertahankan dirinya sendiri dan kemudian menyerang kembali.

"Perkataanmu tidak sesuai dengan firman Allah. Itu semua hanyalah beberapa perkataan bijak. Apa yang akan kau lakukan terhadap aku? Engkau akan berhenti membicarakan hal yang tidak berguna dan mendengarkan aku dengan tenang. Jika sesuatu terjadi padaku, terjadilah."

Tembok yang terbuat dari batu akan kuat, tetapi tembok dari tanah liat akan mudah roboh. Ayub menyimpulkan bahwa sahabat-sahabatnya seperti tembok tanah liat yang akan mudah roboh. Jika kita menjadi sombong, kita tidak akan dapat mendengarkan firman Allah. Begitu juga, meskipun ini adalah firman Allah, kita akan menyangka ini semua adalah perkataan manusia.

Jika kesombongan datang seperti dalam kasus Ayub ini, meskipun kita mendengar nasihat atau larangan dengan firman Allah, kita dapat mengerti semua itu hanya sebagai kata-kata bijak manusia.

5. Ayub Membela Dirinya

"Dagingku akan kuambil dengan gigiku, dan nyawaku akan kutatang dalam genggamku. Lihatlah, Ia hendak membunuh aku, tak ada harapan bagiku, namun aku hendak membela peri lakuku di hadapan-Nya. Itulah yang menyelamatkan aku; tetapi orang fasik tidak akan menghadap kepada-Nya." (Ayub 13:14-16).

Ayub sekarang membela dirinya sendiri. Dia berkata, "Dagingku akan kuambil dengan gigiku, dan nyawaku akan kutatang dalam genggamku." 'Nyawaku akan kutatang dalam genggamku' artinya ialah dia berusaha untuk mengambil nyawanya sendiri.

Ayub berkata, "Mengapa aku harus menderita? Mengapa aku menganggap diriku sendiri lemah? Bukan seperti itu. Aku tidak melakukan kesalahan apapun tetapi Allah mencoba mengambil hidupku, sehingga Aku merasa putus asa. Aku akan berbantah di hadapan-Nya mengenai perbuatanku untuk membuktikan apa yang benar dan apa yang salah."

"Tetapi orang fasik tidak akan menghadap kepada-Nya" berarti bahwa mereka yang suka melawan dan berubah-ubah tidak akan dapat mendekat kepada Allah. Dan Ayub mengatakan bahwa perbuatannya ini akan menjadi keselamatannya. Yakni, dia maksudkan bahwa dia bukanlah seorang fasik melainkan seorang yang benar, dia akan mendapatkan keselamatan dari Allah. Dia bersikeras bahwa dia benar.

"Dengarkanlah baik-baik perkataanku, perhatikanlah keteranganku. Ketahuilah, aku menyiapkan perkaraku, aku yakin, bahwa aku benar. Siapa mau bersengketa dengan aku? Pada saat itu juga aku mau berdiam diri dan binasa" (Ayub 13:17-19).

Ayub berkata bahwa dia akan menjelaskan dan sahabatnya harus mendengarkan dan memperoleh pemahaman. Dalam ayat 18, Ayub telah mempersiapkan perkaranya. Lalu perkara macam apa yang dia persiapkan?

Dia menjelaskan bahwa dia benar dan tidak pernah berbuat dosa atau melakukan sesuatu yang jahat. Dia selalu memberikan korban bakaran kepada Allah sehingga tidak memiliki sesuatu yang bercela; dia takut akan Allah, penolong bagi orang lain dan melayani mereka.

Di sini, dia mengatakan bahwa dia tahu bahwa dia benar, karena, pertama, dia tidak melakukan kejahatan apapun tetapi bertindak dalam kebenaran. Kedua, dia mengatakan bahwa dia orang benar karena dia sungguh-sungguh benar dalam hal perbuatannya.

Dalam ayat 19, dia bertanya, "Siapa mau bersengketa dengan aku?" Untuk semua orang yang berdebat dengan dia, orang tersebut haruslah lebuh benar dari Ayub sendiri, dan dia bertanya siapakah yang dapat menyamainya. Ayub berkata jika di antara mereka ada seseorang yang lebih benar dari pada dia, dia akan diam dan mati. Yakni, dia akan menyerah di hadapan orang itu.

Ayub berpendapat bahwa dia tidak melakukan kesalahan apapun, sehingga dia tidak mempunyai dosa. Yaitu, dia berpikir bukanlah suatu dosa untuk memukul balik jika orang lain memukul dia terlebih dahulu dan mengutuk balik jika orang lain mengutuk dia terlebih dahulu. Tetapi apa yang firman Allah ajarkan kepada kita?

Matius 5:39-42 memberitahu kepada kita secara jelas. Dikatakan demikian, *"Tetapi Aku berkata kepadamu: Janganlah kamu melawan orang yang berbuat jahat kepadamu, melainkan siapapun yang menampar pipi kananmu, berilah juga kepadanya pipi kirimu. Dan kepada orang yang hendak mengadukan engkau karena mengingini bajumu, serahkanlah juga jubahmu. Dan siapapun yang memaksa engkau berjalan sejauh satu mil, berjalanlah bersama dia sejauh dua mil. Berilah kepada orang yang meminta kepadamu dan janganlah menolak orang yang mau meminjam dari padamu."*

Sahabat Ayub tidak bertanya kepada Ayub untuk memberikan salah satu dari jubahnya atau pergi bersama mereka satu atau dua mil. Mereka hanya mencoba membiarkan Ayub menyadari sesuatu melalui firman Allah. Ayub tidak memberikan pipinya yang lain; dia malahan memukul balik mereka dua atau tiga kali lagi.

"Hanya janganlah Kaulakukan terhadap aku dua hal ini, maka aku tidak akan bersembunyi terhadap Engkau: jauhkanlah kiranya tangan-Mu dari padaku, dan kegentaran terhadap Engkau janganlah menimpa aku! Panggillah, maka aku akan menjawab; atau aku berbicara, dan Engkau menjawab" (Ayub 13:20-22).

Ayub mencoba untuk berbantah dengan Allah karena tidak ada seorang pun yang lebih baik daripada dia. Tetapi meskipun dia tetap takut akan Allah, dia tidak akan menuangkan semua yang ingin dia sampaikan. Sekarang, dia bertanya kepada Allah untuk tidak melakukan dua hal sehingga dia dapat berbantah dengan-Nya secara bebas.

Dia berkata bahwa tangan Allah atas dia, dan sehingga, jika

Dia mengangkat tangan -Nya dari dia, dan jika Allah tidak menakutinya, dia memiliki banyak hal untuk dibantah. Mengapa Ayub begitu takut kepada Allah? Itu karena konsep dan pengertiannya yang salah tentang Allah. Karena dia berpikir bahwa dirinya sendiri sebagai seorang yang benar dan dia juga memiliki pengetahuan yang salah tentang kebenaran, dia salah mengerti Allah sebagai Allah yang perlu ditakuti. Dia maksudkan bahwa jika Allah tidak dapat membuatnya takut dan maka jika Dia memanggil dirinya, dia akan menjawab, sehingga Allah dapat mengatakan apa yang Dia inginkan setelah itu.

"Berapa besar kesalahan dan dosaku? Beritahukanlah kepadaku pelanggaran dan dosaku itu. Mengapa Engkau menyembunyikan wajah-Mu, dan menganggap aku sebagai musuh-Mu? Apakah Engkau hendak menggentarkan daun yang ditiupkan angin, dan mengejar jerami yang kering?" (Ayub 13:23-25).

Ketika Ayub berkata, "Berapa besar kesalahan dan dosaku? Beritahukanlah kepadaku pelanggaran dan dosaku itu," kita mungkin berpikir dia ingin mengetahui dosa-dosanya. Maksud utamanya adalah untuk membawa keluhan-keluhannya terhadap Allah.

Dia berbantah dengan Allah dengan mengatakan, "Saya tidak melakukan sesuatu hal yang salah. Saya tidak berdosa, dan mengapa Engkau menghukumku seperti ini?"

Dalam ayat 24, Ayub juga bertanya mengapa Allah memalingkan wajahnya dari padanya dan memandang dia sebagai seorang musuh.

Allah tidak memalingkan wajah-Nya dari Ayub, tetapi Ia

sedang melihat kepada Ayub dengan mata menyala-nyala. Dia mendengarkan setiap perkataan yang Ayub katakan. Allah tidak pernah memalingkan wajah-Nya ataupun Dia menganggap Ayub sebagai seorang musuh. Allah mengasihi semua orang. Sahabat-sahabat Ayub menasihati dia untuk mengakui kesalahan-kesalahannya dan bertobat, tetapi dia tidak mau mendengarkan. Dia tetap bersikeras bahwa dia benar, dan dia mengkritik sahabat-sahabatnya cukup tajam.

Kemudian, melalui Ibrani 12:1-8, marilah kita berpikir pribadi seperti apakah sebenarnya Allah itu.

"Karena kita mempunyai banyak saksi, bagaikan awan yang mengelilingi kita, marilah kita menanggalkan semua beban dan dosa yang begitu merintangi kita, dan berlomba dengan tekun dalam perlombaan yang diwajibkan bagi kita. Marilah kita melakukannya dengan mata yang tertuju kepada Yesus, yang memimpin kita dalam iman, dan yang membawa iman kita itu kepada kesempurnaan, yang dengan mengabaikan kehinaan tekun memikul salib ganti sukacita yang disediakan bagi Dia, yang sekarang duduk di sebelah kanan takhta Allah. Ingatlah selalu akan Dia, yang tekun menanggung bantahan yang sehebat itu terhadap diri-Nya dari pihak orang-orang berdosa, supaya jangan kamu menjadi lemah dan putus asa. Dalam pergumulan kamu melawan dosa kamu belum sampai mencucurkan darah. Dan sudah lupakah kamu akan nasihat yang berbicara kepada kamu seperti kepada anak-anak: 'Hai anakku, janganlah anggap enteng didikan Tuhan, dan janganlah putus asa apabila engkau diperingatkan-Nya; karena Tuhan

menghajar orang yang dikasihi-Nya, dan Ia menyesah orang yang diakui-Nya sebagai anak.' Jika kamu harus menanggung ganjaran; Allah memperlakukan kamu seperti anak. Di manakah terdapat anak yang tidak dihajar oleh ayahnya? Tetapi, jikalau kamu bebas dari ganjaran, yang harus diderita setiap orang, maka kamu bukanlah anak, tetapi anak-anak gampang."

Jika Anda membawa beban yang sangat berat, betapa Anda akan berkeringat dan betapa sulit jadinya hal itu! Tetapi sebuah beban yang bahkan lebih berat dari beban apapun adalah beban dosa. Jika kita berdosa, kita akan merasa menderita. Kita mengeluarkan perkataan dari penderitaan itu, dan akhirnya, kita melakukan lebih banyak dosa. Kita tidak bertobat dari kejahatan kita, tetapi melalui perkataan yang kita katakan memberikan lebih banyak dosa. Jika kita memberikan alasan yang tidak dapat kita tahan kecuali melakukannya, kita akan mulai mengatakan kebohongan, dan dosa akan terus bertambah lagi dan lagi. Akhirnya, dosa akan mengikat kita dan kita tidak dapat menyelesaikan masalah itu.

Oleh karena itu, ketika kita menghadapi banyak persoalan yang menyusahkan kita, kita harus menahannya dan memandang pada Yesus. Yesus menderita semua jenis ejekan dan hinaan dari ciptaan-Nya. Karena Dia tahu bahwa Dia akan duduk di sebelah tangan Allah dan yang akan menjadi penyelamat bagi seluruh umat manusia, Dia mengesampingkan rasa malu demi sukacita yang telah disiapkan dihadapan-Nya.

Dengan demikian, kita harus merenungkan pada betapa Yesus telah bertahan, mengampuni dan menjalani jalan-Nya, dan mengukirnya dalam hati kita. membuang dosa-dosa kita, kita harus berjuang melawannya sampai pada titik darah penghabisan. Dan karena kita tidak melakukannya, dikarenakan kita tidak percaya dan taat akan firman Allah untuk apa yang dapat kita lakukan, tidak boleh lakukan, buang, dan menjaga beberapa hal, kita menghadapi pendisiplinan Allah.

Ketika anak-anak tersesat, orang tua mereka akan mendisiplinkan mereka. Dengan jalan yang sama, ketika anak-anak-Nya melakukan dosa, Allah akan mendisiplinkan mereka. Jika di sana tidak ada hukuman atau tindakan disiplin dari Allah, Alkitab mengatakan kita adalah anak-anak gampang.

Dalam ayat 25, Ayub memposisikan dirinya sendiri seperti daun yang ditiupkan karena dia telah dipotong dari kehidupan. Dia juga menganggap dirinya sendiri seperti jerami kering. Sehelai daun diartikan sebagai seorang makhluk yang kesepian dan putus asa. Jerami kering merupakan benda yang tidak berguna yang bahkan tidak dapat digunakan sebagai bahan bakar.

Ayub mengatakan semua hal ini, dengan hati yang bercabang, untuk menjatuhkan Allah. Dia tidak dapat mati atau hidup; dia hanyalah seperti sehelai daun yang tidak memiliki kekuatan atau harapan. Dia tidak lebih berguna dari sekedar jerami kering, tapi dia mengatakan bahwa Allah menngejar dia untuk menyiksa dirinya.

6. Mengingat Dosa-dosa Masa Muda

"Sebab Engkau menulis hal-hal yang pahit terhadap aku dan menghukum aku karena kesalahan pada masa mudaku; kakiku Kaumasukkan ke dalam pasung, segala tindak tandukku Kauawasi, dan rintangan Kaupasang di depan tapak kakiku? Dan semuanya itu

terhadap orang yang sudah rapuh seperti kayu lapuk, seperti kain yang dimakan gegat!" (Ayub 13:26-28).

"Sebab Engkau menulis hal-hal yang pahit terhadap aku" tidak berarti bahwa Allah merencanakan hal yang pahit. Dalam ayat selanjutnya, Ayub mengatakan bahwa "[Allah] menghukum dia karena kesalahan pada masa mudanya, dan sekarang mengingat akan masa lalunya dari waktu masa mudanya."

Yaitu, hal ini berarti bahwa Allah mengingat semua hal tentang Ayub sejak masa mudanya. Ketika Ayub berbicara mengenai masa lalunya, dia menjalani hidup yang setia sebagai seorang ayah dan suami, dan dia menolong orang yang membutuhkan dan menjalani kehidupan yang benar. Dia tidak melakukan kesalahan apapun. Selama hidupnya dalam masa dewasanya, dia menjalani kehidupan yang benar, sehingga dia tidak dapat menemukan kesalahan apapun dari dirinya sendiri.

Tetapi ketika dia dalam masa mudanya, dia pasti pernah berkelahi dengan teman-temannya bahkan memukul salah satu dari mereka. Lalu, dia mengatakan bahwa Allah sekarang menghukum dia karena dosa yang dia lakukan di masa lalu, saat dia masih sangat muda untuk membedakan hal-hal. Yaitu, Ayub menjadikan Allah sebagai seorang pribadi yang jahat.

Ketika kita menerima Yesus Kristus sebagai Juru Selamat kita, Allah mengampuni kita dari segala dosa masa lalu kita. Ketika kita bertobat dan berbalik dari dosa dengan perbuatan kita, Allah bahkan tidak mengingat dosa masa lalu kita dan menyucikan kita dengan darah Tuhan Yesus. Tetapi jika kita tidak bertobat atau berbalik dari dosa kita serta tetap hidup dalam dosa, kita akan tetap menjadi pendosa.

Sekarang, apa yang dimaksud dengan "Kau masukkan kakiku ke dalam pasung"?

Jika kaki Anda dimasukkan ke dalam pasung, Anda tidak dapat bergerak. Anda terikat, dan itu berarti Anda kehilangan kebebasan Anda. Di sini, 'pasung' berarti pasung kehidupan. Ayub berkata bahwa dia tidak dapat memilih hidup atau mati. Allah telah benar-benar mengikat Ayub dan tidak memberikan kebebasan kepadanya. Ayub berkata bahwa Allah mengingat dosa-dosa yang dia lakukan pada masa mudanya dan meletakkan dia dalam pasungan, tidak menyediakan ruang untuk hidupnya.

Ayub menyanggah Allah dengan mengatakan bahwa Allah memberikan batas pada langkahnya, dan membuat dia seperti sesuatu yang busuk, seperti kain yang dimakan ngengat. Ini bukanlah gagasan yang benar. Kebenaran tidak seperti belenggu yang mengikat kita tetapi merupakan cahaya dalam kegelapan yang memimpin kita kepada jalan berkat.

Jikalau kita tetap dalam firman Allah, kebenaran akan memenuhi kita dan kebenaran itu akan memerdekakan kita (Yohanes 8:31-32). Jika kita memiliki kemerdekaan oleh karena kebenaran, kita memiliki pengharapan akan kerajaan surga, meskipun kita harus melewati jalan sempit di dunia ini. Karena kita percaya bahwa Allah akan membalas kembali sesuai dengan apa yang telah kita lakukan, kita dapat menjalani kehidupan Kekristenan yang penuh sukacita dan syukur.

Bab 14
Perbedaan antara Daging dan Roh
- Menyalahkan Allah Atas Segala sesuatu

1. Membahas Kesia-siaan Hidup
2. Ayub Berkata Allah Menakdirkan Segala Sesuatu Sesuai dengan Keinginan-Nya
3. Ayub Mencoba Mengajari Allah Sebuah Pelajaran melalui Perumpamaan
4. Mengingat Masa Lalunya, Menerima Kasih Allah

"Hanya tubuhnya membuat dirinya menderita, dan karena dirinya sendiri jiwanya berduka cita." (Ayub 14:22)

1. Membahas Kesia-sian Hidup

"Manusia yang lahir dari perempuan, singkat umurnya dan penuh kegelisahan. Seperti bunga ia berkembang, lalu layu, seperti bayang-bayang ia hilang lenyap dan tidak dapat bertahan" (Ayub 14:1-2).

Pada bab sebelumya, Ayub mengucapkan perkataan negatif dengan keluhan, ratapan, dan kejengkelan. Tetapi karena dia takut akan Allah, dia tidak mengatakan semuanya yang ingin dia katakan.

Tetapi sekarang, dia menunjukkan kemarahannya langsung terhadap perempuan. Dalam ayat ini, Ayub memandang rendah pada perempuan. Dalam Perjanjian Lama, perempuan secara umum dianggap sebagai pelayan yang melayani laki-laki dan mereka diperintahkan untuk taat.

Tentu saja, Allah tidak membedakan antara perempuan dan laki-laki. Tetapi, dalam Kitab Kejadian, kita mengerti bahwa dosa datang kepada umat manusia dan mereka masuk membawa kehancuran melalui seorang perempuan. Allah menyukai apa yang kuat dan tegas, tetapi sebaliknya, Dia tidak suka pada keragu-raguan yang menyebabkan seseorang mudah merubah pikiran mereka karena kelicikan dan kejahatan mereka. Secara umum, sering kali hati seorang perempuan lebih lemah dan lebih sering berubah-ubah daripada hati laki-laki. Hal ini berbeda dari satu pribadi ke pribadi lainnya, tetapi secara umum, hati laki-laki lebih kokoh dari pada perempuan

Bahkan dalam Perjanjian Lama, Allah terkadang menunjuk perempuan yang hatinya tidak berubah-ubah untuk mempercayakan mereka dengan tugas-tugas penting. Kita menemukan bahwa Allah memanggil beberapa perempuan dan menyuruh mereka memenuhi pekerjaan-Nya seperti Debora dalam Perjanjian Lama, seseorang yang tegas dan memiliki hati yang kuat, dan dalam Perjanjian Baru kita menemukan Perawan Maria.

Ayub menganggap perempuan sebagai makhluk yang penuh teka-teki, sehingga dia mengatakan laki-laki, yang dilahirkan dari seorang perempuan, akan berumur pendek. Yaitu, dia mengatakan bahwa karena laki-laki dilahirkan dari seorang perempuan yang adalah seperti seorang pelayan yang melayani laki-laki dan harus mematuhi laki-laki, kehidupan laki-laki seperti itu tidaklah berharga.

Hidup kita biasanya sekitar 70 atau 80 tahun, dan beberapa orang hidup lebih dari 100 tahun. Seorang laki-laki yang dilahirkan dari rahim perempuan memiliki hidup pendek dan penuh kesusahan. Dia seperti bunga yang berkembang dan segera layu atau seperti bayang-bayang yang kemudian segera lenyap. Ayub berkata tentang kesia-siaan dan pendeknya hidup.

Pengkhotbah 12:13-14 berkata, *"Akhir kata dari segala yang didengar ialah: takutlah akan Allah dan berpeganglah pada perintah-perintah-Nya, karena ini adalah kewajiban setiap orang. Karena Allah akan membawa setiap perbuatan ke pengadilan yang berlaku atas segala sesuatu yang tersembunyi, entah itu baik, entah itu jahat."*

Alkitab mengatakan kepada kita bahwa jika kita tidak takut akan Allah dan tidak tinggal dalam Firman-Nya, kita tidak berbeda dengan binatang (Pengkhotbah 3:18). Allah pasti akan membawa setiap perbuatan ke pengadilan yang berlaku atas segala sesuatu yang tersembunyi, entah itu baik, entah itu jahat. Jika kita tidak takut akan Allah dan tidak tinggal dalam firman, sekalipun kita memiliki kekayaan, popularitas, kekuasaan, dan kebijaksanaan, semuanya tidaklah berguna (Pengkhotbah Bab 1). Hasilnya hanyalah neraka, yang merupakan kematian kekal.

Penulis kitab Pengkhotbah mengerti arti rohani hal ini dan berkata segala sesuatu yang kita lakukan di bawah matahari adalah kesia-siaan. Tetapi Ayub tidak mengerti hal ini. Dia dengan gampangnya mengatakan bahwa hidup merupakan kesia-siaan.

Secara harfiah, perkataan Ayub terlihat benar, tapi secara rohani, hal ini tidaklah benar. Seperti yang Ayub katakan, hidup hanya sampai 70 atau 80 tahun, jadi memang sangatlah pendek. Tetapi dalam hal rohani, bagi mereka yang percaya didalam Allah dan hidup dengan perintah-Nya akan mendapatkan hidup abadi, sehingga mereka akan hidup selamanya dalam kerajaan surga. Tentu saja, mereka yang tidak percaya didalam Allah akan masuk ke dalam neraka dan di sana mereka menderita selamanya.

Juga, Ayub berkata bahwa hidup penuh dengan kekacauan, dan dia membawa kemerosotan tidak hanya pada kehidupannya sekarang tetapi juga pada kehidupannya di masa lalu. Dimasa lalu Ayub, dia mempunyai banyak kenangan indah, tetapi karena kehidupannya sekarang menderita, dia menyangkal bahkan masa lalunya.

Begitu juga, 'penuh dengan kekacauan' merupakan hal yang berlawanan dengan yang seharusnya terjadi bagi para orang percaya. Mereka yang disebut anak-anak Allah yang menerima Roh Kudus penuh dengan sukacita dan kesenangan. Seiring dengan berlalunya waktu, hari untuk berjumpa dengan Tuhan semakin dekat, dan karena kerja keras mereka, kerajaan dan kebenaran Allah digenapi, sehingga mereka penuh dengan sukacita.

Kita, anak-anak Allah, tidak akan berkembang untuk sesaat dan segera layu seperti bunga. Kita harus penuh akan Roh setiap waktu dan menjaganya tetap diperbaharui setiap saat sehingga jiwa kita menjadi sejahtera. Manusia daging seharusnya terus membuang kedagingannya untuk berubah menjadi manusia roh.

2. Ayub Berkata Allah Menakdirkan Segala Sesuatu Sesuai dengan Keinginan-Nya

"Masakan Engkau menujukan pandangan-Mu kepada orang seperti itu, dan menghadapkan kepada-Mu untuk diadili? Siapa dapat mendatangkan yang tahir dari yang najis? Seorangpun tidak! Jikalau hari-harinya sudah pasti, dan jumlah bulannya sudah tentu pada-Mu, dan batas-batasnya sudah Kautetapkan, sehingga tidak dapat dilangkahinya, hendaklah Kaualihkan pandangan-Mu dari padanya, agar ia beristirahat, sehingga ia seperti orang upahan dapat menikmati harinya" (Ayub 14:3-6).

Betapa menyedihkan keadaan Ayub saat ini! Ayub selalu membantah bahwa Allah membuka mata-Nya terhadap manusia yang tidak berarti ini dan membawa dia masuk dalam penghakiman-Nya sendiri.

Seperti Ayub katakan, benarlah bahwa Allah mengarahkan mata-Nya pada Ayub. Tetapi bukan berarti Allah membawanya ke dalam penghakiman. Di sini, semuanya bukan berarti bahwa Allah membawa dia ke dalam pengadilan, tetapi Ayub sendiri yang menyebabkan itu semua.

Allah mengarahkan mata-Nya terhadap kita umat manusia karena Dia mengasihi kita. Dia mencari kita untuk menyelamatkan kita, untuk melepaskan kita dari dosa dan menjadi anak-anak yang suci yang dikasihi oleh Allah.

Ayub hanya mendengar tentang Allah melalui cerita dari nenek moyangnya. Ayub tidak benar-benar tahu akan kasih Allah.

Dalam ayat 4, Ayub mengatakan, "Siapa dapat mendatangkan yang tahir dari yang najis?" Dia menyimpulkan bahwa tidak ada seorang pun! Kita dapat melihat kesombongannya untuk membuat kesimpulan dari masalah ini. Lebih lagi, apa yang dia katakan tidaklah benar.

Allah dapat melakukan apapun. Sebelum kita menerima Yesus Kristus, kita adalah anak-anak gelap dan kita ada dalam kecemaran dosa. Tetapi ketika kita percaya pada Yesus Kristus, Allah mengirimkan kita Roh Kudus sebagai hadiah, dan kita dapat membuang hal yang tidak bersih dan menjadi anak-anak benar yang disucikan. Ayub menyangkal kenyataan ini, dan dia menghalangi pekerjaan iman.

Ayat 5 berkata, "Jikalau hari-harinya sudah pasti, dan jumlah bulannya sudah tentu pada-Mu." Ayub juga memprotes bahwa Allah telah mentakdirkan segala sesuatu. Ayub menganggap bahwa Allah telah mentakdirkan dirinya untuk menderita seperti yang telah dia derita.

Ayub berpikir tentang Allah yang dia dengar dari nenek moyangnya. Allah membawa bangsa Israel keluar dari Mesir, membuat Firaun mengejar sampai laut Merah, dan membelah Laut Merah sehingga hanya orang Israel yang dapat menyebranginya. Ketika mereka mencapai Mara, Allah membuat air menjadi pahit dan membiarkan Musa untuk merubah air pahit menjadi air yang manis. Yaitu, dalam pendapat Ayub, Allah melakukan sesuatu seperti yang Dia inginkan dan merencanakan segala sesuatu untuk membiarkan seseorang hidup dan lainnya mati, atau untuk mengampuni orang lain. Oleh karena itu, dia berkata bahwa Allah telah merancangkan nasibnya dan membawa keluar rencana dalam dirinya.

Ayub mungkin telah mengungkapkan perasaannya dan berkata, "Allah, Aku seorang manusia lemah yang dilahirkan dari seorang perempuan miskin. Tolong ampuni aku dan biarkan aku beristirahat sekarang. Biarkan aku mati di mana Aku telah melakukan apa yang disebut dengan tanpa kebebasan."

Tetapi Allah tidak memperlakukan manusia seperti orang upahan. Allah memberikan kita kebebasan memilih, sehingga kita dapat memilih apa yang kita mau. Pekerja-upahan tidak memiliki kebebasan sebab mereka mempunyai pekerjaan yang harus dia lakukan untuk memperoleh upah mereka.

Ayub mengira bahwa jika Allah ingin menghukum dia, Allah akan menghukum dia. Dia berpikir bahwa Allah mengambil anak-anaknya karena Dia ingin melakukannya dan Allah juga membawa pergi semua kepunyaannya dan menamparnya dengan berani.

Jika kita salah mengerti akan firman Allah, kita mungkin menyalahkan Allah seperti yang Ayub lakukan, mekipun kita yang melakukan kesalahan. Kemudian, kita tidak menemukan kesalahan kita. Terdapat beberapa alasan untuk kita dalam menghadapi pencobaan dan kesulitan. Berkaca pada kebenaran, kita dapat menemukan bahwa kita melakukan kesalahan dalam pemandangan Allah.

Ayub salah mengerti Allah sebagai Allah yang merancangkan rencana segala sesuatu, dan dia memiliki masalah. Tetapi dia tetap menegakkan kebenaran untuk hidup dalam firman-Nya. Sehingga, ketika Allah mengizinkan dia mengalami pencobaan ini, Ayub akhirnya berbalik dari kejahatan dan kembali pada mengenal jalan kehidupan abadi, dan dia tinggal dalam kesukaan besar dan pengharapan.

3. Ayub Mencoba Mengajari Allah Sebuah Pelajaran melalui Perumpamaan

"Karena bagi pohon masih ada harapan: apabila ditebang, ia bertunas kembali, dan tunasnya tidak berhenti tumbuh. Apabila akarnya menjadi tua di dalam tanah, dan tunggulnya mati di dalam debu, maka bersemilah ia, setelah diciumnya air, dan dikeluarkannyalah ranting seperti semai. Tetapi bila manusia mati, maka tidak berdayalah ia, bila orang binasa, di manakah ia?" (Ayub 14:7-10)

Ayub telah mengeluh dan berkata banyak hal melawan Allah, tetapi tidak ada jawaban; dia lalu menenangkan diri sesaat. Sekarang, dia memberikan perumpamaan tentang seorang perempuan dan sebatang pohon untuk mengajari Allah.

Mengapa Ayub berkata bahwa ada harapan bagi sebatang pohon? Kita dapat melihat bahwa jika kita menebang pohon, tunas baru akan muncul dari tanah.

Dikatakan demikian, "Apabila akarnya menjadi tua." Jika akarnya tetap ada dalam tanah untuk waktu yang lama, dia akan tumbuh menjadi tua. Meskipun jika tanaman muda akan mati dalam tanah kering, dia akan kembali hidup jika disirami dengan air.

Ayat 10 berkata, "Tetapi bila manusia mati, maka tidak berdayalah ia," dan kita dapat melihat lagi kesalahpahaman Ayub. Secara jasmani, ketika manusia mati, dia akan kembali seperti segenggam debu. Seorang manusia yang sudah tua artinya bahwa dia tidak memiliki kekuatan. Yaitu, segalanya telah dia miliki seperti sebuah ketenaran dan kekuasaan, dan semuanya yang telah dia lakukan akan kembali kepada ketiadaan ketika kita mati. Jika dia binasa, kita tidak dapat menemukannya di bumi ini.

Dan perkataan Ayub ini tidaklah benar. Bahwa siapa yang percaya kepada Allah dan mati dengan keselamatan akan bangkit menjadi tubuh yang dibangkitkan pada kedatangan Tuhan Yesus dan mereka akan diangkat ke udara. Itulah sebabnya mengapa Alkitab berkata bahwa ketika seorang percaya mati dia seperti orang tidur (Yohanes 11:11; 1 Korintus 15:18). Tubuh akan kembali menjadi segenggam debu, tetapi roh tidak akan mati. Tubuh akan disatukan kembali dengan tubuh yang dibangkitkan dan hidup selamanya.

Orang Farisi pada jaman Yesus percaya bahwa mereka mempunyai roh. Mereka percaya bahwa orang percaya akan masuk ke dalam kerajaan surga. Namun, orang Saduki percaya tidak ada roh, dan saat manusia mati, dia hanya mengakhiri hidupnya di dunia. Ayub mempunyai pikiran yang sama seperti orang Saduki tersebut.

"Seperti air menguap dari dalam tasik, dan sungai surut dan menjadi kering, demikian juga manusia berbaring dan tidak bangkit lagi, sampai langit hilang lenyap, mereka tidak terjaga, dan tidak bangun dari tidurnya.

Ah, kiranya Engkau menyembunyikan aku di dalam dunia orang mati, melindungi aku, sampai murka-Mu surut; dan menetapkan waktu bagiku, kemudian mengingat aku pula!" (Ayub 14:11-13).

Air laut kelihatannya akan menguap dan menghilang, tetapi akhirnya dia akan kembali turun menjadi hujan. Air laut tidak akan berkurang. Jika air laut berkurang, semua sungai dan danau akan kering. Karena dia memiliki banyak pengetahuan, Ayub mengetahui bahwa air laut tidak akan pernah kering. Jika hal itu terjadi, sudah pasti sungai dan danau akan kering. Dia menjelaskan prinsip dasar ini.

Dia juga berkata, "Demikian juga manusia berbaring dan tidak bangkit lagi." Dan ini tidaklah benar, sama sekali. Pengemis yang bernama Lazarus, seorang yang takut akan Allah, pergi ke pangkuan Abraham. Ketika seorang manusia mati, tidaklah benar bahwa dia tidak akan bangkit kembali; dia dapat bangkit, dihidupkan kembali, dan hidup kekal.

Lalu, apakah ini yang dimaksudkan dengan "Sampai langit hilang lenyap, mereka tidak terjaga dan tidak bangun dari tidurnya"? Hal ini bukan berarti bahwa Ayub tahu akan surga dan bumi akan lenyap seperti tertulis dalam Kitab Wahyu.

Seringkali, ketika sesuatu menjadi salah, kita berkata, "ini mustahil, sekalipun jika surga dan bumi harus berubah." Ayub juga berkata demikian yang berarti bahwa hal ini tidak mungkin meskipun jika surga dan bumi lenyap. Jika surga lenyap, seseorang mungkin bertahan, Tetapi kenyataannya surga tetap selamanya, sehingga hal ini merupakan suatu kemustahilan. Yaitu, Ayub berkata bahwa manusia tidak akan terjaga sampai surga berlalu, dia akan tetap tinggal pada jalannya selamanya.

Ayub menyimpulkan bahwa surga telah ada sebelumnya

dan sesudah itu dia akan tetap ada selamanya, sehingga sesuatu seperti surga lenyap tidak akan terjadi. Dengan cara yang sama, dia menjelaskan bahwa seorang manusia yang mati dan bangkit tidak akan terjadi.

Ayat 13 berkata, "Ah, kiranya Engkau menyembunyikan aku di dalam dunia orang mati, melindungi aku, sampai murka-Mu surut; dan menetapkan waktu bagiku, kemudian mengingat aku pula!"

Ayub berpikir bahwa Sheol hanyalah sebuah tempat di mana orang mati akan tertidur selamanya. Sehingga, dia meminta kepada Allah untuk menyembunyikannya di Sheol, yang merupakan ketiadaan. Betapa sakitnya perasaannya sehingga ia berkata seperti ini!

Ayub berpikir bahwa Allah murka akan dosa-dosanya yang dia lakukan pada masa mudanya dan memberikan kesukaran kepadanya oleh karena hal itu. Dia berpikir Allah menghukum dia seperti yang telah Dia rencanakan sebelumnya, tetapi suatu hari kemarahan-Nya akan kembali reda. Sama di antara manusia, mereka mungkin mempunyai kebencian untuk beberapa waktu tetapi segera hati mereka akan memberikan jalan terhadap seorang yang lain.

Sehingga, walaupun ini merupakan kematian, dia ingin Allah menyembunyikannya dalam dunia orang mati, tapi dia juga ingin Allah menentukan batas waktunya. Dan dia meminta kepada Allah untuk memyembunyikannya dalam dunia orang mati dan mengingat dia kapan batas akhir waktu yang ditentukan untuk dia dan murka-Nya sudah tidak ada lagi. Jika Allah tidak mengingat akan dia, dia akan mati selamanya, dan itu merupakan suatu hal yang tidak dia inginkan.

Jadi, apa yang Ayub ingin Allah lakukan? Ayub berkata

bahwa sebuah pohon akan tetap tinggal meskipun dia sudah mati, tetapi Ayub seorang yang malang, lahir dari seorang perempuan yang tidak berharga. Terlebih lagi, dia menderita dari barahnya sehingga dia lebih malang. Karena dia tinggal dalam keadaan menyedihkan dan kehilangan harapan, dia ingin Allah mengingatnya dan memulihkannya lagi nanti.

4. Mengingat Masa Lalunya, Menerima Kasih Allah

"Kalau manusia mati, dapatkah ia hidup lagi? Maka aku akan menaruh harap selama hari-hari pergumulanku, sampai tiba giliranku; maka Engkau akan memanggil, dan akupun akan menyahut; Engkau akan rindu kepada buatan tangan-Mu. Sungguhpun Engkau menghitung langkahku, Engkau tidak akan memperhatikan dosaku; pelanggaranku akan dimasukkan di dalam pundi-pundi yang dimeteraikan, dan kesalahanku akan Kaututup dengan lepa." (Ayub 14:14-17).

Sekarang, Ayub mengubah pendapatnya. Dia meminta Allah agar mengingatnya dan memulihkan dia, sekalipun jika dia mati dan tidur di dunia orang mati. Tetapi sekarang dia berkata bahwa jika seorang mati dia tidak dapat hidup kembali.

Apa yang dimaksud dengan "Selama hari-hari pergumulanku aku akan menunggu sampai tiba giliranku"?

Ini berarti bahwa Ayub menderita, tetapi jika dia dapat memiliki pengharapan seperti sebuah pohon yang dapat hidup sekalipun dia telah mati, dia tidak akan berbantah lagi terhadap Allah. Jika dia mempunyai pengharapan bahwa dia dapat hidup kembali, dia akan bersandar dan menunggu. Tetapi karena hasil akan berbeda, yaitu karena kematian merupakan akhir segalanya, dia sekarang berbicara di luar perkataan bantahan sebanyak yang dia mau.

Jika kita memiliki hati seperti Ayub, kita dapat membuang hal-hal yang tidak benar dari hati ini. Ayub tidak menerima Roh Kudus dalam hatinya karena dia hidup dalam Perjanjian Lama, tetapi kita dapat menerima pertolongan dari Roh Kudus sebagai anak-anak Allah yang telah menerima Roh Kudus, dan tidak bertindak seperti Ayub.

Sebelumnya, Ayub percaya kepada Allah, Dan juga, dia mempersembahkan korban akan kepentingan anak-anaknya, kuatir anak-anaknya melakukan dosa. Tetapi meskipun Ayub memberikan pengorbanan, dia tidak pernah bertemu Allah atau mendengar suara-Nya. Terlebih lagi, dalam kesakitannya, Allah tidak pernah bertemu dia, atau menjawabnya.

Ayub berpikir tentang masa lalunya. Dia berpikir bahwa jika Allah memanggilnya pada saat dia sedang memberikan korban persembahan pengorbanan di hadapan Allah, dia akan menjawab-Nya. Dalam usahanya membujuk Allah, Ayub menyebutkan kebaikan-kebaikannya di masa lalu.

Sebelumya, dia memiliki kekayaan, pengetahuan, kesehatan, dan segalanya dan dapat mempengaruhi orang lain dengan kebaikannya. Allah menjadikannya orang kaya saat itu, dan betapa Allah betul-betul menganggap dirinya berharga!

Ayat 16 berkata, "Sungguhpun Engkau menghitung langkahku, Engkau tidak akan memperhatikan dosaku." Dia maksudkan bahwa Allah mengubah pemikirannya sekarang; Allah menghitung langkahnya untuk memperhatikan dosa yang dia lakukan pada masa mudanya. Allah mengambil segala

kepunyaanya dan membuat dia sangat menderita.
Ayub telah berkata, "Pada saat itu, Engkau mengasihiku dan memberiku kelimpahan. Betapa berharganya Engkau mengingat aku? Jika engkau memanggilku, "Ayub!" lalu aku akan menjawab. Tetapi sekarang Engkau telah meninggalkanku seperti ini, dan apakah sebabnya? Dan mengapa Engkau memperlakukan aku sebagai seorang penjahat yang keji?"

Apa yang ayat 17 maksudkan, seperti dikatakan, "Pelanggaranku tertutup dalam kantong, dan Engkau membungkus ketidakadilanku"?

Jika dosa tertutup dalam kantong, dosa itu tidak dapat keluar. Seperti halnya, jika ketidakadilan dibungkus rapi, itu pun tidak dapat keluar. Ayub menganggap bahwa Allah memberikan batasan lebih dan hanya menghitung langkahnya dan Dia sekarang memperlakukan dia sebagai seorang penjahat. Berapa banyak Ayub harus menderita untuk mengatakan hal seperti ini!

"Tetapi seperti gunung runtuh berantakan, dan gunung batu bergeser dari tempatnya, seperti batu-batu dikikis air, dan bumi dihanyutkan tanahnya oleh hujan lebat, demikianlah Kauhancurkan harapan manusia" (Ayub 14:18-19).

Jika gunung runtuh, potongannnya akan hilang. Batu karanf akan berpindah ke tempat yang lain. Jika gunung berapi meletus, bagian atas gunung akan terbang tinggi dan seluruh tempat akan dipenuhi oleh lahar.

Mengapa Ayub mengatakan perumpamaan ini pada Allah? Disini, Ayub mengumpamakan dirinya sendiri sebagai gunung tinggi dan batuan keras. Dia biasanya dikenal seperti gunungm menjadi kaya dan memiliki kekuasaan. Tetapi karena Allah menghancurkan gunung ini, dia menjadi gunung dan batu yang tidak berguna.

Ayat 19 berkata, "Batu-batu dikikis air, dan bumi dihanyutkan tanahnya oleh hujan lebat, demikianlah Kauhancurkan harapan manusia."

Jika air mengalir untuk waktu yang lama, batu-batu akan terkikis. Hanya satu tetes air tidaklah mempunyai kekuatan, tetapi jika air jatuh selama ratusan atau ribuan tahun, sekeras apapun batu akan terlihat lubang didalamnya.

Ayub berkata "Aliran air yang deras menyapu debu di bumi." Debu di bumi merupakan sebuah benda kecil yang sangat sulit dilihat. Hanya setitik air dapat mengikis batu, dan mengapa dia berkata aliran air yang deras menyapu debu dari bumi? Mengapa Ayub, seorang yang memiliki banyak pengetahuan, berkata sesuatu hal yang kelihatan tidak masuk akal?

Di sini, 'air' diartikan sebagai kebesaran Allah. Ayub bersikap kasar terhadap Allah dengan mengatakan Dia memliki kekuatan yang besar tetapi menindak dan menghancurkan dia seorang yang seperti debu di bumi.

Ayub berkata, "sebelum Engkau memukul aku, Aku keras seperti batu dan kuat seperti besi. Aku kaya, dan Aku memiliki damai dalam keluargaku. Tetapi seperti air mengikis batu, kebesaran Allah menenggelamkan kesehatan jasmani seperti batu, mengambil kepunyaanku dan keluarga bahagiaku. Seperti aliran air menyapu bersih debu di bumi, dengan segala kekuasaan-Mu. Engkau menyapu bersih aku, seorang yang seperti debu di bumi. Kau membuat aku tidak berguna. Kau menghancurkan harapanku."

Di sini, Ayub salah mengerti bahwa Allah yang menghancurkan harapan manusia. Tetapi pada kenyataannya Allah memberikan harapan pada manusia. Dia ingin manusia menjadi bahagia, dan Dia ingin memberkati kita dalam segala sesuatu dan memberikan kita kesehatan sebagai mahkluk yang layak.

"Engkau menggagahi dia untuk selama-lamanya, maka pergilah ia, Engkau mengubah wajahnya dan menyuruh dia pergi. Anak-anaknya menjadi mulia, tetapi ia tidak tahu; atau mereka menjadi hina, tetapi ia tidak menyadarinya. Hanya tubuhnya membuat dirinya menderita, dan karena dirinya sendiri jiwanya berduka cita" (Ayub 14:20-22).

Andaikan terjadi perkelahian antara anak berusia 5 tahun dengan seorang berusia 25 tahun. Siapa yang harus mengalah? Hanya karena anak usia 5 tahun memaki dan mencoba melawan, orang yang berusia 25 tahun harusnya tidak melawan balik anak tersebut. Hal ini hanya akan memalukan dirinya sendiri. Dia harusnya mengalah atau menghindari situasi tersebut.

Ayub mengatakan bahwa Allah mempunyai kekuasaan yang besar tetapi mencoba untuk memburu dan menaklukan dia seorang yang tidak lebih baik dari debu di bumi. "Engkau selamanya melebihi kekuatannya dan mengunggulinya" yang berarti Allah mencoba untuk menang terhadap dia selamanya, sehingga Dia mengambil kepunyaannya, kesehatannya, dan kedamaian dalam keluarganya. Akhirnya, Allah akan membuat Ayub meninggalkan dunia ini dan turun ke dalam dunia orang mati.

"Engkau merubah penampilannya dan mengirimnya pergi" artinya penampilan Ayub telah diubah begitu rupa, dengan mukanya yang berbentuk merah dan biru, pucat dan kekuning-kuningan.

Apa yang dimaksud dengan "Anak-anaknya menjadi mulia, tetapi ia tidak tahu," dalam ayat 21?
Ayub sebelumnya memiliki kekayaan dan kemuliaan. Dia percaya akan berkat Allah, dia juga memberikan korban ucapan syukur kepada Allah. Bagaimanapun, walaupun dia berbuat banyak di masa lalu, sekarang dia tidak lebih baik dari debu tanah. Jadi, apa yang dimaksud dengan berkat hari kemarin? Inilah yang dimaksud Ayub.
Tidak peduli betapa bahagianya dia sebelumnya, Allah telah mengambil semua dari padanya, jadi dia tidak perlu untuk mengingatnya kembali. Sehingga, dia tidak bisa bersyukur.
Juga, dia berkata dia tidak berarti tetapi dia tidak merasakannya. Dia berkata dia tidak berarti, tetapi dia mempunyai banyak kebijaksanaan dan pengetahuan, dan sahabatnya tidak berani memulai pembicaraan sebelum dia. Dia memandang rendah sahabtnya dan dia juga berbantah dengan Allah. Dia tidak menyadari bahwa dia tidak berarti.

Karena Ayub berada di tempat terendah sekarang, dia harus menyadari ketidakberartiannya sehingga dia dapat bertobat dan berbalik. Tetapi dia tidak menyadari bahwa dia tidak berarti. Dia lebih banyak membantah bahwa dia merupakan orang terhormat, tetapi karenanya Allah membuat dia sangat buruk, sehingga dia menjadi tidak berarti.

Dalam situasi seperti apa Anda menemukan dirimu sendiri? Menjadi tidak berarti bukan berarti kita harus berkecil hati. Kita harus membayangkan terhadap diri kita sendiri akan kebenaran untuk sadar secara jelas siapa kita sebenarnya. Lalu kemudian kita dapat menemukan cara untuk memecahkan persoalan kita. Jika terdapat masalah dalam keluarga, kesulitan keuangan, atau masalah dalam pekerjaan, disana pasti ada sebuah alasan. Merupakan suatu berkat untuk menemukan alasan dan memperbaikinya.

Mereka yang tidak menemukan dirinya sendiri tetapi hanya menyalahkan orang lain tidak akan mengalami kemajuan.

Dalam ayat 22, Ayub menyadari keadaannya dan melihat pada dirinya sendiri. Dia tidak merasa bahwa dia tidak berarti, tetapi pada kenyataannya, dagingnya membusuk, dan hatinya sudah patah.

Karena Ayub hanya menyalahkan Allah dan tidak berusaha untuk mencari kesalahannya, Dia tidak dapat menyadari dirinya sendiri atau bertobat.

.

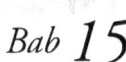

Bab 15
Argumen Kedua dari Elifas Orang Teman

1. Janganlah Kita Bertengkar
2. Sarkasme dan Pikiran yang Jahat
3. Sakit Hati Elifas Semakin Tajam
4. Elifas Mencoba untuk Mengajar Ayub dengan Perkataan
   Nenek Moyang
5. Elifas Mengutuk dengan Iri Hati dan Kecemburuan yang Meluap

"Orang fasik menggeletar sepanjang hidupnya, demikian juga orang lalim selama tahun-tahun yang disediakan baginya." (Ayub 15:30)

1. Janganlah Kita Bertengkar

"Maka Elifas, orang Teman, menjawab: 'Apakah orang yang mempunyai hikmat menjawab dengan pengetahuan kosong, dan mengisi pikirannya dengan angin? Apakah ia menegur dengan percakapan yang tidak berguna, dan dengan perkataan yang tidak berfaedah?'" (Ayub 15:1-3).

Teman-teman Ayub berpikir bahwa Ayub adalah seorang yang bijaksana, tetapi semakin mereka mendengarkan dia, semakin mereka berpikir bahwa dia adalah seorang yang bodoh. Hal ini karena seorang yang bijaksana tidak akan menjawab dengan pengetahuan yang seperti angin.

Tidak ada seorang pun yang dapat memeluk atau menjaring angin timur. Ayub tetap berbantah dengan perkataan yang tidak berguna, dan ini adalah bantahan yang tidak menguntungkan, dan bantahan yang tidak menguntungkan adalah seperti berusaha menjaring angin.

Perkataan-perkataan Elifas ini adalah benar adanya. Tetapi meskipun Elifas memarahi Ayub dengan kebenaran, tidak akan ada gunanya karena sikap dan perasaan Ayub terhadap sahabat-sahabatnya menjadi buruk dan semakin buruk.

Ketika perasaan seseorang disakiti, bahkan kebaikan dan perkataan yang benar tidak akan dapat diterima oleh orang tersebut, Tetapi malahan, karena perkataan-perkataan tersebut, dia akan semakin merasa sakit hati. Oleh jarena itu, jika kita bijaksana, kita sebaiknya menutup mulut kita dalam situasi seperti ini.

"**Lagipula engkau melenyapkan rasa takut dan mengurangi rasa hormat kepada Allah. Kesalahanmulah yang mengajar mulutmu, dan bahasa orang licik yang kaupilih. Mulutmu sendirilah yang mempersalahkan engkau, bukan aku; bibirmu sendiri menjadi saksi menentang engkau**" (Ayub 15:4-6).

Sebelumnya, ketika Ayub kaya, dia memberikan korban persembahan dengan hati yang takut akan Allah. Tetapi sekarang, dia mengeluh terhadap Allah dan dia berkata bahwa Allah adalah Allah yang jahat. Salah satu alasan mengapa Ayub menjadi berbantah dengan Allah adalah karena perbantahannya dengan sahabat-sahabatnya, sehingga sahabat-sahabat Ayub juga bertanggung jawab atas tindakannya tersebut.

Elifas berkata bahwa Ayub mengatakan dirinya jujur dan saleh, tetapi perkataan yang keluar dari mulutnya melawan dia dan membuktikan bahwa dia adalah seorang berdosa.

Mengapa Elifas berkata bahwa Ayub licik?

Sebelumnya, Ayub biasanya takut dan melayani akan Allah, tetapi sekarang kebalikannya. Itulah mengapa Elifas berkata bahwa Ayub licik.

Tetapi hati Ayub yang terdalam tidaklah licik. Seperti yang tertulis dalam Ayub Pasal 1, dia adalah orang yang jujur dan saleh. Jika kita memikirkan perkataan Ayub, pendapat Elifas kedengarannya seperti benar. Tetapi sering kali perkataan dan hati seseorang tidaklah sama. Saat ini, Ayub sementara telah menjadi seorang yang licik karena dia tidak tahu kebenaran;

tepai tidak berarti dia licik dari hatinya yang paling dalam.

Elifas berkata kepada Ayub, "Saya tidak menghukum engkau. Bibirmulah yang menghukum engkau." Hal ini sama dengan mereka yang bertengkar satu sama lainnya. Pertama, mereka hanya berbincang-bincang, tetapi jika argumen menjadi semakin tajam, mereka bahkan mengutuk. Mereka berkata bahwa mereka benar, tetapi dalam pandangan pihak ketiga, mereka berdua adalah jahat.

Oleh karena itu, bantahan akan menyerang orang lain, membuat mereka sakit hati, menjadi marah, dan berbuat dosa. Perbantahan sama sekali tidak berguna. Itu hanya omong kosong. Itu hanya akan menyebabkan sakit hati pada orang lain dan membuat mereka melakukan yang lebih jahat. Jika orang lain menjadi jahat karena saya, maka berarti saya yang telah membuat orang tersebut berdosa.

2. Sarkasme dan Pikiran yang Jahat

"Apakah engkau dilahirkan sebagai manusia yang pertama, atau dijadikan lebih dahulu dari pada bukit-bukit? Apakah engkau turut mendengarkan di dalam musyawarah Allah dan meraih hikmat bagi dirimu? Apakah yang kauketahui, yang tidak kami ketahui? Apakah yang kaumengerti, yang tidak terang bagi kami?" (Ayub 15:7-9).

Manusia yang pertama kali ada di bumi adalah Adam. Elifas tahu betul bahwa Ayub bukanlah orang yang pertama kali dilahirkan di bumi. Selama enam hari Allah menciptakan langit dan bumi dan segala yang ada di dalamnya dan kemudian

Dia menciptakan manusia. Jadi, bahkan sebelum manusia diciptakan, bukit-bukit sudah ada. Elifas menanyakan pertanyaan ini karena mengetahui bahwa bukit-bukit telah terlebih dulu ada.

Tidak mungkin bagi seorang manusia untuk mendengar rahasia rencana Allah. Bahkan, sangat tidak mungkin bagi Ayub untuk memiliki seluruh hikmat tersebut dengan sendirinya. Elifas sekarang menggunakan sarkasme melawan Ayub.

Kemudian, mengapa sahabat-sahabat Ayub menjadi sangat sarkastis?

Hal ini karena Ayub berkata bahwa mereka tidak dapat menyamainya dalam segala hal, dan bahwa dia ingin berbantah hanya dengan Allah. Tetapi setelah mendengar bantahan Ayub terhadap Allah, itu adalah omong kosong. Pikiran mereka telah terusik, dan mereka menjadi semakin sinis. Karena mereka merasa Ayub sangat keras kepala, mereka datang untuk memarahinya karena hal tersebut.

Mereka mungkin telah berkata, "Ayub, apa yang kamu ketahui, kami semua juga mengetahuinya, dan kami mengerti semua yang kamu mengerti."

Disini, kita harus mengerti bahwa suatu bantahan dapat membawa gangguan, pencobaan, dan pengujian melalui dakwaan-dakwaan Iblis. Bantahan timbul karena kedua belah pihak memiliki pengetahuan. Pertama-tama, mereka mulai dengan hal-hal yang menjebak, tetapi semakin mereka terus berbantah, emosi mereka mulai tersulut, dan kadang-kadang mereka bahkan mengutuk.

Firman Allah memberitahu kita bahwa mereka yang melayani adalah yang lebih besar dari pada mereka yang dilayani, dan mendorong kita untuk mengalahkan kejahatan dengan kebaikan. Jadi, apa baiknya bersikeras dengan harga diri kita, dan kemudian, bermusuhan dengan orang lain?

Yesus memiliki kuasa yang besar, tetapi Dia tidak berbantah dengan orang lain. Ketika orang lain tidak menerima perkataan-Nya tetapi malah mencoba untuk melempari-Nya, Dia hanya berlalu (Yohanes 8:59), dan Dia tidak bertengkar atau pun berteriak (Matius 12:19-20). Kita harus meniru karakter Yesus ini.

"Di antara kami juga ada orang yang beruban dan yang lanjut umurnya, yang lebih tua umurnya dari pada ayahmu. Kurangkah artinya bagimu penghiburan Allah, dan perkataan yang dengan lemah lembut ditujukan kepadamu?" (Ayub 15:10-11).

Di sini, Elifas menerangkan penampilan dan kondisi dari seorang teman. Meskipun seseorang tersebut jauh lebih tua, jika tingkat pengetahuannya sama dan jika keduanya dapat menghargai satu sama lain, mereka dapat menjadi teman. Elifas sedang menanyakan bagaimana Ayub dapat menunjukkan rasa tidak hormat seperti itu kepada beberapa temannya yang usianya lebih tua dari ayahnya.

Sampai sekarang, sahabat-sahabatnya menyebutkan firman Allah dengan hati Allah.

"Kami menasihati engkau dengan firman Allah, dan mengapa kamu menolak kami? Bukankah dengan demikian engkau memandang rendah kami dengan kesombonganmu?"

Tetapi sebenarnya, ketika sahabat-sahabatnya mencoba untuk menasihati dia dengan firman Allah, hal itu malah membuatnya semakin marah, bukannya menghibur Ayub. Hal itu menyebabkan Ayub menunjukkan lebih banyak kejahatan dan melakukan dosa. Ayub dan sahabat-sahabatnya melakukan dosa yang sama sekarang.

Tetapi kita juga harus mengerti bahwa kesalahan sahabat-sahabat Ayub lebih besar dari pada Ayub. Pada bagian akhir Kitab Ayub, Allah memarahi sahabat-sahabat Ayub lebih dari pada yang Dia lakukan kepada Ayub, dan Dia menyuruh Ayub berdoa untuk pengampunan dosa sahabat-sahabatnya. Kita harus mengingat hal ini dalam pikiran kita. Jika seorang saudaramu menjadi marah karena engkau, maka kesalahanmu karena membuatnya menjadi marah adalah lebih besar dari pada kesalahannya karena menjadi marah.

"Mengapa engkau dihanyutkan oleh perasaan hatimu dan mengapa matamu menyala-nyala, sehingga engkau memalingkan hatimu menentang Allah, dan mulutmu mengeluarkan perkataan serupa itu?" (Ayub 15:12-13).

Elifas berbantah dengan Ayub dengan perasaannya yang telah mencapai tingkatan terburuk. Dia memarahi Ayub karena berdiri melawan Allah dan memandang rendah sahabat-sahabatnya.

"Hatimu menghanyutkan engkau, dan matamu menyala-nyala" berarti bahwa ketika orang tetap berbantah, masing-masing pihak bersikukuh bahwa dia benar, sehingga secara alami, kemarahan dan sakit hati akan muncul. Jika mereka marah, darah bersirkulasi lebih cepat, sehingga wajah mereka berubah menjadi merah, dan bahkan seringkali mata mereka pun menjadi merah. Ketika orang lain melihat kepada orang-orang ini, tampaknya mata mereka seperti bersinar-sinar. Hal ini bukanlah sinar kebaikan, tetapi kejahatan.

Jika mereka tetap berbantahan dari titik ini, bahkan mungkin tubuh mereka bergetar atau kejang-kejang. Jika mencapai tahap ini, mereka tidak akan dapat mengendalikan pikiran mereka dan mulut mereka tidak akan berbicara kebenaran. Ayub dan sahabat-sahabatnya telah mencapai tingkat kemarahan ini.

Elifas berkata "Sehingga engkau memalingkan hatimu menentang Allah, dan mulutmu mengeluarkan perkataan serupa itu?" Tetapi dia tidak mengerti roh apa yang ada ketika dia berkata demikian. Hanya saja mereka telah berusaha untuk mengajari Ayub sebuah pelajaran dengan firman Allah, Kebenaran, tetapi Ayub malah tidak menghiraukan perkataan mereka. Maka, Elifas sekarang mengatakan bahwa Ayub menentang firman Allah. Elifas tahu bahwa perkataan-perkataan Ayub bukan sekedar ucapan dari mulut, tetapi merupakan ungkapan dari hatinya.

Kadangkala, kita mengucapkan perkataan dari dalam hati kita, dan pada saat yang lain, kita mengucapkan apa yang tidak benar-benar dari hati kita. Jika kita mengucapkan sesuatu yang bukan berasal dari hati kita, artinya kita sedang mengatakan sebuah kebohongan. Juga, meskipun tidak dimaksudkan demikian, kita kadang-kadang mengucapkan perkataan-perkataan yang tidak kita pikirkan dengan benar. Hal ini juga merupakan sebuah kebohongan. Hal ini dikarenakan apa yang ada dalam hati kita keluar melalui bibir kita.

Kadangkala, orang menjadi mabuk dan mengucapkan begitu banyak hal-hal yang tidak berarti. Mereka terkadang menuduh atau menyalahkan orang lain ketika mereka mabuk. Hal ini bukan sekedar kata-kata yang mereka ucapkan, tetapi merupakan perasaan hati mereka yang sebenarnya. Mereka mengendalikannya pada saat-saat biasa, tetapi ketika mereka mabuk, perkataan-perkataan yang berada dalam hati mereka keluar melalui bibir mereka.

Adalah alami bahwa apa yang ada dalam hati akan keluar melalui bibir. Jika kita hidup dengan jujur dalam kebenaran, semua perkataan bibir kita akan sama dengan perkataan yang kita miliki dalam hati kita.

3. Sakit Hati Elifas Semakin Tajam

"Masakan manusia bersih, masakan benar yang lahir dari perempuan?" (Ayub 15:14)

Dalam Alkitab, terdapat beberapa orang yang murni hatinya. Musa lebih rendah hati dan lemah lembut dari pada orang lain yang ada di muka bumi, dan setia dalam segenap rumah Allah (Bilangan 12:3-7).

Ketika Stefanus mengkotbahkan firman Allah kepada orang-orang, orang-orang jahat tersebut melempari dia dengan batu sampai mati.

> *"Sedang mereka melemparinya Stefanus berdoa, katanya: 'Ya Tuhan Yesus, terimalah rohku.' Sambil berlutut ia berseru dengan suara nyaring: 'Tuhan, janganlah tanggungkan dosa ini kepada mereka!' Dan dengan perkataan itu meninggallah ia"* (Kisah Para Rasul 7:59-60).

Stefanus meninggal tanpa memiliki satu dosa pun, tetapi dia berdoa untuk pengampunan mereka yang membunuhnya. Betapa bersihnya hati ini!

Tetapi mengapa Elifas mengucapkan sesuatu seperti ini? Elifas tahu hatinya yang tidak bersih. Hatinya jahat dan kotor. Dan ketika dia melihat orang lain di sekitarnya, mereka juga tidak memiliki hati yang murni. Maka, dia menyimpulkan bahwa tidak ada seorang pun yang memiliki hati yang murni.

Juga, Elifas mengira bahwa perempuan tidak berarti, maka dia berkata tidak ada seorang pun yang benar di antara mereka yang dilahirkan dari seorang perempuan. Hal ini tidaklah benar baik dari segi jasmani maupun rohani.

Sebagai contoh, ada Admiral Soonshin Lee di Korea yang sangat setia kepada negara, setia kepada orang tuanya, dan mengasihi semua saudara laki-laki dan perempuannya. Dia telah salah dihukum dan diasingkan, dan karena krisis yang dialami negara, dia diperintahkan untuk kembali dan berjuang dalam perang. Setelah semua hal ini, dia tidak mengeluh kepada raja yang telah menghukum dia. Akhirnya dia mengorbankan hidupnya untuk bangsa, orang-orangnya, orang tuanya, dan saudara laki-laki dan perempuannya.

Bagaimana mungkin dapat kita katakan bahwa orang seperti ini bukan orang yang benar? Kita dapat menemukan dengan pasti bahwa kebenaran ada bahkan diantara mereka yang dilahirkan dari seorang perempuan.

Sama halnya dengan roh. Ketika kita membuka pintu hati kita dan menerima Yesus Kristus sebagai Juru Selamat kita, kita menerima Roh Kudus. Sekali kita menerima Roh Kudus, roh kita yang telah mati karena dosa akan dihidupkan kembali.

Roma 10:10 berkata kita dibenarkan dengan percaya dalam hati dan diselamatkan dengan mengakui dengan bibir kita. Mereka yang benar-benar percaya kepada Allah akan berusaha untuk membuang semua bentuk kejahatan dan berjuang melawan dosa-dosa sampai titik darah penghabisan. Karena mereka membuang ketidakbenaran dan hidup dalam firman

Allah, pengakuan mereka akan menjadi benar, dan mereka akan dibenarkan oleh Allah.

Pada titik ini Elifas menjadi sangat gusar bahwa dia tidak dapat lagi mengendalikan dirinya sendiri, dan dia juga mengucapkan hal yang tidak pasti kebenarannya.

Beberapa orang mungkin bertanya, "Bagaimana seseorang dapat memegang semua perintah Allah dan menjadi kudus?" Tetapi di dalam Allah, tidak ada yang mustahil. Dia dapat mengubah hati kita sewaktu-waktu.

Jika kita mengasihi Allah, memegang perintah-perintah-Nya, dan hidup dalam firman, maka hati kita akan berubah menjadi baik dan kudus. Jika menerima Roh Kudus dan kekuatan dari Allah, kita pasti dapat memegang perintah-perintah Allah dan menjadi kudus.

Ketika dia masih seorang pangeran di Mesir, Musa memiliki banyak sekali kemarahan dalam hatinya yang membuatnya membunuh seorang Mesir yang mengganggu salah seorang bangsanya. Tetapi setelah dia melalui pencobaan-pencobaan dalam padang gurun selama empat puluh tahun, dia menjadi seseorang yang paling lembut di muka bumi.

Rasul Paulus juga memiliki emosi yang berlebihan, tetapi sejak dia bertemu dengan Tuhan, dia dikuduskan dengan baik. Dia berubah menjadi seorang rasul pengasih dan dapat menerima mahkota kebenaran. Yohanes dan Yakobus juga memiliki emosi yang mudah meledak tetapi mereka juga diubahkan menjadi rasul-rasul yang penuh kasih.

"Sesungguhnya, para suci-Nya tidak dipercayai-Nya, seluruh langitpun tidak bersih pada pandangan-Nya; lebih-lebih lagi orang yang keji dan bejat, yang menghirup kecurangan seperti air" (Ayub 15:15-16).

Menjadi 'kudus' berarti tidak memiliki kejahatan dan menjadi baik dan benar. Allah pasti akan menaruh kepercayaan-Nya kepada orang-orang kudus-Nya. Dia berkata, "Jadilah kudus, sebab Aku kudus," dan mengapa dia tidak mempercayai orang kudus-Nya? Jika perasaan seseorang menjadi gusar, dia mulai berbicara hal-hal yang tidak jelas kebenarannya, hal-hal yang sama sekali tidak masuk akal.

Elifas berkata, "Dan langitpun tidak bersih dalam pandangan-Nya," tetapi mengapa Allah menganggap surga tidak murni, sementara Dia menciptakan surga dan bumi dan senang atas mereka?

Juga Elifas berkata, "Lebih-lebih lagi orang yang keji dan bejat, yang menghirup kecurangan seperti air!" Curang berarti melakukan semua hal yang meninggalkan kebenaran seseorang. Elifas menghakimi Ayub dengan kemarahannya.

Ayub berpikir dia tidak melakukan dosa tetapi menjalani hidup yang benar. Tetapi sahabat-sahabatnya tidak menghibur dia dalam pembicaraan mereka tetapi hanya menyalahkan dan menghakimi dia, yang telah berada dalam sebuah kondisi yang sangat buruk.

Hati Ayub yang paling dalam tidaklah jahat, atau menyimpang, atau pun curang. Tetapi sahabat-sahabatnya mengatakan demikian.

Karena Ayub tidak setuju dengan mereka, sahabat-sahabatnya menjadi marah dan menghakimi Ayub. Dalam cara ini, Ayub juga mengungkapkan perasaannya dan menjadi marah.

Apa yang menyebabkan hal ini terjadi? Semua karena argumen tersebut. Jika orang memiliki lebih banyak sakit hati, mereka mengucapkan hal-hal yang tidak masuk akal, dan dalam kasus yang lebih parah, mereka bahkan saling mengutuk.

4. Elifas Mencoba untuk Mengajar Ayub dengan Perkataan Nenek Moyang

"Aku hendak menerangkan sesuatu kepadamu, dengarkanlah aku, dan apa yang telah kulihat, hendak kuceritakan, yakni apa yang diberitakan oleh orang yang mempunyai hikmat, yang nenek moyang mereka tidak sembunyikan" (Ayub 15:17-18).

Kemudian, Elifas berkata, "Ayub, kamu tidak mendengarkan kami, maka biarkan aku memberitahu engkau perkataan-perkataan yang diturunkan dari nenek moyang kita, sehingga engkau dapat mengerti."

Sejauh ini, Elifas telah mencoba untuk mempengaruhi Ayub dengan semua pengetahuannya, tetapi Ayub tidak mendengarkan dia. Sekarang, dia menyebutkan perkataan ayah mereka. Firman-firman yang diberikan kepada Musa dan nabi-nabi lainnya tidaklah hilang, tetapi telah diturunkan kepada generasi tersebut.

"Ketika hanya kepada mereka negeri itu diberikan, dan tidak ada seorang asingpun masuk ke tengah-tengah mereka. Orang fasik menggeletar sepanjang hidupnya, demikian juga orang lalim selama tahun-tahun yang disediakan baginya. Bunyi yang dahsyat sampai ke telinganya, pada masa damai ia didatangi perusak. Ia tidak percaya, bahwa ia akan kembali dari kegelapan: ia sudah ditentukan untuk dimakan pedang" (Ayub 15:19-22).

Tanah Israel diberikan kepada umat pilihan Allah. Yoel 3:17 berkata, "*Maka kamu akan mengetahui bahwa Aku,*

TUHAN, adalah Allahmu, yang diam di Sion, gunung-Ku yang kudus. Dan Yerusalem akan menjadi kudus, dan orang-orang luar tidak akan melintasinya lagi." Ayat ini secara rohani berarti bahwa anak-anak Allah harus mematuhi firman Allah dan hidup di dalamnya. Jika kita berteman dengan dunia dan melakukan hal-hal yang jahat dan tidak benar, maka Iblis akan masuk ke dalam hidup kita, dan kita akan menghadapi kesukaran-kesukaran.

"Orang fasik menggeletar sepanjang hidupnya, demikian juga orang lalim selama tahun-tahun yang disediakan baginya." Apa artinya ini? Sekarang, Elifas memarahi Ayub dengan mengucapkan bahwa Ayub adalah seorang yang jahat dan fasik.

Beberapa orang berkata bahwa orang jahat makmur hidupnya. Tetapi faktanya, semua orang jahat akan jatuh.

Mazmur 1:6 berkata, *"sebab TUHAN mengenal jalan orang benar, tetapi jalan orang fasik menuju kebinasaan."* Amsal 24:19-20 berkata, *"Jangan menjadi marah karena orang yang berbuat jahat, jangan iri kepada orang fasik. Karena tidak ada masa depan bagi penjahat, pelita orang fasik akan padam."*

Ada penghakiman antara apa yang baik dan jahat (Pengkotbah 12:14), sehingga kita tidak perlu iri hati ketika orang jahat terlihat sejahtera.

Dalam ayat 20, "orang fasik" mengacu pada mereka yang kejam dan jahat. Dalam Alkitab, kita dapat melihat bagaimana Allah bereaksi terhadap orang jahat dan fasik. Singkatnya, Elifas berkata bahwa apa yang akan Allah lakukan terhadap Ayub telah diputuskan karena Ayub adalah orang yang jahat dan fasik.

Dalam ayat 21, yang berkata, "Bunyi yang dahsyat sampai ke telinganya." Suara seperti apakah yang didengar Ayub? Dia mendengar suara dari semua harta miliknya yang sedang dihancurkan, kematian anak-anaknya, dan kematian semua ternaknya. Tidak hanya itu! Istrinya menolak dia. Saudaranya menolak dia. Bahkan lagi, dia menderita barah di sekujur tubuhnya. Ayub terus mendengar suara-suara teror.

Seberapa kayakah Ayub sebelumnya? Dia tampaknya memiliki hidup yang sangat kaya-raya, tetapi kemudian ketika dia menghadapi pengujian dan pencobaan, dia hanya mendengar suara teror, dan semuanya hancur dalam satu waktu. Ayub tidak memiliki jalan keluar dari pencobaan-pencobaannya yang sangat menyiksa.

Ayat 22 berkata, "Pada masa damai ia didatangi perusak. Ia tidak percaya, bahwa ia akan kembali dari kegelapan: ia sudah ditentukan untuk dimakan pedang" (15:19-22). Apa artinya itu?

Sebuah pedang diperlukan untuk memotong sesuatu. Ditakdirkan untuk pedang mengacu pada situasi Ayub di mana Ayub dicemooh dan diejek oleh banyak orang dan menderita sakit hati yang mendalam. Karena dia ditakdirkan untuk pedang, dia bahkan tidak dapat berharap untuk kembali dari kegelapan.

Elifas juga mengatakan, "Ayub! Engkau jahat dan fasik. Engkau tampaknya kaya, tetapi oleh pekerjaan Allah engkau dikutuk. Engkau ditakdirkan untuk pedang, sehingga tidak berharap untuk diselamatkan dari pencobaan-pencobaan itu. Kehancuran ditakdirkan bagi orang jahat dan fasik. Apa yang tertinggal hanyalah orang-orang akan menghina engkau dan mentertawakanmu."

Dapatkah Anda membayangkan betapa marahnya Ayub ketika dia mendengar komentar seperti itu! Dia dihakimi sebagai seorang yang jahat dan fasik, sementara dia berpikir bahwa dia telah menjalani hidup yang benar!

> "Ia mengembara untuk mencari makan, entah ke mana.
> Ia tahu, bahwa hari kegelapan siap menantikan dia.
> Ia ditakutkan oleh kesesakan dan kesempitan, yang
> menggagahinya laksana raja yang siap menyergap.
> Karena ia telah mengedangkan tangannya melawan
> Allah dan berani menantang Yang Mahakuasa;" (Ayub
> 15:23-25).

Inilah yang dimaksudkan oleh Elifas: Karena Ayub telah hancur total, sekarang dia harus mengembara mencari makanan dan meminjam dari orang lain. Dia tidak dapat keluar dari kegelapan, dan akhirnya, dia akan menyadari bahwa tidak ada jalan bagi dia untuk pulih kembali, tetapi dia tidak dapat melakukan apa pun tentang hal itu tetapi malah jatuh ke dalam penderitaan yang lebih dalam.

Ayub takut akan Allah dalam penderitaan dan kesakitannya. Jika dia tidak takut akan Allah, dia akan telah berbicara lebih ceroboh lagi, tetapi dia mengendalikan dirinya sendiri karena rasa takutnya. Juga, jika raja telah menyiapkan selama beberapa tahun untuk menyerang musuh, betapa sangat mudahnya dia akan memenangkan pertempuran?

Elifas menjelaskan bahwa alasan mengapa Ayub berada dalam kondisi yang sangat menyedihkan ini adalah karena dia mengedangkan tangannya melawan Allah. Dalam sudut pandang teman-temannya, Ayub telah berdiri melawan Allah dan menaikkan tangannya melawan langit.

Sebagai contoh, ketika dua orang bertengkar, mereka

terkadang menaikkan tangan mereka dan berbicara sambil menghamburkan air ludah. Elifas menjelaskan bahwa ini karena Ayub menganggap dirinya sendiri secara arogan melawan Yang Mahakuasa.

Kita sebaiknya tidak menghakimi orang lain. Teman-teman Ayub menghakimi Ayub sebagai orang yang jahat, fasik dan arogan semata-mata dengan perkataan Ayub, tetapi Ayub tidak sependapat dengan mereka. Dalam hatinya Ayub tidaklah benar-benar jahat.

Karena teman-temannya sama sekali tidak mengenal dia, dan karena mereka memiliki ide yang sama sekali berbeda dengannya, dia tidak dapat tahan kecuali mengatakan bahwa dia ingin berbantah dengan Allah, bukan dengan teman-temannya.

"Dengan bertegang leher ia berlari-lari menghadapi Dia, dengan perisainya yang berlapis tebal. Mukanya telah ditutupinya dengan lemak, dan lapisan lemak dikenakannya pada pinggangnya; ia menetap di kota-kota yang telah hancur, di rumah-rumah yang tidak dapat didiami orang, yang ditentukan untuk tetap menjadi reruntuhan" (Ayub 15:26-28).

"Dengan bertegang leher ia berlari-lari menghadapi Dia, dengan perisainya yang berlapis tebal." Berarti bahwa dia arogan dan kemudian terus menerus tidak mematuhi Allah. Hal ini adalah tentang Ayub. "Karena dia telah menutupi mukanya dengan lemak" berarti kekayaan materi. Elifas berkata Ayub telah menjadi arogan karena kekayaannya.

Ketika Raja Salomo menjadi kaya, dia mulai menyembah berhala dan meninggalkan Allah. Ketika bangsa Israel dengan setia menyembah Allah, mereka pun menjadi sangat kaya.

Tetapi ketika mereka dalam kelimpahan materi dan tidak memiliki kesukaran-kesukaran, mereka mengkhianati Allah dan menyembah berhala. Ketika Allah memalingkan wajahnya dari mereka, kutukannya jatuh atas mereka sehingga mereka diserang oleh negara-negara tetangga dan dibawa sebagai tawanan untuk menjadi budak.

Ketika sebuah negara hancur, kota-kota menjadi terpencil, dan karena tidak seorang pun hidup di sana. Hewan-hewan berkeliaran Orang-orang mengembara berkeliling untuk mendapatkan makanan atau hidup diantara bebatuan pegunungan.

Elifas berkata Ayub adalah seseorang yang cocok. Ayub kehilangan seluruh anak-anak dan harta miliknya, dan dia jatuh de dalam sebuah takdir yang menghancurkan tanpa ada sesuatu pun untuk di makan dengan rasa sakit pada barah-barahnya. Elifas mencoba untuk mengajar Yakub dengan apa yang diturunkan dari nenek moyang mereka yang bijaksana.

5. Elifas Mengutuk dengan Iri Hati dan Kecemburuan yang Meluap

"Ia takkan menjadi kaya dan hartanya tidak kekal, serta miliknyapun tidak bertambah-tambah di bumi. Ia tidak akan luput dari kegelapan, tunasnya akan dilayukan oleh nyala api, dan ia akan dilenyapkan oleh nafas mulut-Nya" (Ayub 15:29-30).

Sekarang, teman-teman Ayub mengutuk dia, dan mengapa mereka melakukannya? Ketika Ayub kaya dulu, menolong orang-orang dan dihormati oleh orang lain, mereka berpura-pura mengasihi dan bersekutu dengan mereka. Tetapi dalam hati mereka berasa iri hati dan cemburu.

Ketika Ayub sepertinya akan menuju kehancuran dan berbicara perkataan-perkataan Allah, dan bersama dengan itu, rasa cemburu dan iri hati harus akan keluar. Itulah mengapa mereka mengutuk Ayub dan berkata bahwa Ayub tidak akan bisa kaya lagi karena harta miliknya tidak akan tetrjual.

Mereka maksud adalah bahwa Ayub tidak akan mampu keluar dari situasinya ketika dia berkata, "Dia tidak akan dapat melarikan diri dari kegelapan."

"Api akan membakar akar—akarnya" berarti bahwa bahan benih-benih akan kering, dan ini berarti tidak akan ada harapan apa pun. Hal ini berarti bahwa Ayub tidak akan dapat melarikan diri dari kutukan.

Apa artinya dari "Dan karena nafas mulut-Nya dia akan pergi"? Allah menciptakan langit dan bumi dengan firman-Nya. Maka, jika Allah meniupkan nafas-Nya melawan Ayub, segala sesuatunya akan berakhir. Hal ini berarti Allah akan meniupkan nafas-Nya melawan semua orang yang arogan.

Secara umum, hal ini benar, tetapi tidak benar-benar terjadi kepada Ayub.

"Janganlah ia percaya kepada kesia-siaan, akan tertipulah ia, karena kesia-siaan akan menjadi ganjarannya. Sebelum genap masanya, ajalnya akan sampai; dan rantingnyapun tidak akan menghijau. Ia seperti pohon anggur yang gugur buahnya dan seperti pohon zaitun yang jatuh bunganya" (Ayub 15:31-33).

Pada masa Yesus, orang-orang Farisi, ahli-ahli taurat, dan imam besar memegang hukum taurat dan mereka menganggap diri mereka sendiri benar. Tetapi Yesus memarahi mereka dengan berkata mereka seperti nisan yang dilabur putih. Mereka menyalibkan Juru Selamat mereka tanpa mengenali Dia sebagai Juru Selamat mereka meskipun Dia ada di depan mata mereka. Tetapi mereka berpikir bahwa mereka memegang hukum taurat Musa dan merupakan orang-orang yang percaya kepada Allah. Mereka sebenarnya menipu diri mereka sendiri, dan akhirnya jatuh pada kehancuran.

"Ayub, engkau mengira dirimu sendiri benar, tetapi engkau telah menipu dirimu sendiri. Kehancuranlah yang akan datang menimpa engkau. Engkau telah kehilangan segalanya dan engkau tidak memiliki apapun yang tertinggal padamu. Sebelum harinya tiba, sebelum engkau melihat terang, semua kutukan ini akan menimpa engkau. Kehancuran akan menimpa engkau sebelum cabang pohon menjadi hijau. Jangan pernah bermimpi untuk pemulihan!"

Elifas memberitahu Ayub untuk tidak berharap akan adanya pemulihan.

Seperti yang dikatakan dalam Ayat 33, jika anggur yang tidak matang dimakan oleh cacing atau jatuh oleh angin, betapa sia-sianya hal tersebut! Jika bunga pohon zaitun jatuh oleh angin, dia tidak akan dapat menghasilkan buah, sehingga meskipun dia mekar hal itu akan sia-sia. Elifas mengatakan bahwa hidup Ayub adalah sama seperti hal tersebut.

Di sini, mari kita melihat arti rohani dari anggur. Yesus berkata Dia adalah pokok anggur dan kita adalah ranting-rantingnya (Yohanes 15:5). Hanya ketika ranting-rantingnya bersatu dengan pokok anggur maka mereka dapat memekarkan bunga dan menghasilkan buah. Jika rantingnya jatuh, dia akan menjadi kering, diinak, dan akhirnya dibakar.

Jika kita terpisah dari Yesus Kristus, yaitu jika kita tidak hidup dalam kebenaran, kita akan menjadi seperti sekam, dan tidak dapat terhindar dari penyiksaan dalam api pada saat penghakiman. Hal ini sama seperti buah anggur yang tidak matang yang jatuh dari pokoknya.

"Karena kawanan orang-orang fasik tidak berhasil, dan api memakan habis kemah-kemah orang yang makan suap. Mereka menghamilkan bencana dan melahirkan kejahatan, dan tipu daya dikandung hati mereka" (Ayub 15:34-35).

Elifas menyamakan Ayub dengan orang yang tidak bertuhan dan tidak benar, dan menghakimi dia sebagai seorang jahat yang menerima suap.

Mengapa dia mengatakan hal demikian?

Ketika Ayub kaya, dia menolong banyak orang dan menunjukkan kemurahan. Dari mereka yang menerima pertolongannya, dia juga menerima banyak hadiah. sahabat-sahabat Ayub melihat hal ini dengan iri hati dan kecemburuan mereka, dan bahkan ketika argumen-argumen mereka menjadi semakin sering, mereka memiliki rasa sakit hati yang semakin dalam dan berkata bahwa Ayub telah menerima suap.

Tentu saja, Ayub tidak menerima suap apa pun. Disini, kita dapat menemukan betapa cemburu dan iri hatinya sahabat-sahabat Ayub!

Bab 16

Ayub Menyalahkan Semuanya kepada Allah

1. Perkataan-Perkataan Omong Kosong yang Tidak Berarti

2. Ayub Menjadi Sadar Diri

3. Ayub Berkata Bahwa Allah Menangkap Ayub dan Menghempaskan Sahabat-sahabatnya

4. Ayub Berkata Bahwa Allah telah Menyiksa Dia

5. Berkat dalam Pencobaan yang Berlalu

6. Mari Kita Masing-Masing Membuang Tanduk Kita

7. Ayub Bersikukuh Dirinya Benar

"Aku hidup dengan tenteram, tetapi Ia menggelisahkan aku, aku ditangkap-Nya pada tengkukku, lalu dibanting-Nya, dan aku ditegakkan-Nya menjadi sasaran-Nya. Aku dihujani anak panah, ginjalku ditembus-Nya dengan tak kenal belas kasihan, empeduku ditumpahkan-Nya ke tanah." (Ayub 16:12-13)

1. Perkataan-Perkataan Omong Kosong yang Tidak Berarti

"Tetapi Ayub menjawab: 'Hal seperti itu telah acap kali kudengar. Penghibur sialan kamu semua! Belum habiskah omong kosong itu? Apa yang merangsang engkau untuk menyanggah?'" (Ayub 16:1-3).

Dengan menggelengkan kepala Ayub berkata bahwa sahabat-sahabatnya adalah para penghibur sialan. Mengapa Ayub berkata demikian?

'Menghibur' adalah untuk membuat hati seseorang menjadi damai dan membuat seseorang menjadi tenang. Sahabat-sahabat Ayub tidak dapat menjadi penghibur baginya. Mereka hanya membuat dia menjadi semakin marah dan menyebabkan dia menjadi lebih jengkel dalam hatinya.

Sahabat-sahabatnya terus memarahi dia dengan perkataan-perkataan mereka, dan setelah Ayub mendengarkan mereka, pikiran Ayub bahkan menjadi lebih bingung. Melalui perkataan sahabat-sahabatnya, hatinya bahkan menjadi semakin jengkel dan bingung. Inilah maksud Ayub.

Kemudian, mengapa Ayub menyimpulkan bahwa perkataan sahabat-sahabatnya adalah 'perkataan omong kosong'?

Hal ini karena tidak perduli seberapa baiknya perkataan

mereka, tidak ada perbuatan yang menyertainya. Sebagai contoh, misalkan seorang diaken A memiliki sebuah masalah mendadak, dan diaken B datang padanya dan berkata, "Jika engkau berdoa, masalah tersebut akan diselesaikan dan engau akan menerima berkat."

Tetapi diaken A tahu bahwa diaken B juga hidup dalam kesusahan seperti dirinya. Maka, dia tidak dapat benar-benar memperhatikan nasihat diaken B. Meski dia mungkin tidak menunjukkannya, dalam pikirannya dia mungkin akan berpikir, "Mengapa kamu tidak berdoa dan menerima jawaban duluan?" Nasihat tersebut hanya akan membawa penghinaan.

Tidak hanya dalam gereja, tetapi juga dalam dunia, kita dapat menemukan banyak perkataan omong kosong. Ada banyak perkataan yang tidak penting tetapi hanya akan menyebabkan lebih banyak kesalahpahaman dan sakit hati.

Dengan cara yang sama, perkataan sahabat-sahabatnya, yang tidak disertai dengan perbuatan mereka, sama sekali tidak banyak menolong Ayub Itulah mengapa Ayub menyimpulkan bahwa perkataan-perkataan mereka adalah perkataan omong kosong.

Tidak ada batas untuk perkataan omong kosong. Mereka hanya akan menyebabkan lebih banyak perbantahan. Mereka tidak dapat menghasilkan buah. Oleh karena itu, perkataan-perkataan tersebut tidak dapat bertahan atau mendorong semangat mereka yang sedang patah hati. Orang-orang hanya bersikukuh bahwa mereka benar dalam rangka untuk memenangkan argumen, karenanya hanya Iblis yang akan memiliki kesempatan untuk bekerja.

"Teman-teman! Apa yang merangsang engkau untuk

menyanggah?"

Ada beberapa alasan yang dirangsang oleh sahabat-sahabat Ayub. Tetapi Ayub berpikir dia sangat benar, sehingga dia tidak dapat mengerti mengapa sahabat-sahabatnya termotivasi untuk berbicara dengan perkataan omong kosong seperti itu.

Ayub mengeluh dan mengutuk melawan Allah dengan berkata bahwa Allah adalah Allah yang jahat. Bahkan lagi, dia tidak mendengarkan nasihat dari sahabat-sahabatnya, tetapi malah memandang rendah kepada mereka. Tetapi dia tetap bersikukuh bahwa dia benar dan tidak bersalah. Maka dalam pandangan sahabat-sahabatnya, dia tampak aneh dan iri hati. Itulah mengapa mereka mengatakan perkataan-perkataan seperti itu. Ketika suatu pihak dirangsang dengan suatu goncangan, hal ini merupakan kesalahan dari kedua belah pihak.

Beberapa orang berpikir bahwa mereka dihukum oleh anggota keluarga atau tetangga mereka karena mereka menghadiri kebaktian Gereja dan mengasihi Allah. Tetapi dalam sebagian besar kasus mereka menghadapi pencobaan dan hukuman karena kesalahan dan pikiran pendek atau bahkan perbuatan salah mereka. Jika kita memberikan keharuman Yesus Kristus, maka tidak akan ada penghukuman. Ada beberapa kasus di mana kita dihukum untuk kebenaran dengan seizin Allah, tetapi hal ini merupakan kasus yang jarang.

> "Akupun dapat berbicara seperti kamu, sekiranya kamu pada tempatku; aku akan menggubah kata-kata indah terhadap kamu, dan menggeleng-gelengkan kepala atas kamu" (Ayub 16:4).

Ayub berpikir bahwa sahabat-sahabatnya mengucapkan perkataan dan menunjukkan perbuatan yang tidak beralasan dan bahkan sampai pada titik yang mengejutkan. Maka, disini, Ayub menyarankan bahwa mereka sebaiknya bertukar tempat.

Dengan kata lain Ayub berkata, "Jika aku memiliki dalam hatiku kejahatan seperti yang kalian punya, aku juga akan menggubah perkataan-perkataan yang melawan engkau dan perkataan yang tidak masuk akal untuk menjatuhkanmu, dan aku akan menggelengkan kepalaku terhadapmu."

Menggubah kata-kata berarti mereka sekedar mengarang perkataan mereka tanpa memiliki perbuatan untuk menunjukkan atau mendukung perkataan-perkataan mereka. Hal ini berarti teman-temannya menghakimi dan menghukum Ayub dalam pemikiran mereka seperti yang mereka inginkan. Dalam pendapat Ayub, sahabat-sahabatnya tidak mempunyai perbuatan, dan mereka hanya sekedar membuat-buat perkataan mereka dengan pendapat mereka sendiri, sehingga dia tidak mempercayai mereka.

Kemudian, mengapa ada gelengan kepala? Dalam sebuah argumen yang tajam, mereka mungkin akan menjadi sangat marah sehingga mereka bahkan menggelengkan kepala mereka. Kita dapat melihat bagaimana terguncangnya sahabat-sahabat tesebut sekarang.

Meskipun perkataan seseorang sama sekali tidak sependapat dengan pendapat kita, sebaiknya kita jangan menggelengkan kepala kita. Kita harus menghentikan kebiasaan ini. Hal itu akan membuat malu orang tersebut, dan membuat kita menjadi hakim dan menyimpulkan bahwa perkataannya adalah salah, bahkan sebelum dia selesai berrbicara. Oleh karena itu, hal ini merupakan suatu hal yang kasar.

Hati Ayub patah karena perkataan dan perbuatan sahabat-sahabatnya. Dia sekarang mencoba untuk membuatnya sahabat-sahabatnya menyadari perbuatan salah mereka.

2. Ayub Menjadi Sadar Diri

"Aku akan menguatkan hatimu dengan mulut, dan tidak menahan bibirku mengatakan belas kasihan. Tetapi bila aku berbicara, penderitaanku tidak menjadi ringan, dan bila aku berdiam diri, apakah yang hilang dari padaku?" (Ayub 16:5-6)

Sebelum dia jatuh ke dalam pencobaan, Ayub mengajar banyak orang, menguatkan mereka yang lemah, dan menolong mereka yang sedang memerlukan. Dia telah melakukan sedikitnya perbuatan kedagingan dan kebaikan (Ayub pasal 4). Sahabat-sahabat Ayub tidak mempunyai perbuatan apa pun seperti yang telah ditunjukkan oleh Ayub melalui perbuatan kedagingannya sebelum dia menghadapi pencobaan.

"Katakanlah padaku apa yang harus aku lakukan dan apa yang salah denganku sementara engkau sendiri tidak menunjukkan perbuatan apa pun, tetapi aku dapat mengatakan kepadamu hal ini karena aku telah bertindak. Jika itu terjadi sebelum aku menghadapi pencobaan ini, Aku dapat menguatkan kamu dan mengurangi kesakitanmu. Tetapi meskipun aku berbicara dengan cara ini, aku tidak dapat menyelesaikan masalah-masalahku. Bahkan jika aku tetap diam, bagaimana mungkin hatiku akan damai?"

Ayub berpikir dia sedang mengucapkan perkataan-perkataan yang baik, Tetapi sahabat-sahabatnya malah semakin marah. Mereka sangat marah sehingga mereka juga menggelengkan kepala mereka, karena mereka pikir Ayub tidak layak mengatakan perkataan tersebut.

Dalam sudut pandang mereka, Ayub sedang berada alam

kutukan Allah saat ini. Tetapi bukannya bertobat, dia malah berbantah dengan Allah dan memandang rendah sahabat-sahabatnya. Hal itu adalah sebuah kejahatan. Maka, meskipun Ayub mengucapkan perkataan yang baik, mereka tidak mau mendengarkan dia juga.

Ayub berkata bahwa dia dapat menguatkan sahabat-sahabatnya dan mengurangi kesakitan mereka jika keadaannya seperti sebelumnya, tetapi perkataan-perkataan ini hanya semakin mengguncangkan sahabat-sahabatnya.

Sebagai contoh, seandainya ada seseorang yang situasinya saat ini sedang tidak baik. Dia berkata dia adalah seorang yang hebat sebelumnya dan dia mencoba untuk mengajar orang lain. Apa yang kemudian terjadi? Orang lain tidak mendengarkan dia, dan mungkin akan mentertawakan dia.

Sebaliknya, jika dia menjelaskan alasan mengapa dia menghadapi pencobaan, hal ini adalah sebuah sikap pertobatan, sehingga akan memberikan pelajaran dan keuntungan bagi orang lain. Dengan cara ini, Ayub semakin mengenal dirinya sendiri.

Dia berkata, "Jika aku berbicara, penderitaanku tidak menjadi ringan." Hal ini berarti bahwa dia menyadari fakta bahwa pada stu waktu dia dapat menguatkan orang lain dan mengurangi kesakitan mereka, saat ini dia tidak mampu melakukan apa pun untuk mengurangi kesakitannya sendiri.

Kemudian, marilah kita berpikir tentang apakah sebelumnya Ayub dapat benar-benar memberikan kehidupan kepada orang lain.

Sebelumnya, perkataan-perkataan Ayub dapat menguatkan dan membangkitkan semangat orang lain karena dia memiliki pengetahuan dan kekayaan dan orang-orang memandang dia.

Itulah sebabnya mengapa mereka mendengarkan dia. Tetapi dalam diri Ayub sendiri, tidak ada hidup yang kekal, maka perkataannya tidak dapat memberikan hidup yang kekal kepada mereka.

Ayub mengucapkan perkataan-perkataan yang jadhat sebagai hasil dari sakitnya, dan sahabat-sahabatnya menuduh dia sebagai seorang yang kasar. Daging hanya akan binasa dan tidak memberikan keuntungan apa pun (Yohanes 6:63). Itulah mengapa Allah harus mengizinkan pencobaan-pencobaan Ayub untuk memberikan hidup yang benar kepadanya. Bagaimana seseorang yang tidak dapat memecahkan masalahnya sendiri dapat memecahkan masalah orang lain?

Ayub berkata, "Dan jika aku berdiam diri, apakah yang hilang dari padaku?" Orang-orang kedagingan tidak dapat tahan menghadapinya ketika mereka dihadapkan dengan kesulitan-kesulitan seperti itu. Mereka harus menghancurkan segala sesuatu yang telah mereka kumpulkan dalam pikiran mereka untuk merasa lega.

Ayub bukanlah seorang yang rohani, maka jika dia berdiam diri, dia merasa kesakitan, dan dia harus mengeluarkan kejahatannya. Tetapi dengan demikian, dia membuat sahabat-sahabatnya marah dan melakukan dosa besar dengan bibirnya.

Manusia kedagingan suka menyebarkan hal-hal buruk tentang orang lain. Jika mereka tetap diam, sangat sulit untuk menahan mereka kembali. Jika mereka mendengar suatu perbincangan yang memfitnah tentang seseorang, mereka tidak dapat tetap diam tetapi mereka harus menyebarkannya dengan sangat cepat. Hanya dengan demikian mereka akan merasa lega dan tenang.

Kemudian, mengapa merasa tenang setelah mereka menyebarkan hal-hal buruk tesebut, katakanlah setelah mereka melakukan kejahatan? Manusia kedagingan mendengar suara Iblis, dan ketika mereka bertindak dalam kejahatan dengan menyebarkan hal-hal yang bersifat fitnah, mereka membuat Iblis merasa tenang. Itulah mengapa pikiran mereka juga menjadi tenang.

Jika kita menjadi manusia roh dan memiliki lebih banyak sikap positif, kita dapat mengubah situasi menjadi lebih menyenangkan bagi kita. Tetapi manusia kedagingan mengucapkan perkataan-perkataan yang negatif lagi dan lagi. Dengan cara demikian hati mereka menjadi lebih dan lebih jahat, dan mereka menempatkan diri mereka sendiri dalam jebakan. Mereka membuat situasi mereka menjadi lebih sulit dengan perkataan-perkataan negatif mereka dan akhirnya, mereka jatuh ke dalam lubang kehancuran.

3. Ayub Berkata Bahwa Allah Menangkap Ayub dan Menghempaskan Sahabat-sahabatnya

"Tetapi sekarang, Ia telah membuat aku lelah dan mencerai-beraikan segenap rumah tanggaku, sudah menangkap aku; inilah yang menjadi saksi; kekurusanku telah bangkit menuduh aku" (Ayub 16:7-8).

Ayub mengatakan bahwa Allah-lah yang telah membuang dia dan menghempaskan semua sahabat-sahabatnya. Jika Anda dibuang secara rohani, Anda tidak akan memiliki kekuatan dalam hati, sehingga Anda tidak dapat melakukan apa pun.

"Dihempaskan" berarti bahwa mereka dihancurkan dan jatuh, tetapi secara rohani, itu berarti bahwa hati mereka curang dan mereka tidak dapat memenuhi tanggung jawab manusia. Ayub berkata bahwa Allah telah menjatuhkan dia, maka dia menjadi lelah dan jatuh ke dalam lubang, menderita sepanjang waktu. Itulah mengapa dia berkata Allah membuat dia lelah.

Bahkan lagi, dia berkata bahwa sahabat-sahabatnya dihempaskan karena mereka mengucapkan kata-kata yang tidak pasti kebenarannya dan melakukan tindakan-tindakan yang ganjil untuk menyerang dia. Ayub tidak menyadari bahwa sahabat-sahabatnya terpancing karena dirinya, dan memprotes bahwa Allah telah menghempaskan sahabat-sahabatnya.

Dalam ayat 8, Ayub menjadi sangat lelah sehingga dia terpecah belah. Jika sebuah bunga dicabut, dia telah meninggalkan sumber kehidupan, sehingga dia akan segera kering.

Dengan cara yang sama, Ayub mengatakan bahwa Allah menyerang sumber kehidupannya, yaitu kekayaannya, keluarganya, kesehatannya, dan anak-anaknya, sehingga dia merasa kering, tidak dapat menanggung kesakitan. Dia mengucapkan bahwa penyebab kekeringannya itu adalah Allah. Dia menyalahkan Allah untuk segalanya.

Juga, dia berkata, "Dan kekurusanku telah bangkit menuduh aku." Jika sesuatu kering, dia akan menjadi kurus. "menjadi kurus" secara rohani berarti bahwa seseorang telah sepenuhnya mati dan jatuh berkeping-keping.

Kekayaan, keluarga, dan kesehatan Ayub semuanya hilang, dan bahkan sahabat-sahabatnya berdiri melawan dia. Dan dia menyalahkan Allah dengan berkata Dia telah melemahkan dan mengeringkan dia seperti itu, Dan bukti-buktinya adalah dia menjadi kurus.

4. Ayub Berkata Bahwa Allah telah Menyiksa Dia

"Murka-Nya menerkam dan memusuhi aku, Ia menggertakkan giginya terhadap aku; lawanku memandang aku dengan mata yang berapi-api. Mereka mengangakan mulutnya melawan aku, menampar pipiku dengan cercaan, dan bersama-sama mengerumuni aku" (Ayub 16:9-10).

Ayub berbantah bahwa Allah menjadi marah terhadap dia dan telah mengoyakkan dan memburu dia. Dengan mengucapkan 'Allah telah mengoyakkan dia' menunjuk pada keadaan di mana barah Ayub mengeras dan pecah. Dari kepala sampai kaki, barah mengeras, pecah dan berlubang, maka dalam pemikiran Ayub, hal itu tidak berbeda seperti Allah sedang merobek dia.

'Diburu' berarti bahwa dia diserang oleh musuh supaya menderita. Pengertian rohaninya adalah bahwa Allah menunjukkan dosa-dosa Ayub terus-menerus. Maksud Ayub adalah bahwa Allah sedang menghukum dia.

Bahkan, Ayub berkata, Allah menggertakkan giginya dan memandang kepadanya dengan mata tajam yang menyebabkan dia semakin menderita. Ayub berkata Allah telah memberi dia kesakitan luar biasa dengan merobek dia dan memberi dia lebih banyak rasa sakit dengan menatap padanya dengan mata yang tajam.

Ayat 10 berkata, "Mereka mengangakan mulutnya melawan

aku." Itu berarti memiliki arti negatif. Hal ini karena perkataan-perkataan sahabat-sahabat Ayub tidak menenangkan tetapi malah menyakiti dia.

Ayub berkata sahabat-sahabatnya menampar pipinya dengan tuduhan. Bahkan dalam dunia ini, jika seseorang mengucapkan sesuatu yang tidak terbayangkan jahatnya kepada kita. Kita merasa seperti ditampar. Sebagai contoh, jika kita mendengar perkataan-perkataan yang menuduh dengan sembarangan, maka kita merasa seperti kita sedang diludahi, dengan perasaan seperti sedang diejek.

Sejauh ini, sahabat-sahabat Ayub belum benar-benar menampar dia. Tetapi sekarang, Ayub berpikir tentang masa lalunya ketika dia memiliki kekayaan. Sebelumnya, sahabat-sahabatnya terbiasa memandangnya dan mengasihi dia, tetapi sekarang, mereka tampak berdiri melawan dia. Karena Ayub berpikir akan masa lalunya, dia berkata sahabat-sahabatnya sedang menampar dia dan bersekongkol untuk melawan dia.

Ayub sebenarnya sedang menghakimi dan menuduh seperti yang sedang dilakukan sahabat-sahabatnya. Tetapi dia berada dalam sebuah situasi yang sedang kacau saat ini, dan dia merasa sepertinya Allah sedang memelototinya dan memburunya.

Seandainya Anda menjadi bangkrut dalam bisnis Anda atau kehilangan pekerjaan secara tiba-tiba. Maka, Anda akan merasa sepertinya orang-orang di sekeliling Anda sedang memperlakukan Anda dengan dingin dan memandang Anda dengan mata yang tajam. Meskipun orang lain sebenarnya tidak melakukan hal tersebut, Anda mungkin menghakimi dan menuduh orang lain tidak sama seperti sebelumnya dan membuat diri Anda sendiri menderita.

5. Berkat dalam Pencobaan yang Berlalu

"Allah menyerahkan aku kepada orang lalim, dan menjatuhkan aku ke dalam tangan orang fasik" (Ayub 16:11).

Ayub berkata bahwa sahabat-sahabatnya adalah bajingan dan orang jahat. Ayub dan sahabat-sahabatnya saling mengatakan kepada satu sama lain bahwa mereka adalah orang jahat. Hari ini, banyak orang percaya menyalahkan Allah atas masalah-masalah mereka dan berkata, "Allah sedang menguji saya. Dia memberikan masalah kehidupan ini. Dia memberikan saya penyakit ini." Tetapi jika kita menyalahkan Allah, kita tidak dapat mendengar suara Roh Kudus yang ada dalam hati kita dan kita tidak dapat mencari cara untuk memecahkan masalah kita.

Allah tidak pernah menyerahkan Ayub kepada para bajingan atau melemparkan dia ke dalam tangan orang-orang jahat. Dia tidak pernah memberitahu Ayub untuk membantah. Saat ini, Allah hanya memandang dia.

Apa yang Allah izinkan untuk dilakukan Iblis adalah untuk mengambil semua harta benda milik Ayub dan memberikan barah kepadanya. Tidaklah benar bahwa Allah memberi Ayub kesulitan. Melalui pencobaan tersebut, kejahatan Ayub yang tersembunyi diungkapkan dan juga dapat dihilangkan. Ayub menjadi bertemu dengan Allah, maka kita dapat mengerti bahwa pencobaan tersebut menghasilkan berkat.

Ayub hanya mendengar tentang Allah dari nenek moyangnya tetapi dia sendiri tidak pernah bertemu dengan-Nya. Tetapi jika kita menemukan Allah yang hidup melalui pencobaan, kita tidak akan beriman sebagai sekedar pengetahuan saja tetapi iman secara rohani yang dengannya kita dapat benar-benar percaya dari dalam hati.

Jika Ayub tidak menderita melalui pencobaannya ini, dia akan menerima berkat materi seperti sebelumnya, tetapi dia tidak akan menerima berkat rohani pengenalan akan Allah. Dia tidak akan menemukan dosa-dosanya dan tidak akan membuangnya supaya kemudian menjadi disucikan.

Setelah Ayub menjalani pencobaan, dia akan menerima berkat. Karena Allah telah mengetahui hal ini sebelumnya, Dia mengizinkan hal itu terjadi. Hanya ketika jiwa kita sejahtera, tidak hanya dalam dunia ini kita akan menerima berkat tetapi juga dalam kerajaan surgawi kita dapat pergi kepada seuatu posisi bercahaya yang lebih terang seperti matahari.

Ketika Allah mengizinkan pencobaan terjadi, apakah itu berakhir dengan cepat atau tidak semuanya terserah kepada orang yang menjalani pencobaan tersebut. Hal itu tergantung kepada seberapa baik atau jahat hatinya. Jika Anda memiliki kejahatan yang banyak, Anda akan menerukan lebih banyak kejahatan selama pencobaan, maka pengujiannya akan berlangsung lama.

Tidak peduli apa jenis situasi yang sedang Anda alami, jika Anda menunjukkan iman Anda, bersukacita, berdoa, mengucap syukur, dan menyenangkan Allah dengan iman yang tidak pernah berubah, Allah akan segera mengangkat pasukan iblis sang musuh dan memberikan berkat kepada Anda.

Ketika sahabat-sahabatnya pertama kali menasihati dia, apakah Ayub berkata, "Ya kalian benar! Saya pasti telah melakukan sesuatu yang salah sehingga saya memiliki masalah seperti ini. Saya akan mencoba untuk mencari kesalahan saya seperti yang kalian nasihatkan kepada saya," Apakah kemudian sahabat-sahabatnya akan berdebat dengan dengan dia? Mereka tidak akan menyangkal dia. Ayublah yang membuat sahabat-sahabatnya marah.

Jika dia telah mencoba menemukan dirinya sendiri dan berbalik, Allah akan memberikan padanya kasih karunia untuk menyadari dirinya sendiri. Allah akan menolongnya dan memberinya kekuatan. Meskipun Ayub menderita barah disekujur tubuhnya, Allah akan menyembuhkan dia dalam sekejap dan memberkati dia.

Ayub dan sahabat-sahabatnya jatuh ke dalam lubang kejahatan masing-masing. Oleh karen aitu, kita harus melihat perbedaan antara apa yang benar dan yang salah dengan hati yang baik, dan bertobat dari dosa-dosa kita dan berbalik daripadanya.

"Aku hidup dengan tenteram, tetapi Ia menggelisahkan aku, aku ditangkap-Nya pada tengkukku, lalu dibanting-Nya, dan aku ditegakkan-Nya menjadi sasaran-Nya. Aku dihujani anak panah, ginjalku ditembus-Nya dengan tak kenal belas kasihan, empeduku ditumpahkan-Nya ke tanah" (Ayub 16:12-3).

Inilah yang dikatakan Ayub: Sebelum dia menghadapi pencobaan, dia hidup dalam damai dan kenyamanan, tetapi Allah menghancurkan dia. Seperti ketika orang memegang leher seekor ayam ketika membunuhnya, demikianlah Allah memegang lehernya dan menggoncangkannya sehingga berkeping-keping. Ketika Ayub berpikir apa yang telah terjadi padanya, dia berpikir Allah adalah Allah yang kejam.

Pengertian dari leher Ayub dicengkeram dan diguncangkan berarti bahwa Ayub percaya bahwa Allah menghancurkan keinginan dan ketetapan hati Ayub yang kokoh. Hal ini berarti pilar yang mendukung kepala Ayub, sebut saja kehormatannya, harga diri, dan semua hal-hal besar lainnya yang dia nikmati telah dihancurkan. Itulah mengapa Ayub menjadi sangat lemah.

Ayub juga berkata Allah menetapkan dia sebagai sebuah target, bahwa Allah telah menetapkan dia sebagai sebuah sasaran dan tanda untuk ditembak dengan busur dan anak panah.

Dalam ayat 13, Ayub berkata Allah menembak dia dari empat arah. Dia menembus ginjal Ayub dan menumpahkan empedunya ke tanah.

Ayub memberi perumpamaan untuk setiap hal. Di sini, anak panah bukanlah anak panah yang sesungguhnya tetapi anak panah hati Allah. Hati Allah menjadi anak panah dan Dia sedang menembak Ayub dari empat arah. Ayub berkata Allah sedang menembakkan anak panah-Nya kepada dia tanpa belas kasihan membuka pinggangnya.

Jika pinggang seseorang terbuka, itu berarti bahwa dia kehilangan kendali atas tubuhnya. Jika punggung seseorang dipatahkan, dia tidak dapat menggunakan seluruh tubuhnya. Karena lehernya dipatahkan, keinginannya akan dihancurkan, dan pinggangnya dibuka oleh anak panah, dia telah kehilangan keseimbangan tubuhnya.

Juga, 'empedu tumpah ke tanah' berarti bahwa rasa sakit dalam hatinya sangatlah besar. Karena dia tidak pernah mengalami pertemuan dengan Allah, dia berteriak dengan sangat kesakitan seolah-olah empedunya keluar dan tumpah ke tanah.

Bahkan jika bisnis kita menjadi bangkrut, anak-anak kita tersesat, dan kita menderita penyakit, kita harus tetap mengingat bahwa Allah selalu memelihara kita dengan mata-Nya yang menyala dan bahwa Dia adalah Pembebas kita. Karena Dia selalu membimbing kita untuk mengerjakan kebaikan dalam segala hal, kita hanya dapat mengucap syukur kepada-Nya dalam segala hal.

6. Mari Kita Masing-Masing Membuang Tanduk Kita

"Ia merobek-robek aku, menyerang aku laksana seorang pejuang. **Kain kabung telah kujahit pada kulitku, dan tandukku kumasukkan ke dalam debu;**" (Ayub 16:14-15).

Ayub berkata bahwa Allah menembus semua bentuk pertahanan yang dia miliki dan menyerangnya laksana seorang pejuang. Mengapa Allah Yang Mahakuasa menembus dan menyerang Ayub yang hanyalah seorang makhluk ciptaan?

Hari ini, banyak dari orang yang menderita kesusahan dan pencobaan karena kelemahan mereka berkata bahwa Allah sedang menyerang mereka. Penyebabnya ada dalam mereka sehingga mereka menderita kesusahan, tetapi mereka pikir Allah perlu ditakuti dan berkata bahwa Allah telah menyerang mereka.

Ayub juga mengungkapkan kejahatannya ketika dia menerima pencobaan yang disebabkan oleh kejahatannya. Sebagai hasil dari perbuatan kita yang tidak benar, kita menerima dakwaan Iblis dan menderita dari pencobaan dan kesukaran.

Ayub sedang menghadapi pencobaan karena ada alasannya, tetapi dia menyalahkan Allah untuk semuanya, dan merasa bahwa Dia adalah Allah yang jahat dan Allah yang menakutkan.

Ayat 15 berkata, "Kain kabung telah kujahit pada kulitku." Hal ini berarti bahwa seluruh tubuhnya ditutupi dengan luka-

luka. Kain kabung tidaklah lembut melainkan kasar.

'Dijahit' berarti bahwa kulitnya basah oleh nanah dan kemudian mengering. Sebut saja, 'kain kabung yang dijahit' berarti kulit Ayub menjadi basah oleh nanah dan mengering lalu basah lagi dan mengering lagi, begitu terus menerus.

Ketika Ayub masih kaya, dia memiliki sifat seorang yang berbudi baik, sehingga dia pastinya memiliki kulit yang lembut. Tetapi karena barah, kulitnya dirusak parah, dan itulah mengapa dia menyamakan situasi tersebut dengan kain kabung, mengeluh terhadap Allah.

Dia juga berkata, "Dan tandukku kumasukkan ke dalam debu." Apa yang dimaksud dengan tanduk di sini?

Sebuah tanduk melambangkan harga diri seseorang. Kita membentuk pikiran kita saat kita mengumpulkan lebih banyak pengetahuan dan pendidikan. Dengan dibentuknya pemikiran kita, harga diri dan pendapat kita juga ikut dibentuk. Pikiran ini sendiri menjadi kekuatan dan kekuasaan kita.

Tetapi ketika kita menerima Yesus Kristus dan menerima Roh Kudus, nama kita ditulis dalam Kitab Kehidupan di surga sejak saat itu, dan kita dikenal sebagai anak-anak Allah. Mereka yang menjadi anak-anak Allah seharusnya membuang tanduk ini. Kita harus menyingkirkan tanduk harga diri dan pendapat kita sendiri, sehingga dengan demikian kita akan mendapatkan kuasa kebenaran dan kita hanya akan memiliki tanduk kebenaran.

Menerima Yesus Kristus dan mengalami Roh Kudus bukan berarti kita telah menjadi sempurna. Sama seperti seorang bayi dilahirkan dan bertumbuh menjadi seorang remaja dan dewasa, demikianlah kita menerima firman Allah dan melakukannya, kita akan muncul sebagai manusia roh yang dewasa dan anak-anak Allah yang dikuduskan. Dengan cara ini, jika kita memilki ukuran iman yang sempurna, kita akan mendapatkan kualifikasi untuk memasuki kota Yerusalem Baru yang merupakan rumah tahta Allah.

Galatia 5:16-17 juga mendorong kita untuk menyingkirkan keinginan daging dan mengikuti keinginan Roh Kudus: *"Maksudku ialah: hiduplah oleh Roh, maka kamu tidak akan menuruti keinginan daging. Sebab keinginan daging berlawanan dengan keinginan Roh dan keinginan Roh berlawanan dengan keinginan daging; karena keduanya bertentangan, sehingga kamu setiap kali tidak melakukan apa yang kamu kehendaki."*
Ayat ini berkata bahwa keinginan daging bertentangan dengan Roh Kudus. Harga diri dan menuntut jalan seseorang dalam sebuah perdebatan adalah keinginan daging. Setelah kita menerima Roh Kudus, kedua keinginan ini berperang melawan satu sama lainnya. Satu sisi ingin mengikuti hukum Roh Kudus, tetapi yang lainnya ingin mengikuti ketidakbenaran yang bertentangan dengan kehendak Allah. Karenanya, mereka bertarung melawan satu sama lain.

Itulah mengapa Roma 7:22-24 juga berkata, *"Sebab di dalam batinku aku suka akan hukum Allah, tetapi di dalam anggota-anggota tubuhku aku melihat hukum lain yang berjuang melawan hukum akal budiku dan membuat aku menjadi tawanan hukum dosa yang ada di dalam anggota-anggota tubuhku. Aku, manusia celaka! Siapakah yang akan melepaskan aku dari tubuh maut ini?"*
Ketika hati yang paling dalam yang mencoba untuk mengikuti keinginan Roh dan bagian luar yang mencoba mengikuti hukum, dosa berperang satu sama lain, kita mungkin meratap mengatakan, "Aku manusia celaka!" Di sini, jika kita berdoa

dengan sungguh-sungguh, membuang kejahatan, dan mengikuti apa yang baik, hati untuk mengikuti keinginan Roh meningkat dan kita dapat menjalani sebuah kehidupan yang berkemenangan. Sejak saat itu kita dapat bertumbuh untuk memiliki iman yang kokoh seperti batu yang tidak dapat diguncangkan.

Rasul Paulus berkata, *"Saudara-saudara, tiap-tiap hari aku berhadapan dengan maut. Demi kebanggaanku akan kamu dalam Kristus Yesus, Tuhan kita, aku katakan, bahwa hal ini benar"* (1Korintus 15:31). Karena Rasul Paulus mati setiap hari, dia dapat memberitakan injil dengan manifestasi kuasa Allah yang tidak terbatas.

Tetapi beberapa orang berpikir bahwa itu sesuatu yang tidak adil untuk membuang harga diri mereka. Ayub sedang meratapi bahwa tanduknya telah dikotori dalam debu.

Yesus dan para bapa iman tidak menuntut harga diri mereka, kesombongan, keegoisan, atau pendapat mereka sendiri. Ketika Musa masih seorang pangeran, betapa kuat tanduk yang dimilikinya! Tetapi setelah dia dimurnikan dalam padang gurun, tanduknya dihilangkan.

Hal yang sama terjadi dengan Abraham, Yakub, Elia, Elisa, Daniel, dan murid-murid Yesus dan rasul Paulus. Setelah menerima Roh Kudus dan menyelesaikan semua proses pemurnian, mereka semua juga membuang tanduk mereka, maka mereka dapat dipakai luar biasa oleh Allah.

Mereka yang hidup dalam pendapat mereka sendiri tidak dapat mematuhi firman Allah. Raja Saul memiliki pendapatnya sendiri. Dia tidak mematuhi firman Allah dan akhirnya diabaikan oleh Allah. Ketika Yunus tidak membuang tanduk kebanggaannnya, dia tidak patuh dan mengalami badai yang hebat di laut.

Ayub berperang melawan semua sahabat-sahabatnya dengan tanduknya. Itulah mengapa dia berbicara tentang harga diri dan egonya yang telah dinodai, yang merupakan 'tanduk' nya. Hal ini memberitahu kita betapa harga dirinya sangat kuat. Karena dia berpikir bahwa tanduknya sedang dihancurkan oleh Allah dan sahabat-sahabatnya, rasa sakitnya lebih besar dari pada kehilangan seluruh harta benda dan anak-anaknya dan nyeri karena barah. Supaya kita bisa menjadi anak-anak Allah yang sempurna, kita harus menghancurkan tanduk kita.

7. Ayub Bersikukuh Dirinya Benar

"Mukaku merah karena menangis, dan bulu mataku ditudungi kelam pekat, sungguhpun tidak ada kelaliman pada tanganku, dan doaku bersih. Hai bumi, janganlah menutupi darahku, dan janganlah kiranya teriakku mendapat tempat perhentian!" (Ayub 16:16-18).

Ayub menangis karena dia kehilangan seluruh anggota keluarganya dan karena sakit akan barahnya. Dia menangis karena dia ditinggalkan oleh istrinya dan sahabat-sahabatnya. Bahkan yang lebih menyakitkan adalah bahwa tanduknya dinodai dan dia menangis karena penderitaannya. Ketika seseorang menangis dengan sangat, wajah dan matanya berubah menjadi merah.

Karena Ayub juga banyak menangis, wajahnya berubah merah, dan matanya juga merah. Karena dia tidak memiliki kekuatan dalam matanya, dia tampak seperti sebuah bayangan kematian.

Tetapi jenis airmata yang kita harus tumpahkan adalah

airmata ratapan untuk jiwa yang lemah, airmata pertobatan yang kita tumpahkan sesudah kita melakukan dosa, airmata mengubahkan kita menjadi baru, dan airmata terima kasih dan sukacita karena kasih karunia Allah.

Karena Ayub tidak memiliki kehidupan di dalamnya dan dia adalah seorang manusia daging, dia tidak dapat melakukan apa pun kecuali menangis. Tetapi anak-anak Allah yang memiliki hidup dan harapan akan bersukacita, mengucap syukur, dan berdoa dan memperoleh kemenangan dalam segala jenis pencobaan atau pengujian. Ada sebuah perbedaan besar antara mereka yang memiliki kehidupan dan mereka yang tidak.

Ayub berkata, "Tidak ada kekerasan dalam tanganku, dan doaku murni." Adalah benar bahwa tidak ada kekerasan dalam perbuatan Ayub. Apa yang ada dalam hati seseorang akan keluar dalam tindakan. Ayub tidak terlalu jahat untuk menunjukkan perbuatan jahatnya di luar, tetapi dia tidak dapat menahan untuk mengucapkan perkataan-perkataan jahat dengan mulutnya. Hal itu karena dia tidak benar-benar diubahkan oleh kebenaran.

Ayub berkata doanya murni, maka kita bisa mengerti dari hal ini bahwa dia tidak menyadari fakta bahwa apa yang telah dia katakan adalah salah, tetapi dia tetap bersikukuh bahwa dia benar.

Ayub berkata, "Hai bumi, janganlah menutupi darahku, dan janganlah kiranya teriakku mendapat tempat perhentian." Ini berarti bahwa karena dia benar dan murni dia berkata pada bumi untuk tidak menutupi kebenarannya. Ketika mereka salah dituduh atau dikorbankan, beberapa orang berkata, "Langit dan bumi tahu bahwa aku tidak bersalah!" Ayub sedang membuat semacam pernyataan perbandingan yang menjelaskan keadaannya.

Tetapi anak-anak Allah tidak harus menggunakan pernyataan seperti 'Langit dan bumi tahu bahwa aku benar.' Hal ini karena Allah mengetahui semuanya. Jika kita kenal dengan firman Allah, kita juga dapat tahu apakah kita benar atau salah.

"Ketahuilah, sekarangpun juga, Saksiku ada di sorga, Yang memberi kesaksian bagiku ada di tempat yang tinggi. Sekalipun aku dicemoohkan oleh sahabat-sahabatku, namun ke arah Allah mataku menengadah sambil menangis, supaya Ia memutuskan perkara antara manusia dengan Allah, dan antara manusia dengan sesamanya. Karena sedikit jumlah tahun yang akan datang, dan aku akan menempuh jalan, dari mana aku tak akan kembali lagi" (Ayub 16:19-22).

Seorang 'saksi' adalah seseorang yang memberikan kesaksian, dan pengacara adalah seseorang yang melakukan pembelaan untuk Anda. Ayub mengatakan bahwa seseorang yang akan bersaksi untuk ketidakbersalahannya ada dalam surga.

Dia memaksudkan bahwa tidak ada seorang pun di bumi yang dapat menyelamatkan dia atau memecahkan persoalannya, dan satu-satunya yang dapat melakukannya adalah Allah.

Ayub berpikir sahabat-sahabatnya mengejek dia, tetapi dalam sudut pandang sahabat-sahabatnya Ayub tidak benar. Firman Allah memberitahu kita untuk bersukacita, berdoa, mengucap syukur, dan meminta Allah dengan iman.

Tetapi di hadapan Allah, Ayub malahan menumpahkan air mata ratapan, keluhan, dan kemarahan dengan penghakiman dan penghukuman. Maka, Iblis dapat bekerja lebih banyak lagi untuk membuat penyakitnya lebih serius dan membuat rasa sakitnya semakin besar.

Karena Ayub telah bersikukuh bahwa dia benar, dia

berkata dia ingin mengadakan pembelaan dengan Allah. Di sini, 'mengadakan pembelaan' berada dalam konteks untuk membuat sesuatu menjadi jelas dengan secara spesifik melihat perbedaan antara segala sesuatu. 'Seorang manusia' yang Ayub maksudkan disini adalah seseorang yang sangat jujur dan benar, melihat perbedaan antara kebenaran dan kebaikan, dan menjaga kewajiban manusia.

Ayub berkata dia ingin mengajukan pembelaan dengan semua orang yang mengenal dia, sebut saja, seorang manusia, tetangganya, dan semua orang yang mendengar beritanya dan mengenal dia. Hal ini karena dia salah mengerti mereka akan berpikir bahwa dia adalah seorang berdosa yang dihukum oleh Allah.

Ayub berpikir hidupnya akan berakhir sebentar lagi, atau paling tidak setelah beberapa tahun lagi, tetapi dia tidak dapat meramalkan kapan sakitnya akan berakhir. Itulah mengapa dia menyimpulkan bahwa dia sedang melalui jalan yang tidak ada jalan kembali.

Bab 17

Ayub Merasa Semakin Menderita dengan Berjalannya Waktu

1. Ayub Meminta Sebuah Janji dari Allah

2. Ayub Mengutuk Sahabat-sahabatnya

3. Ayub Mengejek Sahabat-sahabatnya dengan
   Perkataan-perkataan Ilmu Pengetahuan

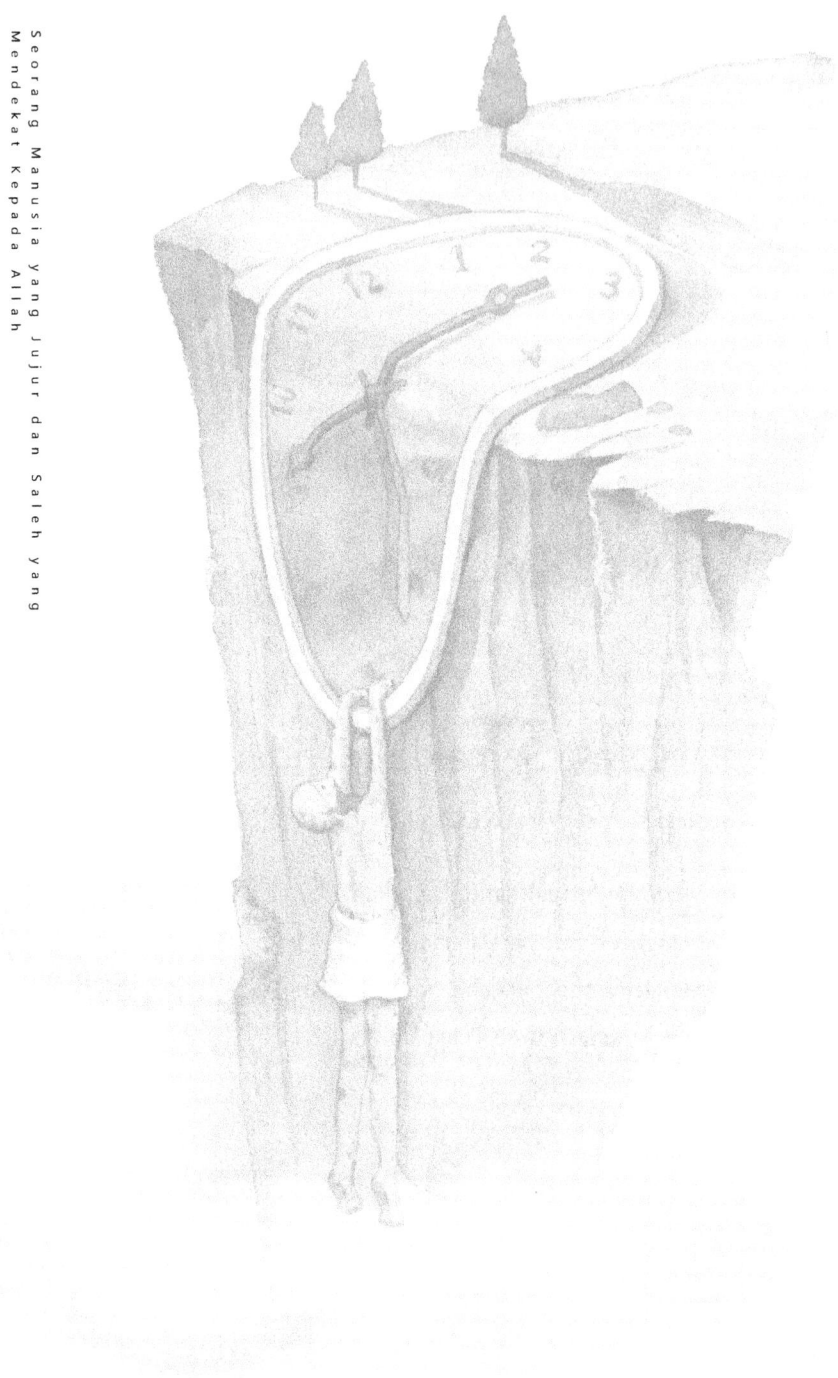

"Umurku telah lalu, telah gagal rencana-rencanaku, cita-citaku." (Ayub 17:11)

1. Ayub Meminta Sebuah Janji dari Allah

"Semangatku patah, umurku telah habis, dan bagiku tersedia kuburan. Sesungguhnya, aku menjadi ejekan; mataku terpaksa menyaksikan tantangan mereka. Biarlah Engkau menjadi jaminanku bagi-Mu sendiri! Siapa lagi yang dapat membuat persetujuan bagiku?" (Ayub 17:1-3)

Ayub telah berjuang dengan keputusasaan dan kesakitan, dan dia sangat letih. Dia berkata bahwa semangatnya dipatahkan, dan kuburan tersedia bagi dia. Namun hal itu tidak berarti bahwa dia benar-benar disiapkan dan siap untuk kuburan dalam kehidupan nyata. Dia hanya berkata hidupnya ada tetapi berakhir menurut pendapatnya. Dia berkata jika seseorang terus menerus gagal dalam kehidupan dan jatuh ke bagian paling dasar kehidupan, dia tidak dapat pulih dan dia hanya dapat menunggu kematian.

Dalam ayat 2 Ayub berkata sahabat-sahabatnya tidak menghibur dia tetapi malahan mengejek dia. Ayub sebenarnya yang membuat sahabat-sahabatnya marah tetapi dia tidak menyadari bahwa itu adalah karena kesalahannya. Ketika dia merasa sahabat-sahabatnya menjadi marah, dia menderita kesakitan.

Seandainya Anda meminjam sejumlah uang, dan karena

keadaan Anda, Anda tidak dapat memenuhi janji Anda untuk membayarnya kembali. Pemberi pinjaman uang menjadi marah kepada Anda; dia mengutuk Anda dan membuat Anda gusar. Tetap saja, Anda harus meminta pengampunannya. Tidak perduli apa yang dilakukan atau dikatakan oleh orang tersebut, jika Anda berkata, "Cukup sudah, engkau sudah cukup berbicara dan bertindak!" atau "Mengapa engkau begitu marah?" hal itu berarti bahwa Anda memiliki kejahatan dalam hati Anda.

Bahkan jika seseorang melakukan sesuatu kepada kita yang tidak selayaknya, sebelum kita menimbulkan kemarahan mereka, kita harus membuat mengerti kebenarannya, maka mereka dapat menjaga hati mereka dalam kebenaran.

Sebuah janji adalah sebuah jaminan akan sesuatu hal, yang berarti seseorang akan mengambil tanggung jawab penuh atas sesuatu. Ayub meminta Allah untuk membuat sebuah janji kepadanya dan menjadi penjaminnya. Ini berarti bahwa dia ingin Allah untuk memecahkan masalahnya sebagai seorang penjamin. Dia meminta Allah untuk menjadi Tuannya dengan menyelamatkannya dari bahaya. Kita dapat melihat permintaan Ayub yang putus asa dan kesakitannya.

Seorang yang tidak percaya jelas-jelas akan memecahkan masalah mereka dengan cara-cara manusia, maka mencoba mencari seorang penjamin. Seperti seseorang yang telah memiliki sejumlah besar hutang akan mencari seorang penjamin untuk memecahkan masalah, Ayub juga meminta Allah dengan keputusasaan hati seperti ini.

Tetapi bahkan jika seseorang menemukan seorang penjamin, jika masalah mendasarnya tidak diselesaikan, dia akan tetap menjadi tanggung jawab sang penjamin. Oleh karena itu, seseorang harus memecahkan masalahnya sendiri. Jika Anda telah pergi ke arah yang salah, Anda harus segera kembali. Anda harus memperbaiki kesalahan yang telah Anda lakukan.

Tetapi Ayub berpikir dirinya benar, dan mencari seorang penjamin. Dia menangis dengan sangat keras dengan hal-hal yang tidak begitu masuk akal.

Tetapi ketika mereka menghadapi sebuah persoalan, mereka yang memiliki iman tidak perlu mencari seorang manusia sebagai penjamin dan bertanggung jawab untuk dia. Allah adalah mahakuasa, sehingga kita pertama-tama kita harus bertobat dari kesalahan kita dan mengikuti kehendak Allah, mencoba untuk mencari alasan mengapa kita ditempatkan ke dalam keadaan yang sulit.

Ayub berkata dalam ayat 3, "Siapa yang dapat menjadi penjaminku?" Ketika mencari ke depan, ke belakang, kedua sisi, dan ke tanah, tidak ada seorang pun kecuali Allah yang dapat menempatkan dia ke dalam bencana seperti badai yang besar. Itulah mengapa dia mengatakan hal ini.

2. Ayub Mengutuk sahabat-sahabatnya

"Karena hati mereka telah Kaukatupkan bagi pengertian; itulah sebabnya Engkau mencegah mereka untuk menang. Barangsiapa mengadukan sahabatnya untuk mencari keuntungan, mata anak-anaknya akan menjadi rabun. Aku telah dijadikan sindiran di antara bangsa-bangsa, dan aku menjadi orang yang diludahi mukanya" (Ayub 17:4-6).

Ayub berkata bahwa dia mengajar sahabat-sahabatnya dengan kata-kata hikmat, tetapi mereka tidak benar-benar mempelajari apa pun, tetapi malahan menunjukkan kejahatan mereka, dan bahwa itu semua adalah pekerjaan Allah. Oleh karena itu, Allah tidak akan mengakui mereka, dan dia juga tidak akan mengakui sahabat-sahabatnya.

Jika Ayub telah mengajar sahabat-sahabatnya dengan hikmat Allah, dia tidak akan memancing amarah sahabat-sahabatnya. Karena dia menggunakan hikmat manusia, akhirnya di sana terdapat pekerjaan Iblis, dan mereka menghadapi masalah ini dengan kepala yang penuh emosi.

Ayub meminta Allah untuk tidak mengangkat sahabat-sahabatnya yang telah memarahi dan mencaci maki dia. Dia meminta Allah untuk mengakui fakta bahwa perkataan sahabat-sahabatnya tidaklah benar.

Karena Ayub telah menerima penghinaan dan mengalami kesakitan, dia mengutuki anak sahabat-sahabatnya supaya menjadi buta.

Bahkan beberapa orang percaya kepada Yesus Kristus, ketika mereka diganggu oleh seseorang, mengutuki orang tersebut. Hal ini karena mereka tidak memiliki iman atau mengerti kasih sejati.

Bukannya memikirkan tentang alasan kenapa dia tidak dapat menerima hal lain kecuali ejekan dari sahabat-sahabatnya, Ayub malah menyalahkan sahabat-sahabatnya dan melemparkan kata-kata kutukan kepada mereka. Melalui ini, kita dapat mengerti mengapa Ayub harus menghadapi pencobaan.

Yesus berkata, *"Tetapi kepada kamu, yang mendengarkan Aku, Aku berkata: Kasihilah musuhmu, berbuatlah baik kepada orang yang membenci kamu; mintalah berkat bagi orang yang mengutuk kamu; berdoalah bagi orang yang mencaci kamu"* (Lukas 6:27-28).

Firman Allah memberi tahu kita untuk mengasihi musuh-musuh kita, dan kita tidak boleh membenci saudara seiman kita, yang bahkan bukan musuh kita. Tidaklah mudah untuk memberkati orang yang mengutuk kita, tetapi jika kita memiliki kasih rohani, kita dapat melakukannya. Jika kita berubah menjadi rohani, kita akan memiliki belas kasihan bahkan pada mereka yang mengutuk kita. Sehingga kita dapat berdoa untuk mereka dan menyerahkan segala sesuatunya kepada Allah.

Ayub dipuji sebagai orang yang lurus hati dan tidak bersalah, tetapi dia tetap membalas dendam ketika seseorang melukai dan menyerang dia. Allah membiarkan segala sesuatu dengan cara seperti ini untuk mengubah kebaikan Ayub dibentuk sesuai dengan hukum kebaikan hati oleh Roh Kudus.

Karena Allah tahu kelurusan dan integritas Ayub, Dia memulai proses pemurnian untuk mengubah Ayub menjadi manusia rohani. Kemudian, kita dapat melihat kejahatan Ayub dikeluarkan. Ketika teman-temannya memukulnya dengan kata-kata, dia memukul mereka kembali dua kali lipat banyaknya. Itulah mengapa Allah harus membiarkan kejahatan hatinya diungkapkan. Ketika Ayub menemukan kejahatannya dan membuangnya, dia dapat menjadi anak Allah yang telah dikenal, dikasihi, dan diberkati oleh Allah.

Dalam Pertandingan Olimpiade, jika setiap orang dapat memenangkan medali emas tanpa kerja keras, tidak ada seorang pun yang mau melalui periode pelatihan yang demikian sukar. Para pelatih tidak harus melatih para pemain, dan para pemain tidak mau menerima pelatihan. Tetapi hanya setelah melalui proses pelatihan yang intensif, seorang pemain dapat memenangkan medali emas. Itulah mengapa mereka berniat untuk melanjutkan pelatihan yang sangat berat yang rasanya seperti penyiksaan dan penganiayaan.

Seandainya di dalam gereja Anda atau di tempat kerja Anda, seorang bos memuji seorang tertentu. Maka, Anda menjadi cemburu atau iri hati terhadap orang yang menerima pujian tersebut.
Mungkin Anda berpikir, "Orang itu tidak melakukan sesuatu yang lebih baik dari pada saya, dan mengapa dia menerima semua pujian?"
Jika Anda memiliki jenis hati seperti ini dalam diri Anda, Anda harus mengerti betapa jahatnya hati yang Anda miliki. Dalam kasus ini, Anda bahkan tidak dimarahi oleh bos Anda, tetapi Anda menderita karena kejahatan Anda sendiri.

Sekarang, apa artinya mengutuki anak-anak sahabat-sahabatnya dengan berkata, "Mata anak-anaknya juga akan menjadi rabun"?
Mata secara rohani melambangkan masa depan. Jika Anda tidak dapat melihat, jalan Anda dihalangi dan itu sama saja dengan dibatasi. Hal ini adalah salah satu kutukan yang paling parah. Anak-anak akan melanjutkan garis keluarga, dan mengutuki mereka menjadi buta adalah sebuah kutukan yang buruk sekali.

Dalam ayat 6, Ayub berkata Allah telah membuatnya menjadi sindiran orang-orang, dan dia merupakan orang yang diludahi oleh orang-orang. Karena dia berpikir tidak ada alasan baginya untuk menderita dengan cara demikian, dia menyalahkan Allah atas segalanya. Kabar tentang Ayub telah tersebar luas.
'Meludahi dia' bukan berarti bahwa orang-orang benar-benar meludahi dia. Hal ini hanya sebuah ungkapan kuat bahwa

orang-orang membicarakan hal yang buruk tentang dia sejak dia mulai menunjukkan kejahatannya.

"Mataku menjadi kabur karena pedih hati, segala anggota tubuhku seperti bayang-bayang. Orang-orang yang jujur tercengang karena hal itu, dan orang yang tidak bersalah naik pitam terhadap orang fasik. Meskipun begitu orang yang benar tetap pada jalannya, dan orang yang bersih tangannya bertambah-tambah kuat" (Ayub 17:7-9).

Ayub merupakan seorang penulis yang baik dan seorang dengan pengetahuan yang banyak. Dia memiliki banyak hikmat, juga, sehingga dalam perumpamaannya, terdapat beberapa pengertian. Arti rohani dari 'mata' disini adalah masa depan yang dapat diramalkan. Hal ini karena apa yang kita lihat dengan mata akan disimpan dalam ingatan dan kita dapat mengingat dan memanggilnya kembali dari ingatan tersebut.

Kemudian, apakah dukacita Ayub? Ayub memiliki beberapa kedukaan. Dia kehilangan seluruh harta bendanya, dan dia menerima kejijikan dan kesakitan. Dia jatuh ke bagian kehidupan yang paling bawah, dan hanya kematian yang menunggu dia. Semua hal ini adalah kedukaannya.

Matanya menjadi suram karena duka cita, dan itu berarti bahwa masa depannya tidaklah jelas. Dia juga berkata bahwa semua anggota tubuhnya seeperti bayang-bayang. Sebuah bayangan memiliki bentuk, tetapi hal itu sia-sia. Dia mengacu pada kehidupannya yang tanpa arti atau tujuan. Dia menyamakan kesia-siaan tubuhnya tersebut dengan sebuah bayangan.

Tubuhnya membusuk dan penuh dengan cacing dan memiliki bau yang menyengat. Dia tidak dapat mempercantik atau menghiasinya. Dia tidak dapat melakukan apapun pada tubuhnya, dan dia tidak dapat menolongnya kecuali membandingkannya dengan sebuah bayangan.

Sama halnya dengan iman kita. Kita mendengar firman Allah, dan kita mengetahuinya. Kemudian, kita harus mematuhi perintah-perintah-Nya yang memberitahu kita untuk melakukan sesuatu, untuk tidak melakukan sesuatu, untuk menjaga sesuatu, dan untuk membuang sesuatu. Tetapi beberapa dari kita hanya menyimpannya sebagai pengetahuan dan tidak melakukannya. Ketika kita mendengar dan mengetahui firman Allah tetapi tidak melakukannya, kita mendengar ratapan Roh Kudus, dan hati kita merasa menderita. Itulah mengapa beberapa orang mencari Allah mahakuasa, tetapi tidak dapat menerima jawaban dan mulai mengembara.

Jika kita melihat sekeliling kita, banyak orang percaya berada dalam sebuah kehidupan yang tidak berarti. Sebagai hasilnya, mereka membuat Yesus yang mereka percayai sebagai sebuah bayangan.

Anak-anak Allah harus masuk ke dalam tingkat rohani yang lebih dalam dengan cara melakukan firman Allah tetapi banyak dari mereka yang gagal melakukan hal tersebut. Mereka mengetahui firman, tetapi tidak melakukannya, dan hal ini menjadi dukacita mereka.

Mereka tampaknya percaya firman Allah, tetapi iman mereka seperti sebuah bayangan yang tanpa tujuan atau arti. Mereka mengembara berkeliling kesana dan kesini tanpa mengerti apa sebenarnya kehendak Allah. Mereka bergoyang maju dan mundur, rebah dan jatuh, dan mereka mungkin bangkit lagi. Jika saja mereka bertemu Allah, semua masalah mereka dapat diselesaikan. Tetapi karena mereka tidak pernah melihat pekerjaan Allah yang nyata melalui iman, mereka masih saja mengembara berkeliling secara rohani.

Karena Ayub tidak pernah bertemu Allah, dia mengalami dukacita. Betapa menyedihkannya hal ini! Tetapi Allah tahu bahwa Ayub dapat dikuduskan dan menjadi sebuah bejana yang baik. Dan karenanya Allah mengizinkan pencobaan besar ini datang menimpanya.

Dalam ayat 8, karena sahabat-sahabatnya menuduh dia tidak jujur, dia menggunakan kata 'jujur' sebagai sebuah referensi pihak ketiga untuk mengikutsertakan dia dalam daftar orang-orang yang jujur. Dia mengatakan karena dia melewati semua hal ini, Orang-orang yang jujur tercengang karena hal itu, dan orang yang tidak bersalah naik pitam terhadap orang fasik.

Ketika seorang manusia yang tidak berdosa melihat orang lain melakukan suatu hal yang jahat, orang yang tak berdosa tersebut mungkin memiliki kemarahan yang benar. Disini, pembandingan Ayub sendiri adalah benar, tetapi dia tidak dalam posisi yang tepat untuk mengatakannya. Kita dapat menggunakan perumpamaan jenis ini hanya ketika kita benar-benar penuh dengan kebenaran dan tanpa kesalahan apa pun. Ketika kita tidak benar-benar jujur, jika kita membandingkan diri kita sendiri dengan kelompok orang lain untuk membenarkan diri kita, hal ini akan membuat orang lain jatuh, dan hal itu juga merupakan dosa.

Sebenarnya, kita sering melakukan dosa jenis ini dalam hidup sehari-hari kita. Maka, sering kali, Iblis menuduhkan hal ini untuk menyebabkan banyak perselisihan dan masalah.

Ayat 9 berkata, "Meskipun begitu orang yang benar tetap pada jalannya." 'Tetap pada jalannya' berarti bahwa dia setia dalam apa yang dia lakukan.

Dengan mengatakan "orang yang benar tetap pada jalannya,"

Ayub mengatakan bahwa dia melakukan apa yang seharusnya dia lakukan tanpa ada keraguan, tidak perduli apa pun jenis perlawanan yang dia hadapi disekelilingnya.

Dia maksud bahwa dia adalah benar, dan sahabat-sahabatnyalah yang memancing dia untuk membuat dia menjadi jahat. Maka, dia tidak dapat menahan kecuali berbantah dengan mereka, dan dia harus terus melakukan hal tersebut.

Maka apa artinya bahwa "dan orang yang bersih tangannya bertambah-tambah kuat"?

Sebelumnya, Ayub berkata "Engkau telah menangkap Aku" (Ayub 16:8), "Semangatku patah" (Ayub 17:1). Tetapi sekarang, dia berkata bahwa dia akan bertambah semakin kuat dan kuat. Maka dia sendiri berbantah dengan dirinya sendiri. Namun demikian, dari sudut pandang Ayub, hal ini benar dan membuat pengertian yang masuk akal.

Ayub memiliki harga diri yang hebat dan sangat keras kepala, sampai dia akan memohon sendiri sampai kekuatannya habis, dan dia percaya bahwa dia dapat mengatakan hal ini karena dia benar. Mereka yang memiliki harga diri yang besar tidak akan tinduk sampai pada akhirnya.

Tubuh Ayub lemah dan sekarat, tetapi apa yang dia katakan adalah benar, maka dia akan memprotes sampai penghabisan semua kesalahannya, Tubuhnya kehilangan kekuatan, tetapi karena dia benar, dia menjadi semakin kuat dan kuat.

Dalam iman kita, kekeraskepalaan seperti ini adalah sia-sia. Tetapi malahan hal ini hanya akan menyebabkan orang lain membenci kita. Hal ini akan menolong hanya konflik dan itulah sebabnya. Ketika orang lain tidak mengerti kita, kita perlu untuk memeriksa diri kita sendiri.

Jika kita tidak memiliki damai satu sama lain, kedua pihak memiliki sebuah masalah. Oleh karena itu, kita sebaiknya tidak bersikukuh bahwa kita benar. Kita sebaiknya belajar untuk menerima satu sama lain dan menyadari diri kita sendiri.

3. Ayub Mengejek Sahabat-sahabatnya dengan Perkataan-perkataan Ilmu Pengetahuan

"Tetapi kamu sekalian, silakan datang kembali! Seorang yang mempunyai hikmat takkan kudapati di antara kamu! Umurku telah lalu, telah gagal rencana-rencanaku, cita-citaku. Malam hendak dijadikan mereka siang: terang segera muncul dari gelap, kata mereka" (Ayub 17:10-12).

'Tetapi kamu sekalian, silahkan datang kembali,' bukan berarti bahwa mereka harus pergi dan kemudian kembali lagi. Ayub sebenarnya sedang memberitahu mereka untuk memeriksa apa yang telah mereka katakan sejauh ini. Ayub juga menyimpulkan bahwa tidak ada seorang pun yang benar-benar berhikmat diantara sahabat-sahabatnya. Dia mengatakan tidak seorang pun diantara sahabat-sahabatnya dapat mengajarkan sesuatu padanya, dan itulah mengapa dia tidak dapat menemukan jawaban untuk masalahnya.

Ayub ingin mengatakan bahwa, karena dia tidak dapat memperoleh apapun dari sahabat-sahabatnya, rencananya dan bahkan permohonan hatinya terkoyak-koyak. Dia tidak dapat menyelesaikan masalahnya sendiri, Allah telah meninggalkan dia, dan bahkan sahabat-sahabatnya tidak memiliki hikmat untuk menyelesaikan masalahnya. Karenanya, dia tidak dapat menahan kecuali pergi mengikuti jalan kematian.

Dia mengeluarkan semua emosi dan penderitaan hatinya.

Tetapi ini hanya menyebabkan Iblis bekerja lebih lagi terhadapnya. Jika kita membuat jebakan untuk kita sendiri dengan perkataan-perkataan kita, tetap bersikeras bahwa kita benar dengan memandang rendah orang lain, dan membuat Allah sebagai Allah yang jahat, bagaimana Allah dapat menolong kita? Para pendengar tidak menyukai apa yang kita katakan dan menganggap hal itu menyakitkan, dan karenanya, mereka tidak dapat tetap bersama kita melainkan semakin menjauh. Hal ini merupakan sesuatu yang tidak berguna. Karena Ayub pikir sahabat-sahabatnya memandang rendah terhadap dia, dia juga mengejek mereka dengan kata-kata.

Ayat 12 berkata, "Malam hendak dijadikan mereka siang." Di sini, malam merujuk pada kegelapan. Karena mereka membuat malam menjadi siang, kegelapan adalah pekerjaan mereka. Ayub mengatakan hal ini mengacu pada hati sahabat-sahabatnya.

Ayub mengejek mereka dengan perumpamaan ini dengan maksud, "Apa yang kamu lakukan adalah buruk dan saling bertolak belakang. Kalian sedang menumpahkannya kepadaku."

"Malam hendak mereka jadikan siang, berkata, 'terang sudah dekat,' dalam kehadiran kegelapan" berarti bahwa mereka membicarakan hal yang sama sekali tidak masuk akal seperti halnya matahari tidak dapat terbit dari barat. Ayub menggunakan pernyataan ilmu pengetahuan.

Meskipun mereka sendiri tidak dapat menggunakan kata-kata ilmu pengetahuan, sahabat-sahabat Ayub tahu bahwa Ayub sedang mengejek mereka. Maka, betapa marahnya mereka saat itu!

Hari ini, bahkan di antara orang percaya, ada orang menghukum orang lain dengan firman Allah atau mengucapkan kata-kata sarkastis jika mereka tidak menyukai sesuatu tentang orang lain. Bahkan ada pendeta yang menyalahgunakan firman Allah dan salah mengutip firman Allah untuk mengancam anggota gereja. Tetapi kebenaran memberikan kita damai sejahtera, sukacita, kebebasan, dan kehidupan; bukan ketakutan atau kegugupan.

> **"Apabila aku mengharapkan dunia orang mati sebagai rumahku, menyediakan tempat tidurku di dalam kegelapan, dan berkata kepada liang kubur: Engkau ayahku, kepada berenga: Ibuku dan saudara perempuanku, maka di manakah harapanku? Siapakah yang melihat adanya harapan bagiku? Keduanya akan tenggelam ke dasar dunia orang mati, apabila kami bersama-sama turun ke dalam debu." (Ayub 17:13-16)**

Ayub berkata bahwa harapannya turun ke Sheol karena dia dikecewakan dengan kesia-siaan. Tetapi harapan bagi mereka yang percaya kepada Yesus Kristus ada di dalam surga.

Ayub tidak memiliki kehidupan. Segala sesuatu yang merupakan miliknya telah dihancurkan. Itulah mengapa dia berkata dia tidak dapat menaahan kecuali untuk pergi ke dunia kegelapan, ke Sheol. Dia juga berkata tempat tidurnya akan dibuat di dalam kegelapan.

Ayub juga berkata, "Jika aku berkata kepada liang kubur, 'engkau allahku,'" karena sebuah lubang kubur dapat menjadi sebuah tempat perlindungan bagi tubuhnya. Bagi mereka yang tidak memiliki harapan dari kerajaan surga, ketika mereka mati, lubang kubur akan segera menutupi tubuh mereka. Mengapa memanggil dengan 'Ayah'? Aturan dari seorang Ayah adalah untuk melindungi anak-anaknya. Jika kita melihat ke dalam lubang kubur, lubang kubur akan menjadi ayahnya untuk menutupi dan melindungi dia.

Kemudian, apa maksudnya dengan "Kepada cacing, 'ibuku

dan saudara perempuanku'"?

Ibu atau kakak laki-laki dan perempuan berpelukan atau berciuman satu sama lain, memberikan kontak fisik ketika membesarkan seorang bayi kecil. Ayub mengungkapkan kulitnya penuh dengan cacing dan membusuk. Karena cacing kontak langsung dengan kulitnya, dia mengatakan bahwa mereka adalah ibu dan saudara perempuannya. Dia sebenarnya sedang mengungkapkan kesakitan dan penderitaannya.

Dia menyerukan dimana letak harapannya. Tetapi untuk kita, yang memiliki kebenaran dan kehidupan, harapan kita bukanlah dalam Sheol tetapi dalam kerajaan surgawi, maka betapa bersyukurnya kita!

Ketika seseorang mati dan dikuburkan dalam lubang kubur, dia terikat dalam debu. Itulah mengapa Ayub mengatakan ketika dia istirahat dalam debu harapan juga ikut pergi dengan dia. Tetapi orang-orang yang percaya dalam Tuhan memiliki harapan mereka dalam kerajaan surgawi, maka mereka menerima juga berkat di bumi ini.

Karena jiwa mereka sejahtera, segala hal berjalan baik bagi mereka. Dan mereka dalam keadaan sehat. Tetapi karena mereka menerima kehidupan yang kekal, mereka akan bebas dari ketakutan akan kematian, dan mereka dapat hidup dalam sukacita dan terima kasih.

Sebagai kelanjutan bahwa mereka telah membuang kejahatan dari hati dan menjadi dikuduskan, mereka dapat memiliki kedamaian sejati dalam hati, dan mereka juga bersyukur bahwa mereka dapat masuk ke dalam kerajaan surga. Selain hal ini, ada juga banyak berkat yang telah dimiliki oleh orang-orang percaya di bumi ini, belum juga disebutkan kehormatan dan berkat yang akan mereka dalam kerajaan Surgawi.

Bab 18
Membalas Kejahatan dengan Kebaikan
- Ringkasan Kejahatan Bildad

1. Janganlah Kita Mengoyak Diri Kita Sendiri
2. Marilah Kita Membuang Kecemburuan
3. Jika Kita Mengutuk dan Menginginkan Orang Lain Jatuh
4. Ketika Kejahatan Sebenarnya Diungkapkan dari Hati

"Tumitnya tertangkap oleh jebak, dan ia tertahan oleh jerat. Tali tersembunyi baginya dalam tanah, perangkap terpasang baginya pada jalan yang dilaluinya." (Ayub 18:9-10)

1. Janganlah Kita Mengoyak Diri Kita Sendiri

"Maka Bildad, orang Suah, menjawab: 'Bilakah engkau habis bicara? Sadarilah, baru kami akan bicara. Mengapa kami dianggap binatang? Mengapa kami bodoh dalam pandanganmu? Engkau yang menerkam dirimu sendiri dalam kemarahan, demi kepentinganmukah bumi harus menjadi sunyi, dan gunung batu bergeser dari tempatnya?'" (Ayub 18:1-4)

Jika Anda melihat teman-teman atau saudara Anda bertengkar satu sama lain, Anda mungkin akan berkata, "Berapa lama kalian akan bertengkar? Tolonglah berhenti!" Ketika mereka bertengkar, sebagian besar orang mencoba mencari perkataan sampai akhirnya ada seseorang yang menang. Jika mereka didorong ke pojok, mereka bahkan akan semakin marah dan gusar.

Marilah kita memeriksa apakah kita telah memegang argumen tidak berguna ini dalam rangka untuk menang.

Kadang kala, orang ketiga menginterVensi untuk menghentikan perdebatan, tetapi dia sendiri menjadi ikut terlibat. Bildad orang Suah berkata, "Betapa lama lagi engkau akan berjuang untuk perkataan-perkataan ini?" Tetapi dia sendiri juga berjuang memburu kata-kata.

Betapa menggelikannya hal ini dalam pandangan Allah! Ayub dan sahabat-sahabatnya yang sedang bertengkar satu sama lain tidaklah benar, tetapi sahabat-sahabatnya yang berkata padanya untuk tetap diam tidaklah benar juga.

Bildad bertanya pada Ayub, "Mengapa kamu menganggap kami seperti hewan?" Karena Ayub telah berkata bahwa sahabat-sahabatnya tidak seperti laki-laki, tidak sempurna, dan mereka bukan tandingannya, Bildad mengatakan Ayub menganggap mereka sebagai binatang buas.

Binatang buas bertingkah laku dengan segala cara yang mereka inginkan tanpa suatu alasan atau pertimbangan. Bildad bertanya pada Ayub apakah Ayub menganggap mereka bodoh, karena Ayub telah berkata mereka disia-siakan.

Ayub menghina mereka dan melecehkan mereka dengan kemarahannya. Sahabat-sahabatnya juga balas mendebat dia. Maka, mereka jadi seri. Ayub mengoyak dirinya sendiri dalam keadaan yang tak berpengharapan dan sangat menyedihkan karena sahabat-sahabatnya terus menerus memberitahu dia kalau dia salah.

Mari kita lihat bagaimana Ayub mengoyak dirinya sendiri.

Ayub 16:9-11 berkata *"Murka-Nya menerkam dan memusuhi aku, Ia menggertakkan giginya terhadap aku; lawanku memandang aku dengan mata yang berapi-api. Mereka mengangakan mulutnya melawan aku, menampar pipiku dengan cercaan, dan bersama-sama mengerumuni aku Allah menyerahkan aku kepada orang lalim, dan menjatuhkan aku ke dalam tangan orang fasik."*

Dia mengeluh kepada Allah dan menganggap sahabat-sahabatnya sebagai orang jahat dengan mengatakan bahwa Allah telah 'menyerahkan dia kepada sahabat-sahabatnya yang adalah orang jahat dan seperti bajingan.' Sebagai akibatnya

Ayub mengoyak-ngoyak dan mencabik dirinya sendiri dengan perkataannya tersebut.

Sampai waktunya mereka sampai kepada kebenaran dan perubahan, banyak orang percaya mengoyak-ngoyak dan mencabik diri mereka sendiri. Mereka pikir mereka dijadikan korban, dan jika mereka tidak menyukai sesuatu, mereka menjadi marah dan menyebabkan kegemparan bagi mereka sendiri. Dengan melakukan hal ini mereka mencabik diri mereka sendiri dengan menjadi tidak dapat mengendalikan pikiran mereka.

Jika kita memiliki emosi yang memanas dalam hati kita, kita tidak dapat menolong kecuali menumpahkannya pada diri kita sendiri. Mengoyak-ngoyak dan mencabik orang lain adalah sama halnya seperti mencabik diri kita sendiri. Kita harus melihat kembali kepada diri kita sendiri untuk melihat apakah kita adalah jenis orang seperti itu.

Sebagai contoh, terdapat beberapa orang, yang ketika mereka mabuk, berteriak dan menendang pintu menuntut agar seseorang segera membukanya. Ketika mereka bertengkar sebagai suami dan istri, mereka melempar dan memecahkan barang-barang dalam rumah mereka.

Beberapa orang percaya tidak menghadiri ibadah Minggu karena mereka mempunyai masalah dengan seorang saudara seiman. Untuk menghancurkan Hari Tuhan adalah berarti melakukan dosa di hadapan Allah, maka jika mereka tidak menghadiri ibadah, hal itu tidak hanya merusak mereka, tetapi juga orang lain. Jika mereka berhenti berdoa hanya karena mereka menjadi marah atau karena mereka telah jatuh ke dalam pengujian dan pencobaan, maka itu berarti mereka juga telah mencabik diri mereka sendiri.

Juga, hanya karena sang suami memiliki hubungan dengan

seorang wanita lain, jika sang istri juga pergi untuk menjalin hubungan dengan pria lain dan memecahkan keluarga tersebut, apa keuntungan yang didapatkan? Pada akhirnya semua tindakan ini mencabik diri mereka sendiri.

Ayat 4 berkata "Engkau yang menerkam dirimu sendiri dalam kemarahan, demi kepentinganmukah bumi harus menjadi sunyi, dan gunung batu bergeser dari tempatnya?" Adalah fakta yang tidak dapat berubah bahwa bumi dan gunung batu tetap tinggal di tempat mereka masing-masing. Bildad memperolok Ayub dengan berkata bahwa tidak peduli betapa marahnya dia, bumi dan gunung batu tidak akan bergeser.

Seandainya seorang suami sedang marah kepada istrinya dan melemparkan sebuah jam ke dekatnya. Jika sang istri berkata, "Tidak perduli betapa marahnya engkau dan memecahkan jam, apakah bumi dan batu karang bergeser?" Dan kemudian mentertawakannya, maka kemarahannya akan semakin memuncak.

Dia mungkin akan berhenti melempari jam, tetapi dengan semakin marahnya dia, dia mungkin saja melemparkan sebuah TV atau barang-barang lain. Tindakan sang suami adalah jahat, tetapi kejahatan istrinya lebih besar lagi. Jika sang istri membuat suaminya sendiri menjadi lebih jahat, apakah keuntungan dari hal tersebut?

Tetapi hanya sang istri yang membuat suaminya menjadi lebih jahat, tetapi juga sang suami yang telah membuat istrinya menjadi lebih jahat. Maka, mereka seri, saling mencabik satu sama lain.

Saling mencabik satu sama lain sebenarnya membuat Allah marah, dan Dia harus memalingkan wajah-Nya dari hal-hal ini. Sebagai akibatnya, Iblis mulai bekerja. Keluarga-keluarga terpecah, anak-anak membangkang, dan mereka menjadi sakit.

Pencobaaan dan Pengujian besar akan mengikuti. Karena mereka saling mencabik satu sama lain, Allah memalingkan wajah-Nya, dan Iblis memberi mereka masa-masa sulit sebanyak yang dia inginkan.

Dalam ayat 4, bumi adalah tempat kita berdiri, dan batu karang yang berukuran besar tidak dapat dipindahkan karena mereka sangat padat dan berat. Kita dapat merasakan bahwa ada perbedaan antara kedua hal ini.

"Apakah bumi akan terkejut oleh kemarahanmu? Tidak perduli betapa marahnya Anda, apa yang dapat Anda lakukan terhadapa kerasnya batu karang?"

Kita dapat lihat bahwa Bildad sedang mengejek Ayub dengan perumpamaan ini. Seperti orang-orang dalam pasal ini, terdapat juga beberapa orang yang membuat orang marah menjadi lebih marah. Mereka menyebabkan perasaan yang semakin memanas.

Kebenaran memberi tahu kita bahwa kita tidak boleh mengejek atau mentertawakan seseorang bahkan jika dia melakukan sesuatu yang salah dan dia orang yang sedang marah. Hanya ketika kita dapat membuat dia mengerti kejahatannya dengan kebaikan kita dapat menghentikan kejahatan tersebut. Jika kita bereaksi dengan kejahatan kepada kejahatan, hal itu hanya akan membawa kepada hal yang lebih jahat. Oleh karena itu, untuk bisa menang, kita harus mengalahkan kejahatan dengan kebaikan.

Dalam sejarah Dinasti Chosun pada masa Korea kuno, terdapat seorang selir yang dipanggil dengan Jang Hee Bin yang mencabik dirinya sendiri sedemikian banyaknya. Kakak laki-lakinya juga mencabik dirinya sedemikian banyaknya dalam perselisihan diantara berbagai pihak. Perkataan dan perbuatan yang melawan kebenaran sebagian besar pasti akan membawa hasil yang benar-benar tidak masuk akal.

Selir tersebut mencabik dirinya sendiri dengan kecemburuan yang sangat besar. Sang Raja memberikan hukuman mati kepadanya berpikir bahwa dia sedang menegakkan keadilan. Tetapi karena tindakan raja tersebut, tragedi berlanjut melalui anak dari selir tersebut.

Jika sang raja dan menteri-menterinya mengetahui kebenaran dan bertindak sesuai dengan kebenaran, dia dapat menerapkan bentuk hukuman yang lain, seperti menahan dia, karena anak laki-lakinya kemudian akan menjadi raja, maka sejarah berdarah tidak dapat dihentikan. Mereka yang mengikuti kebenaran akhirnya akan menjadi pemenang.

Setelah kita mencapai bab berikutnya dari Kitab Ayub, kejahatan dalam hati manusia diungkapkan, maka saya percaya kita dapat menyadari dan mengerti, memperoleh kehidupan melaluinya, dan mendapatkan kelemahan kita juga.

2. Marilah Kita Membuang Kecemburuan

"Bagaimanapun juga terang orang fasik tentu padam, dan nyala apinya tidak tetap bersinar. Terang di dalam kemahnya menjadi gelap, dan pelita di atasnya padam. Langkahnya yang kuat terhambat, dan pertimbangannya sendiri menjatuhkan dia. Karena kakinya sendiri menyangkutkan dia dalam jaring, dan di atas tutup pelubang ia berjalan. Tumitnya tertangkap oleh jebak, dan ia tertahan oleh jerat" (Ayub 18:5-9).

Sangatlah jelas bahwa jika cahaya menghilang, tidak ada terang di sana. "Cahaya orang fasik padam" artinya bahwa harapan Ayub, atau sebut saja harapan seorang fasik sedang berkurang. Dengan mengatakan nyala apinya tidak memberikan terang, Bildad sedang mengutuki Ayub dengan mengatakan semua pekerjaan yang telah Ayub kerjakan akan hancur, karena dalam pandangan sahabat-sahabatnya, mereka semua adalah seorang yang fasik.

Ayub menganggap dirinya sendiri jujur dan tidak bersalah karena tindakan-tindakannya adalah benar. Dari ayat ini, kita dapat melihat bahwa sahabat-sahabat Ayub telah cemburu pada Ayub atas tindakan-tindakannya yang benar. Itulah mengapa mereka mengejek dia sebagai seorang fasik.

Dalam ayat 5 Bildad berkata menyimpulkan bahwa nyala api Ayub tidak memberikan terang, dan dalam ayat 6 berkata 'terang dalam tendanya menjadi gelap dan pelitanya diatasnya padam'. Hal ini adalah sebuah perluasan terhadap apa yang dia ucapkan dalam ayat 5. Betapa jahatnya hal ini!

Orang-orang benar yang percaya kepada Allah sebaiknya mendorong seseorang seperti Ayub dan memberi dia lebih banyak harapan untuk membimbing dia dalam jalan kebenaran. Hal ini adalah kewajiban yang tepat dari manusia.

Yesus tidak memutuskan buluh yang patah terkulai atau memadamkan sumbu yang pudar nyalanya (Matius 12:20). Kita harus memiliki hati Yesus ini. Jika kita ingin menginjak-injak seorang fasik dan mengharapkan dia jatuh, itu berarti bahwa hati kita juga jahat. Oleh karena itu, jika seorang fasik menuju jalan kehancuran, karena kita juga memiliki hati yang jahat, kita juga akan pergi menuju jalan kehancuran.

Ayat 7 berkata, "Langkahnya yang kuat terhambat, dan pertimbangannya sendiri menjatuhkan dia."

Kita mengerti bahwa karena Ayub berpikir dirinya sempurna dalam segala hal dia memiliki langkah yang hebat. Sebuah langkah yang bermartabat.

Itulah mengapa Ayub merupakan subyek iri hati dan kecemburuan sahabat-sahabatnya. Tetapi pada masa-masa biasa, hal tersebut tersembunyi dalam hati mereka, dan dalam masa ketika Ayub jatuh, kecemburuan mereka diungkapkan dengan jelas.

Hal ini tidak hanya mengenai Bildad tetapi bagi sebagian besar orang. Hati sebagian besar manusia daging adalah seperti ini.

Bildad berkata apa yang Ayub lakukan sebelumnya hanyalah merupakan rencana kotornya sendiri, dan dia sedang jatuh ke dalam rencana kotornya sendiri. Bildad mencemarkan dan merendahkan pekerjaan-pekerjaan yang telah dicapai Ayub. Hati Bildad yang jahat yang biasanya tersembunyi sekarang diungkapkan dan diucapkan melalui kata-kata.

Jika kita merasa cemburu terhadap orang yang berhasil, jika kita menginginkan hal-hal tidak berjalan baik terhadap mereka, dan jika mentertawakan mereka dan menunjukkan kejahatan kita ketika hal-hal buruk benar-benar terjadi kepada mereka, itu berarti bahwa kita benar-benar bodoh. Kita sebaiknya tidak bersukacita ketika mereka yang melakukan kejahatan kepada kita mendapatkan hal-hal berjalan buruk, tetapi kita harus berdoa untuk mereka dengan meratap.

Ayat 8 berkata, "Karena kakinya sendiri menyangkutkan dia dalam jaring, dan di atas tutup pelubang ia berjalan." Apa artinya itu?

Jika di sana ada sebuah perangkap, hal terbaik yang perlu dilakukan adalah berjalan mengelilinginya. Bildad berkata bahwa Ayub melangkah pada tutup pelubang, mengacu pada jatuh ke dalam sebuah perangkap.

"Ayub! Engkau terus-menerus mengeluh dan tidak

menyenangkan Allah yang pada-Nya engkau percaya, maka itu seperti melemparkan dirimu sendiri ke dalam jaring dan melangkah pada tutup pelubang yang engkau buat sendiri!"

Bildad tidak mengerti arti rohani ketika dia mengatakan hal ini. Maka, sekarang mari kita melihat apa arti rohani dari ayat ini.

Karena Ayub telah mengeluh melawan Allah dan mengucapkan kata-kata yang hanya menyenangkan iblis sang musuh dan Setan, dia jatuh pada sebuah jalan buntu lebih dan lebih lagi. Hal ini seperti melemparkan dirinya sendiri ke dalam jaring perangkap dan melangkah pada tutup pelubang.

Maka, sebagai seorang teman, tidakkah seharusnya Bildad menolong Ayub sehingga dia tidak akan melangkah pada tutup pelubang perangkap yang telah dibuatnya sendiri? Jika sahabat-sahabatnya malah membuatnya jatuh pada jaring dan melangkah pada tutup pelubang, hal itu berarti mereka sedang melakukan sebuah dosa besar.

Teman-teman Ayub, menggunakan firman Allah, firman kebenaran, sedang membuat Ayub melakukan kejahatan yang lebih banyak. Menyalahgunakan firman Allah adalah untuk melanggar perintah yang ketiga dari Sepuluh Perintah Allah, yang memberitahu kita untuk tidak menggunakakan nama Allah dengan sembarangan.

Kita sebaiknya jangan seperti Ayub yang sedang pergi ke jaring perangkap yang dibuatnya sendiri. Mengeluh dan memiliki pikiran jahat adalah seperti pergi ke dalam jaring perangkap dan melangkah pada tutup pelubang yang kita buat sendiri.

Khususnya, di dalam gereja, kita sebaiknya jangan menjadi seseorang yang menyebabkan saudara-saudara kita menjadi tertangkap dalam lubang. Kita harus menolong saudara tersebut dan berdoa untuknya sehingga dia akan melangkah pada tutup pelubang tersebut.

Kemudian, apa artinya dengan "Tumitnya tertangkap oleh jebak, dan ia tertahan oleh jerat"? Sebuah jerat adalah seperti sebuah perangkap yang digunakan untuk menangkap hewan-hewan kecil.

Jika seekor hewan ditangkap dengan sebuah jerat, kemungkinan dia akan kehilangan nyawanya. Dalam cara yang sama, tumit seseorang tertangkap oleh sebuah jerat artinya bahwa dia akan hancur ke tanah dan tidak dapat berdiri lagi. Hal itu merupakan sebuah kutukan yang sangat dahsyat.

"Ayub! Seperti engkau jatuh ke dalam jaring dan dihukum oleh dirimu sendiri, tumitmu akan ditangkap oleh sebuah jerat dan akhirnya, engkau akan hancur dan kehilangan kehidupanmu!"

3. Jika Kita Mengutuk dan Menginginkan Orang Lain Jatuh

"Tali tersembunyi baginya dalam tanah, perangkap terpasang baginya pada jalan yang dilaluinya. Kedahsyatan mengejutkan dia di mana-mana, dan mengejarnya di mana juga ia melangkah" (Ayub 18:10-11).

Anda menyembunyikan sebuah jerat karena tujuan Anda adalah untuk menangkap sesuatu. Sebut saja, Anda menggali sebuah lubang dengan tujuan untuk menangkap sesuatu dan kemudian menutupinya dengan beberapa jerami dan selapis tipis tanah sehingga lubang itu tidak kelihatan. Ketika hewan atau manusia berjalan di atasnya, mereka akan jatuh ke dalam lubang.

'Jerat' disini melambangkan peningkatan penderitaan bagi Ayub yang masih terus berbohong. "Jerat tersebut sekarang tersembunyi dalam tanah" berarti bahwa penderitaaan yang terbentang di hadapan Ayub nanti sekarang sedang disembunyikan dan tidak dapat dilihat.

'Dan sebuah jebakan bagi dia pada jalan setapak yang dilaluinya' berarti terdapat sebuah jebakan dalam jalan setapak yang dilalui Ayub, sehingga dia akan menderita dan dihancurkan. Mengatakan 'Tali tersembunyi baginya dalam tanah,' perangkap terpasang baginya pada jalan yang dilaluinya.

Bildad tidak berpikir bahwa dia sedang mengancam Ayub sekarang, tetapi kebenciannya keluar dalam keadaan seperti ini.

Jika Anda pernah membenci seseorang, tidakkah Anda menginginkan orang tersebut melakukan suatu hal yang kacau atau mengalami kesusahan? Jika bisnis Anda tidak berjalan baik atau Anda telah salah dituduh karena seseorang, tidakkah Anda ingin keadaan tidak berjalan baik bagi orang tersebut?

Allah memberi kita Anak-Nya yang tunggal Yesus Kristus sebagai korban penebus salah untuk menyelesaikan masalah dosa kita. Tetapi jika kita tidak menyelesaikan masalah dosa ini tetapi masih tetap memiliki hati yang jahat, apa yang akan Allah lakukan?

Allah harus memurnikan kita untuk membuat kita menjadi anak-anak yang sempurna dan untuk menyucikan kita dengan darah Tuhan. Melalui pencoban, kita dapat berdoa, menyadari diri kita sendiri, berbalik, dan bertobat. Jika kita memiliki pikiran seperti yang dimiliki oleh Ayub atau sahabat-sahabatnya, kita harus membuangnya sesegera mungkin.

Ayat 11 berkata, "Kedahsyatan mengejutkan dia di mana-mana, dan mengejarnya di mana juga ia melangkah." Bildad terus menerus mengutuk Ayub dengan emosinya yang memanas.

Bildad mengutuki Ayub bahwa bukan hanya kengerian yang akan membuatnya takut tetapi bahwa kengerian tersebut akan terus berlanjut. Betapa jahatnya hati yang seperti ini!

4. Ketika Kejahatan Sebenarnya Diungkapkan dari Hati

"Bencana mengidamkan dia, kebinasaan bersiap-siap menantikan dia jatuh. Kulit tubuhnya dimakan penyakit, bahkan anggota tubuhnya dimakan oleh penyakit parah." (Ayub 18:12-13).

'Kekuatan' disini berarti kehormatan, kekayaan, ketenaran, dan hikmat yang dulunya dimiliki Ayub. 'Merana' disini tidak berarti sebuah bencana kelaparan tanpa hujan.

Hal itu berarti bahwa anak-anak Ayub telah hilang dan segala sesuatu yang dikumpulkannya telah hilang; kebanggaannya, kesombongannya, dan tanduknya telah hilang.

"Ayub, lihatlah dirimu. Engkau sedang merana, dan engkau kehilangan seluruh kekuatanmu. Hanya malapetakalah yang menunggu engkau!"

Ayub menderita kesakitan, dan Bildad membuat dia merasa semakin sakit.

'Kulit' dalam ayat 13 melambangkan segala sesuatu yang dibentuk oleh tenaga Ayub. Sebut saja, itu mengacu pada tubuhnya, anak-anaknya, keadaannya, dan seluruh pekerjaan dan kesuksesan yang telah dia lakukan.

'Penyakit yang parah' tidak hanya sekedar penyakit, tetapi

penyakit parah yang sangat menyakitkan. "Penyakit yang parah menimpa dirinya" berarti penyakit yang lengkap yang membawa kepada kematian, tanpa meninggalkan benih kehidupan. Hal itu bukan hanya penyakit biasa tetapi merupakan penyakit yang malang dengan cara membunuh setiap bagian tubuh dan setiap persendian tulang.

Kita dapat melihat besarnya kejahatan di sini. Jika Anda berpikir, "Betapa jahatnya teman-teman Ayub!" Bagaimana mereka dapat melakukan kejahatan sebesar itu?" maka, Anda harus melihat kembali apakah Anda juga merupakan salah seorang yang demikian.

Kita dapat melihat jenis kejahatan ini bahkan sampai hari ini. Ketika orang-orang mempunyai perselisihan pendapat dan menjadi marah satu sama lain, mereka mengutuki satu sama lain dengan berkata, "Matilah!" Kadangkala mereka mengucapkan banyak kutukan dan bahasa-bahasa kasar. Meskipun hal ini bukanlah pembunuhan secara jasmani, orang-orang saling membunuh dengan perkataan mereka.

Teman-teman Ayub mempunyai pengetahuan, pendidikan, dan kepribadian yang baik, juga, tetapi ketika perselisihan pendapat berlanjut, kejahatan dalam hati mereka diungkapkan.

"Ia diseret dari kemahnya, tempat ia merasa aman, dan dibawa kepada raja kedahsyatan. Dalam kemahnya tinggal apa yang tidak ada sangkut pautnya dengan dia, di atas tempat kediamannya ditaburkan belerang" (Ayub 18:14-15).

"Ia diseret dari kemahnya, tempat ia merasa aman" berarti bahwa semua harta benda orang tersebut hilang dan dia tidak punya tempat untuk tinggal. Jika seseorang bangkrut, dia harus menjual rumahnya atau akan diambil paksa.

Kemudian, ayat tersebut berkata, "dan dibawa kepada raja kedahsyatan." Disini, raja kedahsyatan tidak mengacu pada sejenis roh jahat atau Lucifer. Bildad menggunakan kata raja untuk menunjukkan kumpulan teror, yang besar dan semakin besar.

Raja kedahsyatan mengacu pada rasa takut yang luar biasa besar, dan hati seseorang akan dibawa oleh ketakutan. Bildad memperolok Ayub mengetahui bahwa Ayub sedang berada dalam teror sejenis ini.

Kemudian, mari kita cari tahu apa yang terjadi ketika seseorang ketakutan.

Pertama, orang memberi alasan-alasan seperti Ayub.

Mereka takut bahwa mereka akan dipandang rendah oleh orang lain atau ketidakmampuan mereka akan ditemukan. Mereka berpikir bahwa mereka tidak dikenal dengan layak oleh orang lain, maka mereka mencoba untuk menjelaskan banyak hal tentang diri mereka sendiri dan memberi banyak alasan. Hal itu karena mereka memiliki ketakutan, dan akhirnya, mereka bahkan melawan atau bertengkar dengan orang lain.

Kedua, orang mengikat diri mereka sendiri.

Ketika mereka tidak benar-benar rajin dan setia tetapi mereka tidak mampu dan tidak melakukan kewajiban mereka, mereka akan memiliki ketakutan. Dalam keadaan seperti ini, jika mereka tidak berbalik, sedikit demi sedikit mereka akan ditangkap oleh raja kedahsyatan.

Kita memiliki ketakutan karena kita sedang menyembunyikan sesuatu yang tidak benar dan memiliki sesuatu yang tersembunyi di dalam diri kita. Jika kita hidup dalam kebenaran dan kita jujur, tidak ada alasan bagi kita untuk menjadi takut akan apapun. Mereka yang tidak memiliki ketakutan bahkan akan besukacita menerima kemarahan, dan karena mereka ingin memperoleh pengertian yang lebih, mereka tidak memberikan alasan-alasan.

Ayat 15 berkata, "Dalam kemahnya tinggal apa yang tidak ada sangkut pautnya dengan dia." Hal ini berarti bahwa karena rumah Ayub telah hilang, orang lain akan datang untuk tinggal di tempatnya. Betapa hebatnya kutukan ini dengan mengatakan bahwa bahkan akar keturunan asli Ayub tidak akan tersisa! Kutukan itu juga berkata, "Di atas tempat kediamannya ditaburkan belerang."

"Di bawah keringlah akar-akarnya, dan di atas layulah rantingnya. Ingatan kepadanya lenyap dari bumi, namanya tidak lagi disebut di lorong-lorong. Ia diusir dari tempat terang ke dalam kegelapan, dan ia dienyahkan dari dunia" (Ayub 18:16-18).

Setelah mengutuk Ayub, Bildad menyelesaikannya dengan sebuah perumpamaan sebuah pohon. Jika akar sebuah pohon menjadi kering, dia tidak dapat ditolong kecuali mati. Tetapi untuk membuatnya menjadi lebih buruk, jika rantingnya juga dipotong, apa yang akan terjadi pada pohon itu? Itu berarti pemusnahan total.

Ketika berada dalam keadaan damai, kita tidak dapat menemukan kejahatan dalam diri kita. Tetapi melalui pencobaan dan pengujian, kita dapat menemukan kecabulan dan kekotorann dari kejahatan.

Jika kita meninggalkan air berlumpur tidak terganggu selama beberapa hari, lumpurnya akan mengendap di dasarnya. Hanya dengan melihat permukaannya, kita mungkin berpikir bahwa air itu bersih. Tetapi jika digoncangkan, air itu langsung menjadi air berlumpur lagi. Oleh karena itu, untuk membuatnya benar-benar bersih, kita harus menyaring lumpurnya terpisah dari air. Allah sedang melakukan hal yang sama untuk Ayub.

Ketika Bildad mengatakan pohon Ayub akan kering dan ranting-rantingnya akan dipotong, dia maksudkan bahwa setiap jejak keberadaan Ayub akan dihapus. Apapun yang tertinggal juga akan hilang, maka tidak akan ada jejak keberadaannya yang tertinggal.

Ayat 18 berkata, "Ia diusir dari tempat terang ke dalam kegelapan." Hal ini berarti kematian dan hilangnya seluruh harapan. "dan ia dienyahkan dari dunia." Berarti bahwa Ayub akan hilang dari dunia ini. Hal ini tidak mengarah pada kematian sederhana, tetapi bahwa dia harus dienyahkan dari dunia. Bildad maksudkan Ayub terjebak dalam perangkap karena dia jahat, dan dunia serta keadaannya tidak menerrima dia melainkan menelantarkan dia.

Sebagai contoh, ketika seseorang tampaknya tidak memiliki jalan untuk bertahan hidup, dia berkata, "Dunia dan semuanya telah meninggalkan saya." Seseorang kadangkala mengatakan hal yang sama ketika dia benar-benar tidak memiliki kekuatan untuk meneruskan hidupnya, dan Bildad dengan sembrono berkata demikian mengenai Ayub.

"Ia tidak akan mempunyai anak atau cucu cicit di antara bangsanya, dan tak seorangpun yang tinggal hidup di tempat kediamannya. Atas hari ajalnya orang-orang di Barat akan tercengang, dan orang-orang di Timur akan dihinggapi ketakutan. Sungguh, demikianlah tempat kediaman orang yang curang, begitulah tempat tinggal orang yang tidak mengenal Allah" (Ayub 18:19-21).

Ayat tersebut mengatakan anak-anak dan cucu Ayub juga akan menghilang. Hal ini adalah sebuah kutukan yang mengatakan bahwa segala sesuatu mengenai Ayub akan dihilangkan total sampai ke akar-akarnya.

Ketika membaca Alkitab, Saya menempatkan diri saya sendiri dalam posisi Ayub. Saya tidak dapat menahan diri untuk menangis memikirkan tentang Ayub. Sahabat-sahabat Ayub sama sekali tidak menghibur dia ketika dia sedang dalam keadaan putus asa. Mereka hanya bertindak dengan kejahatan terhadap dia. Betapa telah patah hatinya ia!

Jika sahabat-sahabat Anda melakukan sesuatu yang sangat jahat seperti ini, bagaimana perasaan Anda? Hal ini menjelaskan bagaimana Ayub menjadi sebuah contoh standar untuk seseorang yang menerima bencana yang sebesar ini, maka orang-orang yang mengalami hal yang sama akan terkejut. Dalam sebuah sikap mengutuk, Bildad memperingatkan betapa besarnya penderitaan yang akan dihadapi oleh Ayub.

Bildad lebih jauh menjelaskan bahwa Ayub akan menghadapi hal-hal yang lebih buruk karena dia tidak benar dan karena Ayub tidak mengenal Allah. Bildad berbicara seperti ini meskipun dia sendiri tidak mengenal Allah dengan lebih baik.

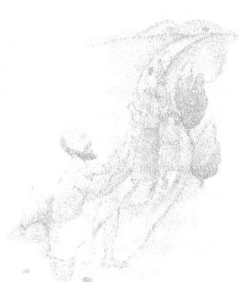

Bab 19
Penderitaan Batin dan Siksaan Ayub
- Kejahatan yang Lebih Dalam Disingkapkan

1. Janganlah Kita Menghancurkan Satu Sama Lain dengan Perkataan

2. Ayub Menyalahkan Allah dan Memberi Alasan-Alasan

3. Perbedaan Antara Kasih Kedagingan dan Kasih Rohani

4. Hati yang Licik dan Pengecut

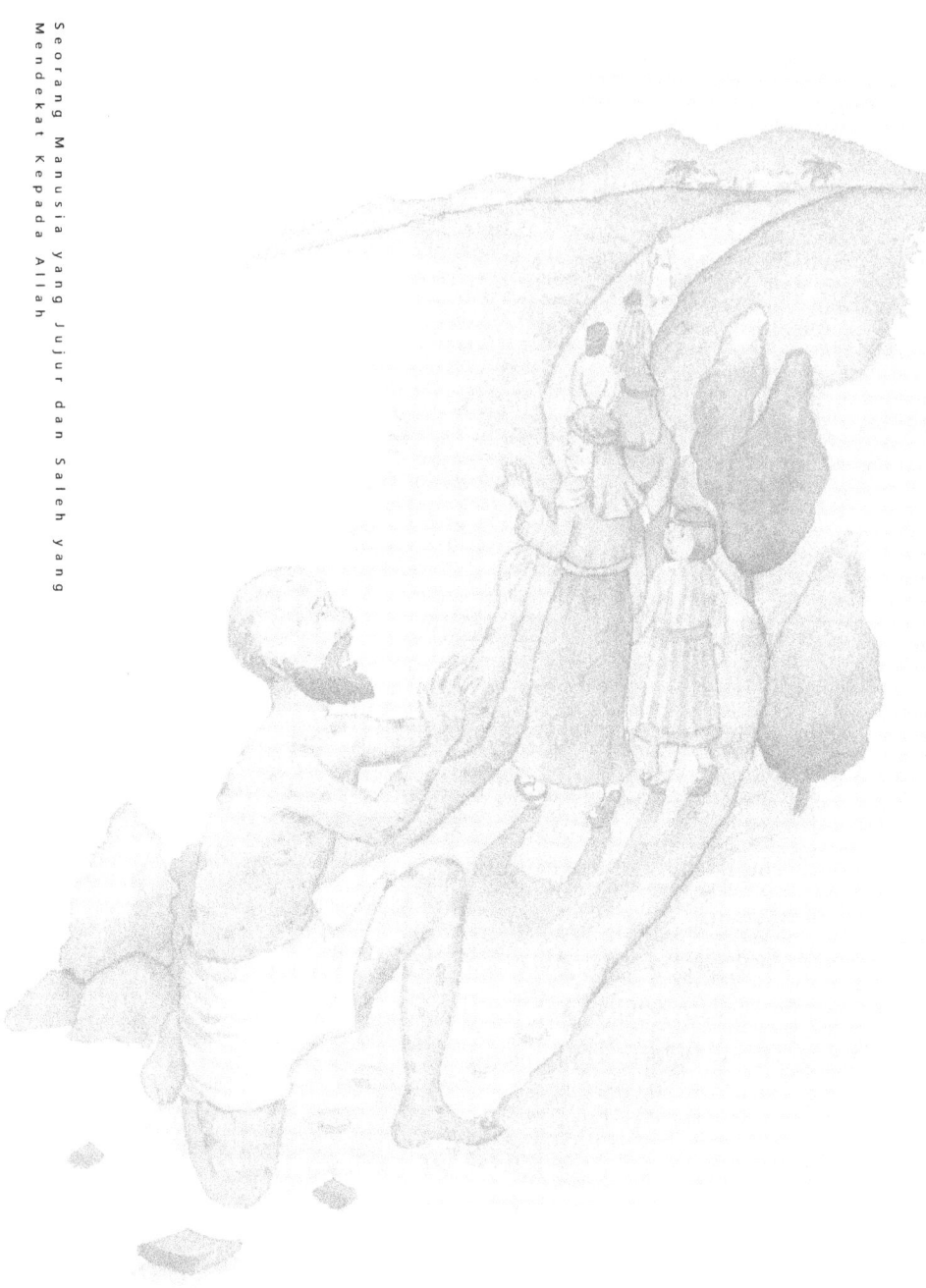

"Saudara-saudaraku dijauhkan-Nya dari padaku, dan kenalan-kenalanku tidak lagi mengenal aku." (Ayub 19:13)

1. Janganlah Kita Menghancurkan Satu Sama Lain dengan Perkataan

"Tetapi Ayub menjawab: Berapa lama lagi kamu menyakitkan hatiku, dan meremukkan aku dengan perkataan? Sekarang telah sepuluh kali kamu menghina aku, kamu tidak malu menyiksa aku" (19:1-3).

Jika Anda disiksa hati Anda akan menderita. Semakin Ayub mencoba untuk memenangkan perdebatan dengan sahabat-sahabatnya, hatinya menjadi tersiksa dan menimbulkan benci yang mendalam. Ketika Ayub mengatakan sesuatu, sahabat-sahabatnya membuat lebih banyak perumpamaan untuk menghancurkan dia dengan kata-kata, memarahi dan mengutuki dia dan mengabaikan apa yang dia katakan.

Apakah orang percaya atau bukan, ketika dia mendengar beberapa kata yang diucapkan orang lain melawannya, maka ia akan mencoba untuk mencari kata-kata lain untuk menghancurkan orang tersebut. Tetapi tidaklah benar untuk membungkam orang lain dengan kata-kata. Anda mencoba untuk menghancurkan perkataan orang lain karena Anda tidak dapat membuat orang tersebut mengerti atau Anda tidak memiliki hasrat untuk membuat orang tersebut mengerti.

Kita sebaiknya tidak mengabaikan atau melumpuhkan orang lain. Jika kita menghancurkan perkataan orang lain, mereka hanya akan bereaksi dengan cara yang jahat. Seorang manusia dengan kasih dan kebajikan akan mencoba untuk membuat orang lain mengerti.

Ayat 3 mengatakan, "Telah sepuluh kali ini engkau menghina aku; engkau tidak malu untuk menyalahkanku." 'Sepuluh kali' disini berarti bahwa mereka melakukan hal ini banyak kali.

Ayub mengatakan, "Dalam ketidakbersalahanku Aku telah mengalami penghinaan sampai sekarang, tetapi engkau bahkan tidak merasa malu untuk menghina dan mempersalahkan saya. Saya menderita karena penyakit karena Allah meskipun sebenarnya saya tidak bersalah, tetapi engkau memarahi saya dengan hebat. Jika engkau memiliki hati nurani, engkau seharusnya malu pada dirimu sendiri!"

Ayub berpikir bahwa seorang benar, yaitu dirinya sendiri, telah menderita akibat rasa sakit yang sangat hebat, dan cara teman-temannya memperlakukan dia sangat tidak dapat diterima. Maka, dia mencoba untuk membuat sahabat-sahabatnya menyadari bahwa perbuatan mereka tersebut memalukan.

Ayub memiliki hati yang jujur, dan jika seseorang tidak dapat melakukan apa yang dia lakukan dalam kebenarannya, dia menasihati mereka untuk pergi dan melakukannya. Tetapi kemudian orang lain tersebut tidak menerimanya, dia merasa malu.

Tetapi sahabat-sahabatnya menghancurkan dia dengan kata-kata tanpa merasa malu sedikitpun.

"Jika aku sungguh tersesat, maka aku sendiri yang menanggung kesesatanku itu. Jika kamu sungguh hendak membesarkan diri terhadap aku, dan membuat celaku sebagai bukti terhadap diriku, insafilah, bahwa Allah telah berlaku tidak adil terhadap aku, dan

menebarkan jala-Nya atasku." (Ayub 19:4-6)

Apa yang dimaksud dengan "Jika aku sungguh tersesat"? Dalam pendapat Ayub, dia tidak memiliki kesalahan. Tetapi karena teman-temannya sangat berrsikukuh, dia berkata, 'Jika.' Dan kemudian, dia mengarahkan serangan baliknya kepada mereka dengan bertanya seberapa baiknya apa yang mereka lakukan dan memberitahu mereka untuk membuktikan kebenaran mereka.

Apa yang dimaksud dengan, "Jika kamu sungguh hendak membesarkan diri terhadap aku, dan membuat celaku sebagai bukti terhadap diriku"?

Ayub berkata sahabat-sahabatnya membesarkan diri mereka melawan dia. Ayub berpikir dia tidak memiliki sesuatu yang perlu dipermalukan, sehingga dia memberitahu mereka, "Jika saya harus dikutuk, dan jika engkau benar seperti yang engkau katakan, buktikanlah kebenaranmu dan buktikanlah aibku padaku!" Aib adalah sesuatu yang memalukan, dan sejenis kesalahan yang seseorang tidak ingin ungkapkan kepada orang lain.

Ketika kedua belah pihak berselisih pendapat satu sama lain, orang lain mungkin saja benar, atau kedua belah pihak mungkin saja salah. Oleh karena itu, kita sebaiknya tidak berdebat. Jika mereka memiliki emosi yang memanas dalam sebuah perdebatan orang-orang bisanya mengungkapkan kesalahan orang lain.

Karena perkataan mereka tidak dapat diterima, mereka menjadi marah, dan untuk beberapa saat, mereka bermaksud untuk menyerah tetapi kemudian mereka memperlihatkan kesalahan dan pelanggaran orang lain untuk menjatuhkan mereka. Ayub memiliki niat seperti ini sekarang. Kita harus membuang pikiran jahat yang seperti ini.

Bahkan di gereja terdapat beberapa orang yang memiliki jenis hati seperti ini. Bahkan pendeta dan para pemimpin gereja menjadi dongkol jika pendapat mereka tidak diterima. Atau, mereka hanya menjadi penonton dan tidak mau bekerjasama, mengatakan, "Marilah kita melihat bagaimana mereka melakukannya."

Hati yang seperti ini adalah yang paling jahat dari semua kejahatan. Jika semangat Anda mendingin dan Anda tidak bekerjasama dengan orang lain karena pendapat Anda tidak diterima meskipun engkau bekerja untuk kerajaan Allah, betapa jahatnya hal ini!

Dalam kasus sejenis ini, beberapa orang bahkan mengungkapkan kesalahan orang lain di belakang. Hal ini adalah kejahatan dalam pandangan Allah. Hal ini adalah hati dari sang iblis, dan Setan akan bersukacita atasnya. Oleh karena itu, kita harus membuangnya jauh-jauh dengan berdoa dan berpuasa.

2. Ayub Menyalahkan Allah dan Memberi Alasan-Alasan

Marilah kita melihat pada ayat 6, "Insafilah, bahwa Allah telah berlaku tidak adil terhadap aku, dan menebarkan jala-Nya atasku."

Disini Ayub berkata bahwa Allah telah mempersalahkan dia. Ketika Ayub menyatakan bahwa dia telah dipersalahkan, itu artinya dia telah menyerah terhadap dirinya sendiri. Hal itu berarti penundukan yang tidak dikehendaki dilakukan dengan paksa.

Karena Ayub percaya bahwa dirinya benar, dia tunduk dengan terpaksa dan berpikir bahwa dia seharusnya tidak tunduk. Malahan dia berkata, "Maka, apakah itu berarti bahwa engkau benar? Ini karena Allah telah mempersalahkanku, dan saya tidak memiliki kekuasaan dan saya menjadi korban." Dia menyalahkan dan mengeluh tajam melawan Allah.

Untuk menangkap seekor ikan atau burung, kita menggunakan sebuah jaring, dan untuk menangkap seekor hewan, kita memasang sebuah perangkap. Ayub mengatakan Allah telah memasang jaring-Nya di sekeliling dia dan mempersalahkan dia. Ayub sedang memberikan alasan-alasan kepada sahabat-sahabatnya.

Ayub tertangkap oleh jaring dalam kejahatannya sendiri. Hal itu sama halnya dengan beberapa orang hari ini. Mereka diikat dalam hukum dan kemudian mereka mengeluh tentang tetangga mereka, gereja, atau bahkan Allah.

Ssebagai contoh, bisnis mereka menjadi bangkrut atau mereka ditipu dan kehilangan uang mereka karena kesalahan mereka sendiri, tetapi mereka tidak meletakkan kesalahan pada diri mereka sendiri. Mereka hanya menyalahkan orang lain dengan berkata bahwa ada orang-orang jahat di luar sana dan orang tertentu mengambil uang mereka.

Ketika rumah mereka yang dibangun secara ilegal dihancurkan untuk pembangunan kembali daerah tersebut, mereka tidak mengeluh kepada pemerintah tetapi kepada Allah dan menyalahkan dia. Mereka bahkan bukan orang-orang percaya dan melakukan hal ini. Betapa bodohnya hal ini!

"Sesungguhnya, aku berteriak: Kelaliman!, tetapi tidak ada yang menjawab. Aku berseru minta tolong, tetapi tidak ada keadilan. Jalanku ditutup-Nya dengan tembok, sehingga aku tidak dapat melewatinya, dan jalan-jalanku itu dibuat-Nya gelap." (Ayub 19:7-8)

Dalam kelaliman, terdapat kekejaman dan tekanan. Untuk menjalani kelaliman berarti melewati sebuah kecelakaan sangat besar yang biasanya tidak pernah terjadi.

Karena Ayub berada salam penderitaan yang sangat hebat, dia berkata bahwa dia tidak dapat mengerti apa yang sedang terjadi, dan tidak ada jawaban ketika dia menangis, dan tidak ada keadilan ketika dia berteriak minta tolong.

Jika kita berada dalam situasi yang sama seperti situasi Ayub, berapa orang dari kita yang sama sekali tidak akan mengeluh kepada Allah? Beberapa akan mengeluh kepada Allah dan meninggalkan Dia.

'Keadilan' disini mempunyai arti mengubah atau memperbaiki kekecewaan, frustasi, kemarahan dan kecemasan. Ayub berkata tidak ada keadilan karena tidak ada seorang pun yang dapat mengubah kesalahan dan kemarahannya. Dia memohon dengan hati yang putus asa.

Marilah kita memeriksa apakah kita sama atau tidak dengan Ayub disini. Alasan mengapa Ayub tidak menerima jawaban karena dia tidak menyadari dirinya sendiri.

" 'Apabila kamu menadahkan tanganmu untuk berdoa, Aku akan memalingkan muka-Ku, bahkan sekalipun kamu berkali-kali berdoa, Aku tidak akan mendengarkannya, sebab tanganmu penuh dengan darah. Basuhlah, bersihkanlah dirimu, jauhkanlah perbuatan-perbuatanmu yang jahat dari depan mata-Ku. Berhentilah berbuat jahat, belajarlah berbuat baik; usahakanlah keadilan, kendalikanlah orang kejam; belalah hak anak-anak yatim, perjuangkanlah perkara janda-janda! Marilah, baiklah kita berperkara!—firman

TUHAN—Sekalipun dosamu merah seperti kirmizi, akan menjadi putih seperti salju; sekalipun berwarna merah seperti kain kesumba, akan menjadi putih seperti bulu domba. Jika kamu menurut dan mau mendengar, maka kamu akan memakan hasil baik dari negeri itu. Tetapi jika kamu melawan dan memberontak, maka kamu akan dimakan oleh pedang.' Sungguh, TUHAN yang mengucapkannya" (Yesaya 1:15-20).

"Sesungguhnya, tangan TUHAN tidak kurang panjang untuk menyelamatkan, dan pendengaran-Nya tidak kurang tajam untuk mendengar. Tetapi yang merupakan pemisah antara kamu dan Allahmu ialah segala kejahatanmu, dan yang membuat Dia menyembunyikan diri terhadap kamu, sehingga Ia tidak mendengar, ialah segala dosamu. Sebab tanganmu cemar oleh darah dan jarimu oleh kejahatan; mulutmu mengucapkan dusta, lidahmu menyebut-nyebut kecurangan" (Yesaya 59:1-3).

Alasan mengapa kita tidak menerima jawaban atas doa-doa kita adalah karena kita memiliki sebuah tembok dosa terhadap Allah. Jika kita bertobat sungguh-sungguh dan berbalik, Allah katakan Dia akan mengampuni dosa-dosa kita.

Kemudian, bagaimana Ayub dapat menerima jawaban?

Jika dia menyadari hatinya yang paling dalam, percaya kepada Allah yang akan menjawab dia, dan berdoa dengan bersukacita dan bersyukur, dia akan dapat menerima berkat yang besar. Tetapi bertolak belakang dengan kebenaran, dia hanya mengeluh dan berbicara tentang penderitaan dan penyakitnya, sehingga tidak ada jalan baginya untuk menerima jawaban dari

Allah.

Kebenaran memberitahu kita untuk bersukacita, berdoa, dan mengucap syukur bahkan dalam penderitaan dan untuk percaya kepada Allah, tetapi Ayub mengeluh, membuat dirinya sendiri dalam keputus-asaan, berbantah dan memberi alasan-alasan, dan akibatnya dia tidak dapat menerima jawaban.

Ayat 8 berkata, "Jalanku ditutup-Nya dengan tembok, sehingga aku tidak dapat melewatinya, dan jalan-jalanku itu dibuat-Nya gelap."

'Jalan' disini berarti sebuah jalan pintas, dan kegelapan menutupinya. Ayub berkata Allah menutup jalannya dengan tembok sehingga dia tidak dapat lewat, dan jalan seperti apakah yang Ayub jalani?

Dia menuai gandum, memakannya, dan menikmati kehidupan yang baik sekali. Dia juga memiliki hati nurani yang baik dan menolong mereka yang membutuhkan. Ayub berkata Allah menghentikannya dari melakukan semua hal tersebut. Ya, Allah yang melakukannya, dan itu untuk membuat Ayub menjadi seorang manusia yang benar-benar rohani.

Ayub mengambil jalan pintas menuju lingkungan dan masa depan yang baik, tetapi karena Allah mengizinkan kegelapan diletakkan pada jalanya harta benda dan anak-anaknya hilang, dan dia juga ditinggalkan oleh istri dan sahabat-sahabatnya. Ayub mengatakan bahwa semua sukacitanya dihilangkan, dan karena Allah telah menpatkan kematian seperti kegelapan, dia menderita kesakitan yang luar biasa hebat.

"Ia telah menanggalkan kemuliaanku dan merampas mahkota di kepalaku. Ia membongkar aku di semua tempat, sehingga aku lenyap, dan seperti pohon harapanku dicabut-Nya. Murka-Nya menyala terhadap

aku, dan menganggap aku sebagai lawan-Nya" (Ayub 19:9-11).

Sebuah mahkota adalah sesuatu yang biasa dipakai oleh raja-raja. Kemuliaan adalah pujian dan ketenaran. Apa yang dimaksud dengan Allah telah mencabut kemuliaan dan mahkota Ayub? Ayub kaya, dan dia merupakan sebuah penghiburan bagi banyak orang; mereka bangga kepadanya. Dia juga dipuji-puji dan dicintai oleh banyak orang dan semua ini menjadi kemuliaan baginya. Ayub mengatakan bahwa semua hal ini menjadi hilang karena Allah.

Sebuah mahkota mengacu pada 'kekuasaan'. Seperti seperti seorang raja memakai sebuah mahkota, Ayub memiliki kekuasaan yang datang dari kekayaannya. Tetapi karena Allah telah mengambil semua kekayaannya, kekuasaannya juga menghilang.

Maka, kita dapat mengerti bahwa Ayub mendapatkan kemuliaan dan kekuasaannya bukan melalui perbuatannya sendiri, tetapi melalui harta bendanya. Melalui pengakuan Ayub, kita dapat mengerti betapa tidak berarti jadinya ketika kekayaan seseorang hilang.

"Dia membongkar aku di semua tempat" berarti bahwa Allah menyerang dia dari segala arah. Hari ini, banyak orang berpikir hal itu sama seperti mati jika kekuasaan dan kekayaan seseorang menghilang. Tetapi nilai hidup kita tidak tergantung pada kekuasaan ataupun ketenaran.

Dalam Lukas pasal 16, kita melihat seorang kaya dan Lazarus sang pengemis. Orang kaya tersebut menikmati hidupnya memakan makanan yang enak, tetapi tidak mengenal Allah. Lazarus sang pengemis harus mengemis di pintu gerbang rumah orang kaya tersebut tetapi dia takut akan Allah. Hidup yang mana yang akan Anda pilih?

Ketika Allah memanggil jiwanya, orang kaya tersebut harus menderita di bagian paling dalam dari Kuburan, di Neraka Hades, tetapi sang pengemis Lazarus pergi ke tempat Abraham di bagian Kuburan Atas (Lukas 16:19-31). Jika kita dapat melihat dengan mata rohani, kita pasti akan berkata kita akan takut akan Allah dan pergi ke kerajaan surgawi seperti sang pengemis Lazarus.

Dalam ayat 10 berkata, "Dia mencabut harapanku seperti sebatang pohon." Harapan Ayub adalah segalanya yang telah dia kumpulkan. Tetapi karena segala sesuatunya menghilang dalam sekejap, Ayub menjelasakan bahwa Allah telah mencabutnya dengan sangat mudah seperti sebatang pohon dengan akar yang dangkal.

Harapan Ayub ada dalam hal-hal materi termasuk anak-anaknya dan harta bendanya. Oleh karena itu, marilah kita menyadari betapa tidak berartinya dan bodohnya untuk berdiam dalam daging, dan menjadi orang yang rohani yang mengenal dan percaya kepada Allah dengan benar.

Ayat 11 berkata, "Murka-Nya menyala terhadap aku, dan menganggap aku sebagai lawan-Nya." Ayub mengatakan Allah menjadi marah dengan dia karena kesakitan dan keputus-asaan yang dia miliki. Juga, karena dia pikir dia menjadi menderita begini karena Allah, dia menumpahkan semua sakit hatinya di hadapan Allah.

Ketika Anda memiliki seorang musuh, hanya jika Anda melihat wajahnya atau mendengar dia bernafas atau hanya dengan melihat matanya, Anda merasa jijik. Anda bahkan tidak mau melihat dia dan Anda bahkan mungkin ingin membunuh orang tersebut. Salah satu kejahatan hati manusia adalah memiliki kebencian. Betapa mengejutkannya untuk mengatakan Allah menganggap Ayub sebagai seorang musuh, sementara Dia memberitahu kita untuk mengasihi bahkan musuh-musuh kita!

"Pasukan-Nya maju serentak, mereka merintangi jalan melawan aku, lalu mengepung kemahku" (Ayub 19:12).

Kapan pasukan tersebut datang dan merintangi jalan melawan Ayub?

Disini, 'pasukan' bukanlah benar-benar tentara tetapi mengacu kepada sahabat-sahabatnya. Berapa besar penderitaan Ayub dari sahabat-sahabatnya sehingga dia menganggap mereka sebagai pasukan?

Hal ini dapat dibandingkan dengan memanggil seseorang sebagai seekor singa atau harimau. Ini merupakan sebuah pernyataan kuat untuk mengatakan bahwa sahabat-sahabatnya berbicara dengan suara yang sangat keras membahana melawan dia.

'Merintangi jalan melawan aku' di sini tidak berarti membangun sebuah rumah atau rintangan. Hal ini berarti sahabat-sahabatnya telah mengubah perkataan dan niat Ayub, mengatakan padanya, "Ini salah, dan itu salah."

Sebut saja, Ayub percaya bahwa karena Allah menganggap dia sebagai seorang musuh, Dia mengubah jalan-jalannya, sebut saja niat dan perkataannya, melalui sahabat-sahabatnya.

"Dan mengepung kemahku" berarti sahabat-sahabatnya sedang berdiri mengelilingi dia dan menyerang dia. Ayub menyalahkan Allah bahkan untuk pelanggaran sahabat-sahabatnya.

3. Perbedaan Antara Kasih Kedagingan dan Kasih Rohani

"Saudara-saudaraku dijauhkan-Nya dari padaku, dan kenalan-kenalanku tidak lagi mengenal aku. Kaum kerabatku menghindar, dan kawan-kawanku melupakan aku. Anak semang dan budak perempuanku menganggap aku orang yang tidak dikenal, aku dipandang mereka orang asing. Kalau aku memanggil budakku, ia tidak menyahut; aku harus membujuknya dengan kata-kata manis" (Ayub 19:13-16).

Kita dapat benar-benar mengerti keadaan sulit yang dialami Ayub. Kesepian dan kesusahannya menjadi semakin serius.

Ketika Ayub masih kaya dan menikmati kemuliaan dan ketenaran melalui kekayaannya, dia dapat dipuji oleh orang lain sebagai seorang yang benar, karena dia dapat memberi harapan kepada orang lain.

Ayub memiliki kasih yang besar untuk anak-anaknya dan mempersembahkan korban kepada Allah untuk mereka setiap saat. Dia juga telah menunjukkan kasih kepada tetangga-tetangganya.

Tetapi kasih Ayub adalah jenis kasih kedagingan. Kasih kedagingan sesungguhnya mencari keuntungan untuk seseorang, dan karenanya, hasilnya tidak karuan. Hal-hal kedagingan dapat berubah. Ketika hal itu tidak menguntungkan baginya dia membalikkan badannya.

Ayub mengatakan bahwa saudara-saudaranya meninggalkan dia dan itu juga karena pekerjaan Allah. Dia berkata kerabatnya dan bahkan sahabat-sahabat terdekatnya melupakan dia.

Ketika Ayub masih seorang yang kaya, ada banyak orang

dalam rumahnya termasuk para pelayan dan tamu-tamunya. Tetapi sekarang, mereka yang tinggal dalam rumahnya dan pelayan-pelayannya menganggap dia sebagai orang asing. Dia dipandang mereka sebagai orang asing.

Para pelayan seharusnya melayani tuan mereka Ayub, tetapi sekarang mereka bahkan tidak menjawab dia. Hanya jika Ayub meminta bantuan mereka merendahkan dirinya di hadapan mereka, mereka mungkin melakukan sesuatu baginya.

Pastilah sangat sulit bagi Ayub untuk menyatakan semua kesakitan dan penderitaannya. Ayub pasti telah memperhatikan mereka yang berada dalam kesusahan ketika dia masih kaya. Sahabat-sahabatnya pasti juga pernah menerima banyak pertolongan dari Ayub. Itulah mengapa mereka datang untuk mengunjungi dia ketika dia berada dalam kondisi terbaring sakit.

Karena Ayub baik kepada mereka ketika dia kaya, dia dapat mengatakan hal ini sekarang. Tetapi tidak ada balasan kepada dia. Dia hanya menerima ejekan dan tuduhan.

Lalu, mengapa semua orang meninggalkan Ayub?

Bahkan saat kita menggunakan uang kita, kita haruslah menggunakannya secara rohani. Hal itu hanya dapat disempurnakan ketika dilakukan dengan kasih rohani. Ketika Ayub kaya, dia memberi harapan kepada banyak orang dan menolong mereka dengan kekayaannya, tetapi itu adalah kasih kedagingan. Sehingga, bahkan semua saudara dan kenalannya meninggalkan dia.

Seperti dalam 1 Korintus pasal 13, jika kasihnya adalah kasih rohani untuk bertahan lama, menjadi lemah lembut, dan mencari keuntungan orang lain, dan jika perbuatan-perbuatannya adalah rohani, saudara-saudaranya tidak akan pergi meninggalkan. Dia tidak akan ditinggalkan oleh orang-

orang tetapi malahan dia akan menerima pertolongan kembali dari mereka.

Jika Anda memberi uang kepada orang lain, mereka mungkin berterima kasih untuk saat itu, tetapi setelah beberapa waktu, mereka lupa tentang hal itu. Mempertimbangkan keluhan-keluhan dan kemarahan yang keluar dari mulut Ayub, kita dapat mengerti dengan jelas bahwa kasihnya tidaklah rohani.

Sebuah contoh kasih rohani dalam Alkitab adalah kasih antara Daud dan Yonatan. Ayah Yonatan adalah raja pertama Israel, Saul, dan Daud adalah salah seorang pembantunya. Ketika Daud pergi berperang, dia memenangkan perang tersebut, dan popularitasnya bertambah di antara orang-orang. Raja Saul menjadi cemburu kepadanya dan membenci dia, dan akhirnya berusaha untuk membunuhnya.

"Dan Yonatan menyuruh Daud sekali lagi bersumpah demi kasihnya kepadanya, sebab ia mengasihi Daud seperti dirinya sendiri" (1 Samuel 20:17).

Yonatan tahu bahwa Daud akan menjadi raja oleh rencana Allah, dan ayahnya telah ditinggalkan oleh Allah dan akan jatuh. Tetapi dia masih melindungi sahabatnya, Daud. Dia mengasihi Daud secara rohani, dan Daud pun demikian. Itulah mengapa setelah dia menjadi raja, Daud melindungi anak Yonatan, Mefiboset sampai pada akhirnya, dan memberikan kepadanya kasih yang besar bahkan sampai membiarkannya makan pada mejanya.

"Nafasku menimbulkan rasa jijik kepada istriku, dan bauku memualkan saudara-saudara sekandungku. Bahkan kanak-kanakpun menghina aku, kalau aku mau

berdiri, mereka mengejek aku. Semua teman karibku merasa muak terhadap aku; dan mereka yang kukasihi, berbalik melawan aku" (Ayub 19:17-19).

"Nafasku menimbulkan rasa jijik kepada istriku" berarti bahwa istrinya tidak menyukai Ayub berada dekat dengan dia. Bahkan istrinya tidak menyukai dia, dan kemudian siapa dari saudara-saudaranya yang menyukai dia?

'Saudara sekandung' di sini bukan berarti orang-orangnya, kaum sebangasanya. Pengertian rohaninya adalah mereka yang bernafas dengan Ayub dan membagi hatinya dengan dia. Ketika Ayub berada dalam sebuah situasi sulit, tidak hanya istrinya tetapi juga mereka yang telah membagi hati mereka dengan dia meninggalkan dia.

Sebelum saya bertemu Allah, saya telah sakit selama tujuh tahun, tetapi istri saya tidak meninggalkan saya. Istri saya merawat saya ktika saya terbaring sakit, dan dia yang mencari nafkah. Dia harus menahan begitu banyak penderitaan.

Tetap saja, tidak ada perbaikan dalam penyakit saya. Malah semakin parah, sehingga tidak ada harapan akan masa depan. Tetapi istri saya tidak menceraikan saya ketika saya sedang sakit. Saya ditinggalkan setelah saya disembuhkan dari segala penyakit saya oleh Allah.

Sebenarnya, saya tidak tahu alasannya mengapa, tetapi ketika Allah menjelaskan tentang Kitab Ayub kepada saya dengan inspirasi Roh Kudus, Dia menjelaskan kepada saya tentang hal tersebut.

Adalah normal bagi saya untuk mengasihi istri saya dalam seluruh kebenaran, tanpa menyembunyikan apapun daripadanya. Karena istri saya telah menggunakan biaya kuliah saya sebelum kami menikah, saya tidak dapat kembali ke bangku kuliah tetapi pertama-tama harus mencari pekerjaan. Tetapi saya tidak mengeluh melawan istri saya. Dalam segala keadaan, saya tidak tidak menyukainya dan saya tidak menderita karena keadaan itu sendiri.

Kasih sejati saya datang dari hati saya yang selalu diberikan kepada istri saya, dan karena kebenaran berbicara, dia harus berkorban untuk saya. Jika saya tidak setia, istri saya mungkin tidak akan menyukai saya sebesar ini, merasa bahkan nafas saya merupakan serangan, dan menceraikan saya.

Tetapi kapanpun dia merasa sulitnya kenyataan, dia berkata, "Jika saya menceraikanmu sekarang, orang-orang akan berkata saya seorang perempuan yang meninggalkan suaminya yang sedang sakit. Maka saya tidak akan bercerai sekarang. Tetapi jika engkau telah sembuh dari penyakitmu, kemudian, saya akan menceraikan engkau." Sebenarnya, dia sering kali mengatakan hal itu.

Perkataan-perkataan dari istri saya menjadi sebuah jebakan bagi dia, dan iblis sang musuh benar-benar mendakwa dia dengan perkataan tersebut. Setelah saya bertemu Allah dan disembuhkan total dari semua penyakit saya, kami berada dalam kebahagiaan yang sangat besar merencanakan sebuah masa depan yang cerah. Tetapi terjadi insiden pada saat ulang tahun ayah saya.

Ketika ibu sya memberi nasihat kepada istri saya dengan sebuah niat yang baik, istri saya salah mengerti apa yang dikatakan oleh ibu saya bahwa saya jatuh sakit semua karena dia, dan dia pergi. Saya ditinggalkan oleh istri saya.

Kemudian, dia bertobat dan kembali dan kami bersama kembali. Dalam proses tersebut, saya dapat melihat sifat mudah marah istri saya telah hilang. Allah bekerja untuk kebaikan segala sesuatu.

Dalam ayat 18, Ayub bahkan dihina oleh anak-anak. Dalam ayat 19, semua teman karibnya merasa muak terhadap dia, dan mereka yang dikasihinya berbalik melawan dia.

Mereka yang dia kasihi mungkin saja sahabat-sahabatnya, istrinya, kerabatnya, tetangga, atau saudara. Katakan saja, hal itu berarti semua orang di sekeliling Ayub menjadi marah kepada dia dan membenci dia karena Ayub terus menerus mengeluh tanpa berusaha mendengarkan seorang pun.

Kita juga dapat menemukan kasus seperti Ayub di sekeliling kita. Misalkan ada seseorang yang biasa menolong banyak orang tetapi kemudian dia menjadi bangkrut.

Kemudian, mereka yang dulu pernah menerima pertolongannya sekarang berusaha memberi nasihat dengan mengatakan padanya untuk melakukan ini atau itu. Dalam keadaan ini, jika orang yang menerima nasihat tersebut hanya memikirkan masa lalu dan tidak menerima setiap pemikiran nasihat mereka, "Mengapa kamu pikir kamu mencoba memberi tahu saya apa yang harus saya lakukan? Saya lebih baik dari pada kalian dalam segala hal, dan hal inilah mengapa saya dapat menolong kalian sebelumnya!"

Kemudian, mereka yang memberikan nasihat akan sangat kecewa, dan berpikir tentang dia seperti, "Dia tidak memiliki apapun dan dia masih membual."

Mereka menerima pertolongan dari dia sebelumnya, dan sekarang dia mengalami kebangkrutan, maka mereka memberi nasihat terbaik mereka, tetapi dia tidak menerima hal itu. Namun demikian, mereka tidak boleh dikecewakan atau membenci mereka. Mereka harus melupakan kemuliaan yang mereka terima dari dia sebelumnya. Tetapi hari ini, hati manusia sepertinya selalu lupa untuk melupakan kasih karunia yang telah mereka terima,

> "Tulangku melekat pada kulit dan dagingku, dan hanya gusiku yang tinggal padaku. Kasihanilah aku, kasihanilah aku, hai sahabat-sahabatku, karena tangan Allah telah menimpa aku. Mengapa kamu mengejar aku, seakan-akan Allah, dan tidak menjadi kenyang makan dagingku?" (Ayub 19:20-22)

Kulit dan daging Ayub mengering. Dan dia memiliki kemarahan yang membakar dari pendapat-pendapatnya yang lemah, yang tidak dapat mencerna semua yang dia makan. Seluruh tubuhnya dipenuhi dengan barah, dan kulitnya terus menerus bernanah dan kemudian mengering.

Itulah mengapa tulang-tulang Ayub menonjol ke kulit dan dagingnya. Dia sangat susah bertahan hidup, tetapi dia masih dapat berkata-kata. Hampir semua yang ada dalam tubuhnya mengering, maka betapa buruk pastinya keadaan itu baginya!

Ayub memberitahu sahabat-sahabatnya untuk mengasihani dia karena Allah telah menyerang dia.

Jika Anda jatuh ke dalam pengujian dan pencobaan dan memberitahu saya, "Pendeta, Allah telah menyerang saya. Tolonglah belas kasihani saya," maka, dapatkah saya memiliki belas kasihan terhadap Anda? Saya tidak dapat mengasihani Anda karena Anda menyalahkan Allah untuk pencobaan-pencobaan yang disebabkan oleh kesalahan Anda sendiri. Tentu saja saya dapat berkata, "Betapa kasihannya!" tetapi itu tidak dapat memecahkan masalah apa pun.

Di sini, kita dapat mengerti betapa Ayub tinggal dalam

daging. Karena dia tinggal dalam daging, dia memberitahu sahabat-sahabatnya untuk berbelas kasihan terhadap dia dalam sebuah cara yang kedagingan.

Dalam ayat 22, Ayub mengatakan sesuatu yang sangat mengejutkan.

"Mengapa kamu mengejar aku, seakan-akan Allah, dan tidak menjadi kenyang makan dagingku?"

Ayub mengatakan bahwa sahabat-sahabatnya menghukum dia dengan kata-kata, dan karena hukuman itu dagingnya menjadi kering.

Ayub tidak dapat mencerna perkataan yang dikatakan sahabat-sahabatnya, tetapi dia hanya menjadi marah kepada mereka. Itulah mengapa dia merasa perkataan sahabat-sahabatnya seperti hukuman. Jelaslah bahwa Ayub kehilangan berat badan karena dia sangat menderita. Tetapi, demi untuk mengungkapkan kesakitannya, dia mengatakan bahwa sepertinya sahabat-sahabatnya telah memakan dagingnya.

Tetapi jika hati kita selembut kapas, kita tidak akan kehilangan berat badan. Apakah Anda keras kepala dan keras hati seperti batu Jika seseorang memfitnah atau salah menuduh Anda dan menyebarkan gosip, maka, tidakkah Anda memiliki kemarahan yang membara terhadapnya? Tidak mampu untuk menahannya, tidakkah Anda segera pergi kepadanya untuk berbantah mengenai hal itu? Anda mungkin tidak bisa tidur karena kemarahan Anda, dan pastilah berat badan Anda akan turun. Jika Anda adalah sejenis orang yang akan turun berat badan dengan cara seperti ini, Anda sebaiknya mengerti bahwa Anda memiliki sebuah hati yang keras seperti batu.

Ketika kita melempar sebuah batu ke sepotong kapas, kapas akan memeluk dan menutupi batu tersebut, sehingga tidak ada suara ribut. Jika kita memiliki hati yang selembut kapas, kita tidak akan meributkan apa pun terhadap setiap tindakan orang lain. Bahkan jika seseorang yang memiliki hati yang keras seperti sebuah batu mengenai Anda, Anda hanya memeluk dia dengan kasih dan kelembutan, sehingga tidak akan ada keributan, dan tidak ada alasan bagi Anda untuk turun berat badan.

Kita sebaiknya tidak mengucapkan perkataan-perkataan yang menyebabkan kesakitan bagi orang lain. Kita sebaiknya tidak menjadi seseorang yang menyebabkan orang lain turun berat badan. Ayub berkata berat badannya turun karena dia tidak dapat menerima perkataan teman-temannya, tetapi teman-temannya masih berbicara dengan dia! Apa intinya dengan melakukan hal tersebut? Jika Ayub telah menerima perkataan teman-temannya, dia tidak akan turun berat badan tetapi masalahnya pasti telah terselesaikan.

Juga, orang lain yang terus berbicara denga cara demikian juga melakukan sebuah dosa. Jika kita membuat hati kita selembut kapas dan menjadi sebuah benih gandum yang mati di tanah, dimana pun kita berada, akan ada surga di sana, dan keluarga serta tempat kerja kita akan diinjili.

"Ah, kiranya perkataanku ditulis, dicatat dalam kitab, terpahat dengan besi pengukir dan timah pada gunung batu untuk selama-lamanya! Tetapi aku tahu: Penebusku hidup, dan akhirnya Ia akan bangkit di atas debu. Juga sesudah kulit tubuhku sangat rusak, tanpa dagingkupun aku akan melihat Allah" (Ayub 19:23-26).

Sebuah 'pengukir besi' adalah seperti sebuah pena.

Ayub mengatakan jika dia menuliskan apa yang dia alami dalam sebuah kitab, itu mungkin dihapus atau buku tersebut mungkin dihancurkan, tetapi jika dipahatkan di atas sebuah gunung batu, itu akan bertahan lama. Dia maksudkan bahwa dia telah memiliki hasrat yang bulat untuk mencatat secara permanen tentang betapa besar kesalitan dan penderitaannya.

Sebelumnya Anda tidak percaya kepada Allah dan menderita dipersalahkan atau menjadi korban, pernahkah Anda berkata sesuatu seperti, "Siapa yang tahu keadaanku? Akankah surga atau bumi tahu? Dimana aku dapat mencatat penderitaan yang tidak adil ini?"

Anda mungkin mengatakan hal seperti ini karena Anda memiliki kejahatan dalam hati Anda. Jika kita bertahan dan menyerahkan segala sesuatunya dan bersandar kepada Allah, Allah bekerja untuk kebaikan bagi segala sesuatu (Mazmur 37:5). Maka, tidak perlu untuk mencatat apapun.

Dalam ayat 25 berkata, "Aku tahu bahwa Penebusku hidup." Hal ini bukanlah sesuatu yang di ketahui dengan pastim tetapi hanya apa yang telah dia dengar sebelumnya.

Terdapat perbedaan besar antara tingkat iman yang pasti dan tingkat iman yang bergoncang. Jika iman Anda tidaklah pasti, Anda mungkin memiliki keraguan, berteman dengan dunia, dan melakukan dosa.

Ayat 26 berkata, "Juga sesudah kulit tubuhku sangat rusak, tanpa dagingkupun aku akan melihat Allah." Hal ini juga hanya apa yang pernah dia dengar.

Bahkan orang yang tidak percaya mengatakan hal-hal sepertim "Surga telah melakukan banyak sekali kejahatan terhadapku!"; "Allah menjadi begitu kejam terhadapku!" dan "Aku pikir Aku akan pergi ke surga karena saya menjalani kehidupan yang baik." Tetapi semua perkataan ini akan berakhir dalam kesia-siaan. Mereka diucapkan hanya untuk menghibur orang itu sendiri.

4. Hati yang Licik dan Pengecut

"Yang aku sendiri akan melihat memihak kepadaku; mataku sendiri menyaksikan-Nya dan bukan orang lain. Hati sanubariku merana karena rindu. Kalau kamu berkata: Kami akan menuntut dia dan mendapatkan padanya sebab perkaranya!, takutlah kepada pedang, karena kegeraman mendatangkan hukuman pedang, agar kamu tahu, bahwa ada pengadilan" (Ayub 19:27-29).

Ayub telah mendengar tentang Allah dan melayani Dia, sehingga dia tidak dapat berjalan di hadapan Allah sebagai seorang asing. Sebelumnya, Ayub telah melayani Allah dengan setia. Tetapi sekarang, dia mengeluh terhadap Allah dan dia berkata bahwa Allah adalah Allah yang jahat. Jadi, bagaimana dia akan melihat-Nya kelak? Ketika Ayub berpikir tentang keadaan dimana dia akan bertemu Allah, dia merasa gugup dan hatinya menjadi lemah.

Ayat 28 adalah salah satu ayat yang sulit untuk dimengerti. Itu adalah perandaian. Kata 'dia' di sini merujuk kepada Ayub. Teman-temannya berbicara terus menerus untuk menghancurkan Ayub dengan kata-kata dan membuatnya menyerah.

Teman-teman Ayub telah mengatakan bahwa semua penyebab masalah adalah Ayub. Tetapi Ayub tidak menerima hal itu. Dia hanya merasa menjadi korban dan telah salah dituduh mengatakan bahwa penyebabnya adalah pada Allah yang telah menyerang dia. Dia ingin Allah untuk menyerah dan menyalahkan Allah untuk segalanya.

Teman-teman Ayub menyalahkan Ayub untuk segalanya, dan Ayub menyalahkan Allah!

Tetapi meskipun Ayub menjelaskan kepada sahabat-sahabatnya, mereka tidak mendengar. Maka, hati Ayub melemah. Dan sekarang, Ayub pergi ke tingkat yang lebih tinggi untuk membuat pengandaian dengan sahabat-sahabatnya. Dia lolos dari anak panah serangan mereka dengan perkataan yang licik dan menyalahkan kedua belah pihak.

Kita sebaiknya tidak menyalahkan orang lain untuk apa pun atau membuat dugaan acak dalam menghakimi seseorang. Tetapi Ayub menyalahkan orang lain untuk sesuatu yang tidak dia sebabkan. Dia sedang membuat sebuah perkiraan. Dia menyalahkan baik Allah dan sahabat-sahabatnya.

Ayub dapat melakukan ini karena dia memiliki banyak pengetahuan, tetapi kita seharusnya tidak membiarkan seseorang menderita karena sesuatu yang telah disebabkan oleh kesalahan kita sendiri. Dalam ayat 29, kita harus bertanggung jawab untuk apa yang telah kita lakukan. Jika kita menyalahkan seseorang lain, itu dilakukan dengan hati yang licik dan pengecut.

Dalam ayat 29, Ayub menyimpulkan bahwa murka membawa hukuman pedang. Hal ini benar adanya. Karena orang menjadi marah, mereka bertengkar, merusak dan bahkan membunuh. Ayub membuat suati kesimpulan yang cenderung mengancam dan mendesak dengan mengatakan akhir dari murka adalah hukuman oleh pedang.

Hal itu berarti, "Engkau dengan kemarahanmu menyiksa aku, maka akibatnya, akan ada hukuman bagi engkau!"

Kemarahan tidak membawa keuntungan apa pun. Allah akan benar-benar menghakimi antara apa yang baik dan jahat. Saat ini, Ayub menggunakan perkataan ini untuk mengancam teman-temannya.

Bahkan jika orang lain dapat menjadi marah dengan kita dan meludhi kita, kita sebaiknya tidak mengancann dia. Bagaimana Yesus bertindak? Dia dicambuk, mengenakan mahkota duri dan menderita di kayu salib tetapi tetap, Dia berdoa kepada Allah berkata, "Ampunilah mereka, karena mereka tidak tahu apa yang mereka lakukan."

Stefanus dilempari batu oleh orang-orang ketika mengkhotbahkan injil, dan dia juga berdoa kepada Allah, "Tuhan, janganlah tanggungkan dosa ini terhadap mereka!"

Seorang manusia yang benar tidak akan mengancam orang lain, meskipun dia berlaku jahat. Seorang manusia yang benar hanya akan mengampuni dan berdoa dengan kasih. Kita sebaiknya tidak menjadi seorang manusia yang jahat dengan mengancam orang lain.

Bab 20
Hasil dari Melakukan Kejahatan
- Bantahan Kedua Zofar

1. Janganlah Kita Menjadi Terhasut
2. Hati Seperti Apa yang Kita Miliki?
3. Hasil dari Melakukan Kejahatan
4. Marilah Kita Membuang Sakit Hati

"Langit menyingkapkan kesalahannya, dan bumi bangkit melawan dia. Hasil usahanya yang ada di rumahnya diangkut, semuanya habis pada hari murka-Nya." (Ayub 20:27-28)

1. Janganlah Kita Menjadi Terhasut

"Maka Zofar, orang Naama, menjawab: 'Oleh sebab itulah pikiran-pikiranku mendorong aku menjawab, karena hatiku tidak sabar lagi. Kudengar teguran yang menghina aku, tetapi yang menjawab aku ialah akal budi yang tidak berpengertian.'" (Ayub 20:1-3).

'Hati yang lemah' Ayub (19:27) dan 'hasutan' Zofar di sini adalah ada sedikit perbedaan dalam pengertian. 'Hati lemah' Ayub menunjuk pada masa depan ketika dia bertemu Allah dan Ayub mengatakan bahwa memiliki keluhan tentang Allah, dia akan kesakitan dan menderita di hadapan Allah. 'Hasutan' Zofar adalah penyadaran dirinya sendiri. Zofar bersama dengan sahabat-sahabatnya, memarahi Ayub, tetapi Zofar menyadari isi dari amarah juga dapat diterapkan kepada Zofar sendiri. Karena Zofar memiliki hati nurani, dia merasa terhasut olehnya.

Hari ini, banyak orang tidak bertanggungjawab untuk apa yang mereka katakan. Beberapa orang dengan hati nurani yang baik akan memiliki sebuah rasa malu, tetapi beberapa yang lainnya sama sekali tidak merasakan apa-apa.

Jika seorang manusia tidak mengambil tanggung jawab atas apa yang telah dia ucapkan, dia kehilangan kepercayaan diri. Orang seperti ini akan memiliki hati yang terhasut dan merasa malu.

Dalam kasus ini, jika dia hanya menutup mulutnya dan

berhenti berpendapat, dia tidak akan dipermalukan lagi, tetapi Zofar dan teman-temannya mencoba untuk menghibur diri mereka sendiri dengan mengucapkan lebih banyak kata-kata kejam.

Ayat tiga menjelaskan mengapa Zofar terhasut.

Zofar mendengarkan sebuah teguran yang membuat dia merasa malu, dan roh pengertian menyebabkan dia merespon. Alasan mengapa Zofar menjadi terhasut dengan sebuah perasaan memarahi diri sendiri adalah karena hati nuraninya memberitahu dia bahwa firman yang telah dia ucapkan kepada Ayub dengan teman-temannya sedang dikembalikan sama persis diterapkan kepada dirinya sendiri. Dia merasa bahwa dia tidak melakukan apa yang dia telah katakan, sama seperti Ayub.

Setelah Zofar memarahi Ayub bersama dengan sahabat-sahabatnya, hati nuraninya menjadi cemas. Kita dapat mampu untuk menyadari bahwa dia memiliki hati nurani yang tersisa.

Di sini, kita dapat mengerti "roh pengertian membuatku menjawab," hanya ketika kita mengakuinya dengan kebenaran. Katakan saja, bagaimana seorang manusia yang terhasut dapat berbicara dengan hikmat?

Jika Anda memberi nasihat kepada seseorang dan memberitahu dia apa yang tidak dapat Anda lakukan, hati nurani Anda akan serasa ditusuk, yaitu, jika Anda memiliki hati nurani. Itu berarti bahwa Anda sedang memarahi diri Anda sendiri, dan dengan demikian, dengan cara lain, Anda mencoba untuk membuat alasan untuk mempertahankan diri Anda sendiri.

Dalam kasus ini, marilah kita melihat apa yang Zofar

lakukan.

Karena perkataannya menusuk diam dan Ayub juga berbalik menusuk dia, dia mencoba untuk memberikan alasan-alasan sekarang. Dia mencoba untuk menyerang dengan banyak perkataan dalam usaha untuk mengubah keadaan.

Saya dapat melihat kasus seperti ini sering terjadi dalam pelayanan, juga. Ketika saya memberi beberapa nasihat terhadap sesuatu yang berjalan salah, mereka tidak mencoba untuk bertobat tetapi hanya mencoba untuk memberi alasan-alasan. Jika mereka menerima nasihat saya dan bertobat dan berbalik dari jalan mereka, mereka akan mampu untuk memiliki hati kebenaran dalam beberapa bulan. Maka, saya merasa sangat menyesal tentang hal ini ketika mereka tidak mencoba.

Orang-orang tidak ingin kekurangan mereka ditunjukkan secara langsung, dan karenanya, mereka mencoba menyembunyikannya. Mereka mempunyai hati yang licik dan memberi alasan-alasan, tidak mengungkapkan pendapat terdalam mereka. Hal ini mencari keuntungan diri mereka sendiri. Jika kita tidak membuang jenis hati seperti ini maka kita tidak akan bisa mengubah hati kita untuk jangka waktu yang lama.

Ketika seseorang dihasut karena dia merasa tusukan hati nurani, dia merasa bahwa dia harus membuat alasan-alasan. Ketika seseorang menunjukkan beberapa kesalahan Anda, tidakkah hati Anda menjadi terguncang dan tidakkah Anda berpikir cepat untuk membuat alasan? "Bagaimana saya dapat lolos dari situasi ini? Alasan-alasan seperti apa yang ada? Bagaimana saya dapat menemukan titik kelemahannya dan menyerang balik orang tersebut?" Tidakkah hati Anda menjadi terganggu dengan jenis pemikiran ini?

Mereka yang mencoba untuk membalikkan keadaan

adalah sama seperti sahabat-sahabat Ayub. Mereka tidak dapat dianggap bersih karena Allah melihat ke hati kita yang paling dalam.

2. Hati Seperti Apa yang Kita Miliki?

Mereka yang hidup dalam kebenaran sebaiknya tidak pernah merasa terguncang dalam segala keadaan. Orang benar akan berpikir dalam-dalam untuk mencari jawaban yang akan diberikan kepada orang lain. Jika seseorang bentrok dengan Anda, lebih baik berhenti berbicara dengan dia. Lebih baik bagi Anda untuk tidak bertengkar tetapi berdamai.

Kita harus mengingat hal ini dalam pikiran kita. Jika kita merasa terpancing dalam sebuah perbincangan, kita akan memiliki emosi yang memanas. Sekali kita memiliki emosi yang memanas, wajah dan mata kita berubah merah dan kulit di sekeliling mata juga bergerak dan berkeriput. Jika hal ini berlangsung lebih jauh, kita tidak dapat menahannya lagi dan kita bahkan dapat menyerang orang lain tersebut dengan bahasa kasar. Allah tidak menyukai pertikaian, tetapi Iblis sang musuh akan menikmatinya.

Mereka yang dipengaruhi dan menjadi emosional dengan cara ini tidak dapat mendengar suara Roh Kudus. Suara Roh Kudus bisa didengar dengan hati yang tenang seperti danau. Ketika mereka memiliki agitasi dan emosi yang memanas, mereka tidak dapat mendengar suara Roh Kudus. Kita dapat mendengar suara-Nya hanya ketika kita mematahkan pikiran-pikiran kedagingan kita dan membuang kejahatan yang ada dalam kita. Tidak perduli betapa banyak kita berdoa dan berapa besar pengetahuan akan firman Allah yang kita miliki, jika kita hanya bersikukuh pada jalan pemikiran kita sendiri, kita tidak dapat mendengar suara Roh Kudus.

Untuk dapat mendengar suara Roh Kudus, kita harus mematahkan cara berpikir kita sendiri. Dan kita harus membuang setiap ketidakbenaran dalam hati kita, dan itu akan menolong kita mematahkan kerangka pemikiran kita.

Mereka yang memiliki hati nurani yang baik akan berbalik atau menjadi diam ketika kesalahan mereka ditunjukkan. Tetapi mereka yang jahat hanya akan memberikan alasan-alasan dan mencoba untuk lebih banyak berbicara. Mereka tidak hanya memberikan alasan tetapi juga mencoba untuk menyalahkan orang lain, menunjukkan berbagai jenis pekerjaan jahat lainnya.

Dan mereka pikir diri mereka sendiri bijak dengan alasan-alasan yang mereka ciptakan.

Sebagai contoh, ketika seseorang memukul mereka sekali, mereka akan memukul orang itu kembali sebanyak dua kali. Jika seseorang menyerang mereka, mereka juga akan balas menyerang. Kemudian, mereka pikir, "Inilah jalan yang seharusnya. Saya seorang yang bijaksana." Inilah sebuah hati yang jahat.

Ketika seseorang menunjukkan salah satu kesalahan Anda, dan Anda membalas dengan menunjukkan dua kesalahan orang itu, apakah Anda merasa senang dengan hal itu? Ketika Anda melihat orang lain tersebut tidak dapat menjawab, Anda merasa Anda telah memenangkan pertandingan.

Hal seperti ini datang dari hati yang jahat mencari keuntungan pribadi seseorang. Merefleksikan hal ini pada kebenaran, betapa bodoh dan kejamnya hal tersebut! Kita dapat melihat sifat orang itu, yang jahat dan kejam, dan bodohnya orang tersebut.

3. Hasil dari Melakukan Kejahatan

"Belumkah engkau mengetahui semuanya itu sejak dahulu kala, sejak manusia ditempatkan di bumi, bahwa sorak-sorai orang fasik hanya sebentar saja, dan sukacita orang durhaka hanya sekejap mata? Walaupun keangkuhannya sampai ke langit dan kepalanya mengenai awan, namun seperti tahinya ia akan binasa untuk selama-lamanya; siapa yang pernah melihatnya, bertanya: 'Di mana dia?'" (Ayub 20:4-7).

Di sini, kita dapt menemukan alasan mengapa Zofar berpikir bahwa dirinya sendiri bijak. Itu karena dia menganggap Ayub seorang yang jahat.

Zofar mengatakan pada Ayub, "Tidakkah engkau tahu sorak-sorai orang fasik itu singkat, dan sukacita orang durhaka hanya sekejap mata? Dan, bukankah engkau adalah orang fasik dan orang durhaka?"

Setelah menusuk Ayub dengan perkataan ini, dia pikir dia telah mengucapkan perkataan hikmat.

Seorang durhaka tidak mengakui Allah, dan karenanya tindakan-tindakannya tidaklah benar. Karena Ayub memiliki banyak sekali pengetahuan, Zofar melanjutkan berkata, "Tidakkah engkau mengerti?"

Kita menemukan dalam sejarah Israel atau sejarah modern bahwa kemenangan orang fasik berakhir dengan sangat cepat. Di sini, apa yang Zofar katakan adalah benar, tetapi hal itu tidak berlaku untuk Ayub.

Tuduhan Zofar tidak berlaku untuk Ayub, tetapi Zofar sendiri berpikir dirinya benar dan bijak, betapa bodohnya dia sebenarnya!

Anak-anak Allah yang hidup dalam kebaikan dan kebenaran akan menerima berkat dari Allah di atas, sehingga mereka akan menjadi kaya di bumi, dan mereka akan menikmati hidup yang kekal dalam kerajaan surga. Orang-orang dunia berkata orang fasik lebih sejahtera, tetapi ketika kita melihat hasilnya, kita dapat lihat bahwa tidaklah seperti itu adanya.

Ayat 6 berkata, "Walaupun keangkuhannya mencapai langit," dan itu berarti bahwa kekuasaan dan kemuliaan orang fasik dan orang durhaka akan dinyatakan pada dunia dan nama mereka akan dikenal. Hal ini merupakan penjelasan tentang kekuasaan dan kemuliaan seorang yang fasik. Dalam ayat 7, muncul kata 'tahi'. Tahi adalah sampah tidak berguna yang kotor dan berbau. Kata ini digunakan dalam perbandingan dengan Ayub, tetapi Ayub sendiri sebenarnya bukanlah orang yang fasik atau durhaka, maka hal itu tidak dapat diterapkan padanya.

Dalam sejarah kita dapat menemukan banyak orang yang tampaknya dapat menikmati ketenaran dan kesejahteraan selamanya, tetapi dalam satu waktu mereka ditempatkan dalam situasi yang dapat dibandingkan dengan tahi. Mereka ditinggalkan oleh orang-orang dan menerima penghinaan. Hal itu adalah lebih buruk dari pada dianggap sebagai tahi.

Karena mereka hanya mengikuti keuntungan diri mereka sendiri dengan keserakahan, mereka hanya mengikuti pengendalian dari iblis sang musuh dan Setan. Banyak orang menjadi korban dan harus menumpahkan darah orang yang tidak bersalah. Hal itu merupakan sejarah kesakitan dan penderitaan.

Marilah kita memeriksa apakah kita memiliki hati yang jahat. Dan jika kita menemukan hati seperti itu, marilah kita bertobat dan berbalik.

"Bagaikan impian ia melayang hilang, tak berbekas, lenyap bagaikan penglihatan waktu malam. Ia tidak lagi tampak pada mata yang melihatnya, dan tempat kediamannya tidak melihatnya lagi. Anak-anaknya harus mencari belas kasihan orang miskin, dan tangannya sendiri harus mengembalikan kekayaannya. Tulang-tulangnya boleh penuh tenaga orang muda, tetapi tenaga itupun akan membaringkan diri bersama dia dalam debu" (Ayub 20:8-11).

Jika kita berbicara dengan emosi yang panas dan kejahatan, kita berbicara seolah-olah orang lain tersebut adalah seorang pendosa meskipun sebenarnya dia bukanlah orang berdosa, atau kita mungkin berbicara seolah-olah dia bukanlah yang benar-benar tidak bersalah bahkan jika dia memang tidak bersalah. Tetapi, mereka yang hanya bertindak dengan kebenaran, tidak dikendalikan oleh emosi mereka yang panas, tidak akan membuat kesalahan seperti ini.

Dalam ayat 7 dikatakan, "Mereka yang telah melihat dia akan bertanya, 'Dimanakah dia?'" Hal ini berarti bahwa pekerjaannya semua adalah kejahatan dan hancur. Orang-orang bahkan tidak mencoba untuk mengingat mereka, dan mereka tidak dapat mengingat sesuatu yang baik tentang orang tersebut. Malahan, mereka akan mengingat hanya hal-hal jahat tentang dia dan meludahi dia.

Dalam ayat 8 dikatakan, "Bagaikan impian dia melayang." Sebuah mimpi menjadi tidak berarti ketika terbangun, tidak perduli betapa bagusnya mimpi tersebut. Zofar mengatakan orang fasik dan durhaka akan lenyap seperti mimpi meskipun mereka mungkin menikmati ketenaran, kemuliaan, dan kesejahteraan sementara.

Ayub menunjukkan penyesalannya tentang masa lalunya, memikirkan masa lalunya. Ketika sahabat-sahabatnya melihat hal itu, mereka mentertawakan Ayub. Mereka menghakimi Ayub dengan kejahatan mereka. Ayub tidak berpikir bahwa dirinya adalah orang fasik, tetapi sahabat-sahabatnya mengkritik dia, sehingga dia merasa menjadi korban.

Kemudian, ayat tersebut berkata, "Lenyap bagaikan penglihatan pada waktu malam." Bahkan raja sebuah bangsa dapat dilenyapkan dan dikirim ke pembuangan. Dia akan menyerahkan istananya, dan dia akan pergi ke sebuah gunung untuk mencari tempat perlindungan. Segala sesuatu tentangnya akan menjadi hancur.

Zofar melanjutkan, "Ayub, karena engkau fasik dan durhaka, ketenaran, kemuliaan dan kesejahteraanmu akan diambil alih, dan semuanya menghilang seperti mimpi yang tidak berarti." Kita dapat melihat betapa jahatnya Zofar dalam pandangan Allah. Kita dapat mengerti betapa kuat dan menakutkannya perkataan-perkataan yang diucapkan sahabat-sahabat Ayub padanya, dan betapa besarnya rasa sakit Ayub.

Ayat 10 berkata, "Anak-anaknya harus mencari belas kasihan orang miskin, dan tangannya sendiri harus mengembalikan kekayaannya."

Teman-teman Ayub penuh dengan kejahatan dan menghina Ayub dengan hal-hal yang sebenarnya tidak berhubungan dengan Ayub. 'Anak-anaknya harus mencari belas kasihan orang miskin' berarti anak-anak orang fasik meminta belas kasihan dari orang miskin. Dalam Alkitab, kita dapat menemukan betapa buruknya akhir dari seorang yang fasik seperti Saul dan anak-anak Raja Ahab.

Orang miskin di sini tidak hanya berarti mereka yang miskin secara finansial, tetapi mereka yang memiliki relatif sedikit ketenaran dan kekuasaan. Dan sekarang, orang fasik akan meminta belas kasihan dari orang-orang miskin tersebut.

Sebagai contoh, seorang raja atau presiden pada suatu waktu datang untuk meminta belas kasihan dari bawahannya terdahulu setelah keadaan berubah. Inilah yang dimaksud dengan meminta belas kasihan dari orang miskin, seperti yang dikatakan dalam ayat tersebut. Ketika beberapa korupsi ditemukan dan sang presiden digulingkan, dia harus meminta belas kasihan dari orang miskin, dan dia harus memberikan kekayaan yang telah dikumpulkannya.

Ayub bertindak dengan kebaikan kepada orang lain, tetapi sekarang, posisinya berubah dan dia sedang dihukum oleh teman-temannya. Dia pasti merasa sangat sakit seolah olah dagingnya dimakan.

Ayub telah berkata bahwa rasanya seperti sahabat-sahabatnya sedang memakan dagingnya. Tetapi sebenarnya Ayub sedang memakan dirinya sendiri juga. Mereka yang memiliki hati selembut kapas akan menerima segala sesuatum bahkan perkataan yang tajam yang seperti gunung batu, sehingga tidak ada keributan percekcokan akan terjadi pada mereka. Tetapi mereka yang memiliki hati yang keras seperti kapur atau beton akan membuat keributan beasr ketika mereka bentrok dengan orang lain. Oleh karena itu, tidakkah hal ini sama seperti Ayub sedang memakan dagingnya sendiri?

Ketika kita berbicara, kita sebaiknya berhati-hati tentang perkataan kita. Kita sebaiknya tidak menyerang atau menyakiti perasaan saudara kita ketika mencoba membuat mereka mengerti dan berbalik dari kesalahan.

Ayat 11 berkata, "Tulang-tulangnya boleh penuh tenaga orang muda, tetapi tenaga itupun akan membaringkan diri bersama dia dalam debu."

Kita dapat mengerti hal ini dengan baik dari sejarah. Terdapat banyak raja dan ratu yang memiliki kekuasaan besar, tetapi pada akhirnya hidup mereka sangat menyedihkan.

"Tenaga masa muda yang engkau punyai hilang karena kejahatanmu. Sekarang kekuatanmu hilang dan engkau harus berbaring dalam debu seperti orang mati."

Seperti biasa, sahabat-sahabat Ayub sedang menyerang dia dengan sangat menyakitkan.

Beberapa orang berpikir orang fasik lebih sejahtera dan iri terhadap merekam tetapi hal ini tidaklah benar. Pada akhirnya, kefasikan pasti akan jatuh.

Bahkan jika beberapa orang memiliki kekayaan atau kesuksesan besar dengan cara yang fasik, kita sama sekali tidak perlu iri hati terhadap mereka. Bahkan jika seseorang telah memperoleh jutaan dolar dengan cara menjatuhkan orang lain, keuntungan apa yang dihasilkan uang itu padanya?

Mereka akan hidup dalam kecemasan apakah uang mereka akan dicuri atau apakah kejahatan mereka akan terungkap. Mereka yang memperoleh uang dengan cara demikian tidak akan dapat menggunakannya dengan baik. Mereka mengakhiri hidup mereka setelah menikmati kesenangan yang tidak berarti.

Juga, anak-anak mereka akan masuk ke dalam situasi yang menyedihkan, dan tujuan akhir mereka adalah neraka. Oleh karena itu, kita lebih baik menjadi orang miskin dan memiliki hidup yang benar untuk masuk ke dalam kerajaan surga. Ini merupakan hidup yang lebih diberkati.

4. Marilah Kita Membuang Sakit Hati

"Sungguhpun kejahatan manis rasanya di dalam mulutnya, sekalipun ia menyembunyikannya di bawah lidahnya, menikmatinya serta tidak melepaskannya, dan menahannya pada langit-langitnya, namun berubah juga makanannya di dalam perutnya, menjadi bisa ular tedung di dalamnya. Harta benda ditelannya, tetapi dimuntahkannya lagi, Allah yang mengeluarkannya dari dalam perutnya. Bisa ular tedung akan diisapnya, ia akan dibunuh oleh lidah ular" (Ayub 20:12-16).

"Sungguhpun kejahatan manis rasanya di dalam mulutnya, sekalipun ia menyembunyikannya di bawah lidahnya" berarti bahwa kejahatan disembunyikan, sehingga sewaktu-waktu dapat digunakan. Dalam pendapat Zofar, Ayub harus membuang kejahatannya, tetapi dia menganggap kejahatan itu manis dan menyembunyikannya di bawah lidahnya, sehingga dia dapat menggunakannya pada saat-saat yang dia inginkan.

Di sini, Zofar berkata keluhan Ayub terhadap Allah adalah kejahatan. Dia mengatakan bahwa teman-temannya telah menasihati Ayub sampai sekarang, tetapi dia tidak membuang kejahatannya melainkan telah menyembunyikannya di bawah lidahnya untuk sewaktu-waktu menggunakannya.

Tetapi kenyataannya, sahabat-sahabatnya bahkan menganggap kejahatan itu lebih manis lagi, menyembunyikannya di bawah lidah mereka, dan bertingkah laku dalam kejahatan, sehingga betapa menggelikannya hal itu!

Sebenarnya, sahabat-sahabat Ayub lebih jahat dari pada Ayub, tetapi mereka mengatakan hanya Ayublah yang jahat. Mereka sama sekali tidak menemukan kesalahan mereka sendiri.

Meskipun dia dianggap jujur dan benar di antara manusia

daging, Ayub bukanlah seorang manusia rohani. Dia melakukan hal yang salah menurut kebenaran. Tetapi dia gagal menyadari kesalahannya melainkan hanya berpikir bahwa dia benar.

Banyak dari kita berpikir kita mengetahui kebenaran, tetapi kita menunjukkan kejahatan kita ketika kita menusuk orang lain dengan perkataan kita atau menunjukkan kesalahan dan pelanggaran mereka.

Namun, kita mungkin menganggap hal itu manis. Kita menyembunyikan hal itu di bawah lidah kita dan terus menyerang orang lain, tetapi kita tidak berpikir bahwa hal itu jahat. Kita mungkin bermaksud untuk menunjukkan kesalahan orang lain untuk membuat mereka lebih baik dan menguntungkan mereka, tetapi hal itu malahan dapat memiliki efek sebaliknya.

Jika orang lain tidak menerima nasihat kita, mereka akan kehilangan kekuatan mereka dan menjadi ketakutan. Maka, kita sebaiknya tidak membiarkan hal seperti ini terjadi.

Dalam ayat 14, karena Zofar tidak mengerti tentang hati atau jiwa, dia memberi sebuah ilustrasi tentang makanan.

Dia mengatakan kejahatan yang tersembunyi di bawah lidah menjadi jahat dan turun ke dalam perut. Hal ini mengacu pada 'hati'. Jika kejahatan menjadi makanan, turun ke perut, dan menjadi bisa ular tedung, betapa menakutkan hal ini jadinya!

Ular tedung sangatlah menakutkan. Mereka membawa kematian. Secara rohani, bisa ular tedung mengacu kepada kematian, dan ular tedung, yang adalah seekor ular beracun, adalah sama seperti iblis sang musuh. Bisa ular juga merupakan sesuatu yang pahit dan kotor, dan lebih berbahaya dibandingkan ular tedung itu sendiri. Bisa ular tedung membawa kematian, dan bisa ular tedung mengacu pada kejahatan yang lebih kuat.

"Hal itu menjadi bisa ular tedung dalam perutnya" berarti Ayub memiliki kejahatan yang kuat dan dalam jumlah yang banyak. Zofar mengatakan Ayub adalah seorang manusia yang jahat.

Saat ini, Zofar meningkatkan intesitas serangannya dengan rasa sakit hatinya. Mengatakan seseorang sama seperti seekor ular beracun sebenarnya merupakan sebuah cara yang sangat kuat untuk mengatakan bahwa orang tersebut adalah seorang yang jahat, dan karena dia mengatakan kata bisa seekor ular tedung, itu merupakan hal yang lebih jahat lagi. Jadi, betapa marahnya Ayub ketika mendengar hal ini!

Ayat 15 berkata, "Harta benda ditelannya, tetapi dimuntahkannya lagi, Allah yang mengeluarkannya dari dalam perutnya." Zofar mengatakan hal ini bukan karena dia mengerti kehendak Allah, tetapi dia hanya mengatakan apa yang telah dia dengar dari ayahnya, dengan emosi yang panas.

Allah membiarkan kita menuai apa yang kita tabur dan membayar kembali kita menurut apa yang telah kita lakukan. Jika kita melakukan kejahatan, sudah pasti bahwa kita akhirnya akan menuai kejahatan. Ketika kita melihat pada sejarah dunia, kita dapat melihat bahwa mereka yang melakukan kejahatan akhirnya meninggal dengan cara kematian yang menyedihkan.

Hal ini merupakan prinsip dalam alam rohani dan hukum Allah. Seandainya Anda mengambil jalan yang jahat menuruti keuntungan pribadi Anda saat ini. Orang lain Anda curangi, dan tampaknya hal itu berjalan sesuai dengan apa yang Anda inginkan. Tetapi hal itu hanya akan bertahan sesaat. Karena Allah hidup, hal-hal itu akan dibalikkan, dan akhirnya Anda akan menumpahkan air mata

Dan hal ini tidak akan berakhir di bumi ini saja, tetapi juga di dunia keabadian, Anda harus menderita selamanya dalam api.

Ayat 16 berkata, "Bisa ular tedung akan diisapnya, ia akan dibunuh oleh lidah ular." Apa artinya ini? Bisa ular tedung berarti sesuatu yang jahat dan membawa kematian. 'Menghisap racun' berarti bahwa karena Ayub melakukan kejahatan, dia akan menghadapi konsekuensinya.

"Ia tidak boleh melihat batang-batang air dan sungai-sungai yang mengalirkan madu dan dadih. Ia harus mengembalikan apa yang diperolehnya dan tidak mengecapnya; ia tidak menikmati kekayaan hasil dagangnya. Karena ia telah menghancurkan orang miskin, dan meninggalkan mereka terlantar; ia merampas rumah yang tidak dibangunnya" (Ayub 20:17-19).

Ayat ini berkata, "Ia tidak boleh melihat batang-batang air, dan sungai-sungai yang mengalirkan madu dan dadih." Hal ini berarti Ayub telah kehilangan seluruh tanahnya dan semuanya yang daripadanya dia dapat menikmati kesejahteraan, dan dia tidak akan bisa melihatnya lagi.

Hal ini karena, dalam pendapat sahabat-sahabatnya, Ayub telah hancur total. Mereka yakib bahwa Ayub tidak akan pernah mampu untuk berdiri kembali.

Apakah ada di antara Anda yang berpikir bahwa Anda telah jatuh tersungkur tanpa memiliki kekuatan apa pun untuk berdiri kembali sama seperti yang Ayub alami? Maka, itu bukanlah iman, tetapi hanya pemikiran manusia. Jika Allah mulai bekerja, segala sesuatu dapat terjadi dalam sekejap. Meskipun Anda telah jatuh, jika Anda bertobat dan berbalik, dan menyenangkan Allah dengan iman Anda, maka, Anda dapat berdiri kembali dalam sekejap. Anda dapat lebih baik dari sebelumnya.

Ayat 18 berkata, "Dia harus mengembalikan apa yang diperolehnya dan tidak mengecapnya." Hal ini berarti bahwa meskipun Ayub telah memperoleh sesuatu sesuai dengan caranya dia tidak akan bisa mengambilnya melainkan hal itu hanya akan menghilang.

Maka, ayat 19 memberitahu kita mengapa hal ini terjadi. Hal ini karena Ayub menekan dan mengabaikan orang miskin; dia telah merampas sebuah rumah yang tidak dibangunnya. Ayub tidak pernah melakukan hal seperti itu, tetapi Zofar mengatakan hal yang salah tentang Ayub dengan perasaannya sendiri.

Dalam sejarah, banyak penguasa seperti presiden atau menteri tidak perduli terhadap orang miskin. Hal ini sama seperti menekan dan mengabaikan mereka. Karena penguasa-penguasa tersebut hanya mencari keuntungan diri mereka sendiri, hal ini sama seperti mengambil rumah dari orang-orang miskin.

Tetapi Ayub bukanlah orang seperti itu. Dengan rasa sakit hatinya, Zofar menyatakan apa yang tidak benar. Kita harus mengerti betapa bodoh dan sia-sianya emosi kita yang panas dan sakit hati kita. Hal itu merupakan melakukan dosa besar dan memberikan masa sulit bagi orang lain.

Ketika perkataan kita diputarbalikkan oleh emosi kita, kita harus menghindari perkataan yang mengandung dan mentransferkan rasa sakit hati.

Karena rasa sakit hati, muncul pertengkaran dan perkelahian, maka kita harus membuang segala jenis sakit hati. Ekspresi tampak luar dari rasa sakit hati ini membuat orang lain menjadi kesal dan menjadi marah atau menyebabkan keluhan terhadap seseorang. Hal ini pastinya tidak benar menurut kebenaran, maka kita harus menyingkirkan rsa sakit hati seperti ini.

Ketika kita berdoa terus menerus dan rajin setiap hari secara teratur, kita dapat tinggal dalam kasih karunia dan menerima kekuatan Allah Bapa dan pertolongan dari Roh Kudus. Karenanya, kita akan dapat membuang rasa sakit hati kita. Jika kita menyerang orang lain dengan rasa sakit hati kita dan mengungkaplan emosi kita yang panas dalam hubungan kita dengan orang lain, kita akan melakukan banyak sekali dosa.

"Sesungguhnya, ia tidak mengenal ketenangan dalam batinnya, dan ia tidak akan terluput dengan membawa harta bendanya. Suatupun tidak luput dari pada lahapnya, itulah sebabnya kemujurannya tidak kekal. Dalam kemewahannya yang berlimpah-limpah ia penuh kuatir; ia ditimpa kesusahan dengan sangat dahsyatnya. Untuk mengisi perutnya, Allah melepaskan ke atasnya murka-Nya yang menyala-nyala, dan menghujankan itu kepadanya sebagai makanannya" (Ayub 20:20-23).

Di sini, 'ia' mengacu kepada seorang yang jahat, tetapi sebenarnya Zofar menujukannya kepada Ayub. Ketika keserakahan timbul dalam hati seseorang, dia tidak puas dengan apa pun. Keserakahan menjadi besar dan semakin besar. Jika benih iman kita bertumbuh, kita bahkan dapat memindahkan sebuah gunung, tetapi ketika keinginan dibuahi, akan melahirkan dosa.

"Dan apabila keinginan itu telah dibuahi, ia melahirkan dosa; dan apabila dosa itu sudah matang, ia melahirkan maut" (Yakobus 1:15). Jika seseorang memiliki keinginan akan uang, ketenaran, atau kekuasaan, dia tidak dapat mengendalikan dirinya sendiri dari menggunakan metode-metode yang tidak benar dan dia akan melakukan dosa.

Jika kita memiliki keserakahan akan uang, kita bahkan mungkin mencoba untuk menyakiti orang lain dengan membuat rencana dan menyingkirkan orang tersebut. Beberapa orang tidak perduli tentang cara-cara apa yang mereka terapkan untuk memperoleh ketenaran atau kekuasaan. Mereka mengorbankan banyak sekali orang dan bahkan menyebabkan masalah pertunpahan darah, sampai mereka benar-benar memperoleh kekuasaan.

Zofar memandang Ayub dalam daging, dan itulah mengapa dia terus-menerus mengkritiknya. Tetapi Allah sedang memurnikan Ayub untuk membuat dia menjadi sebuah bejana yang lebih baik dan untuk memberikan padanya berkat yang lebih besar. Tidaklah benar bahwa karena Ayub jahat dia tidak mengucap syukur untuk harta bendanya dan atau anak-anaknya dan kehilangan segalanya.

Ayat 21 berkata, "Suatu pun tidak luput dari pada lahapnya, itulah sebabnya kemujurannya tidak kekal." perkataan ini sendiri adalah benar. Zofar mengatakan apa yang telah dia dengar dari nenek moyangnya.

Katakanlah, ketika keserakahan dibuahi, mungkin tampaknya bahwa segala sesuatu berjalan baik pada awalnya, tetapi semua ini akan diambil oleh orang lain, dan mereka akan menghilang dengan berbagai cara.

Demikian juga dalam sejarah dunia, segala sesuatu termasuk ketenaran, kekuasaan, dan kesejahteraan mereka hancur dan menghilang dalam sekejap.

Juga, terdapat seorang presiden Korea yang akan sangat dihargai jika dia telah mengikuti hukum dengan selayaknya. Tetapi, karena keserakahan yang dikandungnya, dia merubah konstitusi dan kemudian dia menjabat kepresidenan sebanyak dua kali. Janjinya tidak dipenuhi, dan dia mengeluarkan rencana lain. Pada akhirnya, dia harus menghadapi kematian yang menyedihkan.

Ayat 22 berkata, "Dalam kemewahannya yang melimpah-limpah ia penuh kuatir, dia akan ditimpa kesusahan dengan sangat dahsyatnya." Apa artinya itu?
Ditimpa kesusahan berarti akan ada hal-hal yang tidak menguntungkan dan susah. Karena kemewahannya adalah dari hasil kejahatan, itu tidak dapat dipertahankan, dan kemewahan itu tidak dapat bertahan lama, sehingga dia mau tak mau akan ditimpa kesusahan. artinya kesejahteraan Ayub tidak akan berlangsung lama, dan dia jatuh, maka dia akan 'ditimpa kesusahan' karena dia jahat.

Ayat 23 berkata, "Untuk mengisi perutnya, Allah melepaskan ke atasnya murka-Nya yang menyala-nyala, dan menghujankan itu kepadanya sebagai makanannya." Untuk mengisi perutnya berarti dia menikmati kesejahteraannya dan keamanannya berlimpah.
Sebagai contoh, seorang presiden melakukan banyak pekerjaan dan menyerahkan kekuasaannya kepada anak buahnya, tetapi karena dia melakukan itu dengan kejahatan, murka Allah akan turun ke atasnya. Sehingga, dia harus diam dalam kegelapan, dan seluruh harta bendanya akan diambil kembali.
Kemudian, apa artinya dengan 'Allah melepaskan ke atasnya murka-Nya yang menyala-nyala, dan menghujankan itu sebagai makanannya'? Saat ini bagi Ayub, berapa banyak hal yang telah berbalik menjadi anak panah yang mengenai dia? Karena Ayub jahat, dia dikelilingi oleh sahabat-sahabatnya, dan dia diserang.

"Ia dapat meluputkan diri terhadap senjata besi,

namun panah tembaga menembus dia. Anak panah itu tercabut dan keluar dari punggungnya, mata panah yang berkilat itu keluar dari empedunya: ia menjadi ngeri. Kegelapan semata-mata tersedia bagi dia, api yang tidak ditiup memakan dia dan menghabiskan apa yang tersisa dalam kemahnya" (Ayub 20:24-26).

Ayat ini berkata, "Ia dapat meluputkan diri terhadap senjata besi, namun panah tembaga menembus dia." Hal ini dapat diterangkan dalam dua aspek.

Pengertian yang pertama adalah sebagai berikut: "Ayub! Engkau mencoba untuk mengindari nasihat sahabat-sahabatmu, sehingga kami tidak dapat menolong engkau melainkan akan memberikan engkau nasihat dengan perkataan yang sangat tajam. Bahkan jika engkau dapat menghindari nasihat kami, busur tembaga yang tidak dapat engkau hindari sedang menunggu engkau."

Pengertian lain adalah bahwa ketika senjata besi menyerang, ia mungkin dapat menahan atau menghindarinya, tetapi karena sebuah anak panah tembaga mengikutinya dalam sekejap, tidaklah mudah untuk menghindarinya. Hal ini berarti sebuah anak panah tembaga lebih menakutkan dan lebih menyakitkan dari pada senjata besi.

Ayat 25 berkata, "Anak panah itu tercabut dan keluar dari punggungnya, mata panah yang berkilat itu keluar dari empedunya: Ia menjadi ngeri."

Ketika sebuah anak panah tertancap dalam tubuh seseorang, dia akan menderita sakit yang tak tertahankan. Tetapi ketika anak panah tersebut diambil, rasa sakitnya seharusnya hilang juga, tetapi dikatakan disini, kengerian akan turun keatasnya.

Ayat ini tidak begitu mudah untuk dimengerti jika kita mencoba untuk mengertinya hanya sekilas saja. Sebagai contoh, seseorang ditipu semua uangnya. Dia menjadi sangat marah dan dia tidak dapat menahannya. Seandainya orang ini membunuh orang yang menipu dia.

Dia membunuh orang itu mengikuti hasrat hatinya, tetapi ketika dia melihat bahwa orang itu mati, dia akan memiliki kengerian dengan berpikir, "saya telah menjadi seorang pembunuh." Ketika segala sesuatu diselesaikan, dia akan memiliki ketakutan dan kengerian, dan menyesali apa yang telah dia lakukan.

"Ayub! Setelah anak panah dicabut, engkau akan merasakan kesakitan dan kengerian seperti ini."

Zofar mengancam Ayub untuk membuatnya takut. Kita sebaiknya tidak boleh melakukan hal ini untuk menyebabkan kesakitan dan kengerian kepada orang lain.

Maka, melalui akhir Kitab Ayub, kemarahan Allah jatuh kepada tiga sahabatnya tersebut, dan melalui doa syafaat Ayub, mereka diampuni.

Ayat 26 berkata, "Kegelapan semata-mata tersedia bagi dia, api yang tidak ditiup memakan dia dan menghabiskan apa yang tersisa dalam kemahnya."

Bisa dikatakan, Zofar cemburu terhadap harta benda Ayub yang melimpah. Itulah mengapa Zofar mengatakan pada Ayub bahwa karena Ayub serakah akan uang dan mengumpulkan kekayaannya seperti seorang yang jahat, kegelapan akan turun keatasnya, dan dia tidak dapat berpindah. Sehingga, dia harus dibatasi atau mengembara berkeliling.

Ini seperti mengatakan, "Ayub, malapetaka yang datang kepadamu disebabkan oleh kejahatanmu. Allah memalingkan wajah-Nya dan Iblis yang bekerja padamu. Karenanya, bukan manusia yang membawa malapetaka ini kepadamu, dan engkau tidak dapat ditolong kecuali binasa."

Dalam kegelapan, kita tidak dapat berinteraksi dengan orang lain atau bergerak dengan bebas. Kita akan dibatasi atau hanya dapat berjalan berputar-putar. Ketenaran, kekuasaan dan uang akan pergi karena hati orang membalikkan punggungnya terhadap kita.

"Langit menyingkapkan kesalahannya, dan bumi bangkit melawan dia. Hasil usahanya yang ada di rumahnya diangkut, semuanya habis pada hari murka-Nya. Itulah ganjaran Allah bagi orang fasik, milik pusaka yang dijanjikan Allah kepadanya" (Ayub 20:27-29).

Zofar mengatakan bahwa karena Allah mengungkapkan kesalahan Ayub, segala jalannya telah selesai. Jika langit tidak memaafkan, segala sesuatu dalam kehidupan adalah sia-sia. Maka, rumahnya, harta bendanya, dan segala sesuatu dalam kehidupan akan menghilang.

Bumi dapat memberikan semua berkat materi kepada manusia selama mereka hidup, dan Zofar mengatakan bahkan semua hal ini akan menghilang. Dia berkata bahwa segala sesuatu yang Ayub alami adalah warisan yang pasti akan diterima orang fasik dari Allah.

Tetapi kita harus tahu bahwa Allah tidak merencanakan semua yang terjadi atas Ayub, seperti yang Zofar katakan. Allah telah mentapkan sebuah batas dalam prinsip dunia ini, seperti apa yang akan terjadi jika kita bertindak dalam suatu cara tertentu.

Allah Yang Mahakuasa mengetahui segalanya di masa depan,

dan Dia adalah Allah yang telah mengetahui dan merencanakan dengan keadilan yang sempurna. Dia telah menetapkan batasan, tetapi sebelumnya Dia tidak menentukan apa yang akan terjadi.

Dia telah menetapkan batasan keselamatan melalui hukum taurat, dan kemudian, apakah kita masuk atau tidak dalam batasan tersebut mutlak tergantung pada kehendak bebas kita.

Jika Allah telah menetapkan takdir setiap orang sebelumnya, Dia tidak dapat menghakimi kita atau bahkan Dia tidak perlu menghakimi kita.

Penulis

Dr. Jaerock Lee

Dr. Jaerock Lee dilahirkan di Muan, Propinsi Jeonnam, Republik Korea, pada tahun 1943. Pada umur dua puluhan, Dr. Lee menderita berbagai penyakit yang tidak tersembuhkan selama tujuh tahun dan menunggu kematian tanpa ada harapan untuk pulih. Pada suatu hari di musim semi tahun 1974, ia dibawa ke gereja oleh saudara perempuannya dan saat ia berlutut untuk berdoa, Allah yang Hidup menyembuhkannya dari semua penyakit.

Mulai saat itu Dr. Lee bertemu dengan Allah yang Hidup melalui pengalaman yang menakjubkan itu, ia telah mengasihi Allah dengan segenap hati dan ketulusan, dan pada tahun 1978 ia dipanggil untuk menjadi pelayan Allah. Ia berdoa dengan sangat sehingga ia dapat memahami kehendak Allah dan melakukannya dengan sepenuhnya, dan menaati semua Firman Allah tersebut. Pada tahun 1982, ia mendirikan Gereja Pusat Manmin di Seoul, Korea, dan tidak terhitung pekerjaan Allah, termasuk mukjizat dan penyembuhan ajaib, telah terjadi di gerejanya.

Pada tahun 1986, Dr. Lee ditahbiskan sebagai pendeta pada Pertemuan Tahunan dari Gereja Jesus' Sungkyul di Korea, dan empat tahun kemudian yaitu pada tahun 1990, khotbahnya mulai disiarkan ke Australia, Rusia, Filipina, dan banyak negara lain melalui *Far East Broadcasting Company, Asia Broadcast Station,* dan *Washington Christian Radio System.*

Tiga tahun kemudian yaitu pada tahun 1993, Gereja Pusat Manmin dipilih sebagai satu dari "50 Gereja Terkemuka Dunia" oleh majalah *Christian World* (AS) dan ia menerima Doktor Kehormatan Teologia dari Christian Faith College, Florida, AS, dan pada tahun 1996 sebuah gelar Ph.D dalam Pelayanan dari Kingsway Theological Seminary, Iowa, AS.

Sejak tahun 1993, Dr. Lee telah memimpin misi dunia melalui banyak Kebaktian Kebangunan Rohani (KKR) luar negeri di AS, Tanzania, Uganda, Jepang, Pakistan, Kenya, Filipina, Honduras, India, Rusia, Jerman, dan Peru. Pada tahun 2002, ia disebut "pendeta seluruh dunia" oleh koran-koran Kristen utama di Korea untuk pekerjaannya dalam berbagai KKR Gabungan Akbar di luar negeri

Pada bulan Desember 2011, Gereja Manmin Pusat memiliki kongregasi dengan jumlah jemaat lebih dari 120.000 orang. Ada 10.000 gereja cabang domestik dan luar negeri di seluruh dunia, dan sejauh ini telah mengirimkan 129 misionaris ke 23 negara, termasuk Amerika Serikat, Rusia, Jerman, Kanada, Jepang, Cina, Prancis, India, Kenya, dan banyak lagi.

Hingga tanggal penerbitan buku ini, Dr. Lee telah menulis 64 buku, termasuk buku laris *Tasting Eternal Life before Death* (Merasakan Kehidupan Kekal Sebelum Kematian), *My Life My Faith I & II* (Hidupku, Imanku I & II), *The Message of The Cross* (Pesan Salib), *The Measure of Faith* (Ukuran Iman), *Heaven I & II* (Surga I & II), *Hell* (Neraka), dan *The Power of God* (Kuasa Allah). Tulisan-tulisannya telah diterjemahkan ke dalam lebih dari 71 bahasa.

Kolom-kolom Kristennya muncul di *The Hankook Ilbo, The JoongAng Daily, The Chosun Ilbo, The Dong-A Ilbo, The Munhwa Ilbo, The Seoul Shinmun, The Kyunghyang Shinmun, The Hankyoreh Shinmun, The Korea Economic Daily, The Korea Herald, The Shisa News,* dan *The Christian Press.*

Saat ini Dr. Lee adalah pemimpin dari banyak organisasi dan asosiasi misi: termasuk Komisaris dari *The United Holiness Church of Jesus Christ;* Presiden dari *Manmin World Mission;* Presiden Tetap dari *The World Christianity Revival Mission Association;* Pendiri dan Ketua Dewan dari *Global Christian Network* (GCN); Pendiri dan Ketua Dewan dari *The World Christian Doctors Network* (WCDN); serta Pendiri dan Ketua Dewan dari *Manmin International Seminary* (MIS).

Surga I & II

Dr. Jaerock Leen omaelämäkerta, joka välittää lukijoilleen kauniin hengellisen aromin. Leen elämän on perustunut Jumalan rakkauteen hänen kerran koettua pimeyden tummat aaallot, sen kylmän ikeen ja syvimmän epätoivon.

Hidupku Imanku I & II

Autobiografi Dr. Jaerock Lee yang memberikan aroma rohani yang paling wangi kepada para pembacanya, karena kehidupannya disarikan dari kasih Allah yang mekar dalam gelombang gelap, kuk yang dingin, dan keputusasaan paling mendalam.

Pesan Salib

Pesan kebangunan penuh kuasa bagi semua orang yang tertidur secara rohani! Di dalam buku ini Anda akan menemukan alasan mengapa Yesus menjadi satu-satunya Juru Selamat dan kasih sejati Allah.

Ukuran Iman

Tempat tinggal seperti apakah, serta mahkota dan upah yang bagaimana yang disediakan bagi Anda di surga? Buku ini memberikan dengan hikmat dan bimbingan bagi Anda untuk mengukur iman Anda dan menanam iman yang terbaik dan paling dewasa.

Neraka

Sebuah pesan yang sungguh-sungguh kepada seluruh umat manusia dari Allah yang tidak ingin satu jiwa pun jatuh ke kedalaman neraka! Anda akan menemukan kenyataan yang-belum-pernah-terungkap-sebelumnya mengenai Hades (dunia orang mati bagian bawah) dan neraka.